河南省教育厅哲学社会科学应用研究重大项目（2023-YYZD-28）

河南省哲学社会科学规划年度项目（2023BJJ096）

河南省社会科学规划决策咨询项目（2024JC117）

2025年度河南省高等学校智库研究项目"推动河南新消费场景发展研究"

河南省高校人文社科重点研究基地"产业与创新研究中心"之成果

中国新型消费

范式转换、微观机制及业态创新研究

符加林 黄晓红 著

中国财经出版传媒集团

经济科学出版社
Economic Science Press

北京

图书在版编目（CIP）数据

中国新型消费：范式转换、微观机制及业态创新研究／符加林，黄晓红著 . -- 北京：经济科学出版社，2024. 11. -- ISBN 978 - 7 - 5218 - 6514 - 1

Ⅰ. F126. 1

中国国家版本馆 CIP 数据核字第 2024P33W74 号

责任编辑：李　雪　刘　瑾
责任校对：王苗苗
责任印制：邱　天

中国新型消费：范式转换、微观机制及业态创新研究

ZHONGGUO XINXING XIAOFEI：FANSHI ZHUANHUAN、
WEIGUAN JIZHI JI YETAI CHUANGXIN YANJIU

符加林　黄晓红　著
经济科学出版社出版、发行　新华书店经销
社址：北京市海淀区阜成路甲 28 号　邮编：100142
总编部电话：010 - 88191217　发行部电话：010 - 88191522
网址：www. esp. com. cn
电子邮箱：esp@ esp. com. cn
天猫网店：经济科学出版社旗舰店
网址：http：//jjkxcbs. tmall. com
固安华明印业有限公司印装
710×1000　16 开　21.5 印张　280000 字
2024 年 11 月第 1 版　2024 年 11 月第 1 次印刷
ISBN 978 - 7 - 5218 - 6514 - 1　定价：106.00 元
（图书出现印装问题，本社负责调换。电话：010 - 88191545）
（版权所有　侵权必究　打击盗版　举报热线：010 - 88191661
QQ：2242791300　营销中心电话：010 - 88191537
电子邮箱：dbts@ esp. com. cn）

前言
PREFACE

在中国新发展格局情境下，新型消费是扩大内需、推动经济增长的关键驱动力，是完善消费长效机制的重要内容。中国共产党第二十届三中全会再次强调，"加快培育完善内需体系……，完善扩大消费长效机制……推进消费税征收环节后移……"。本书聚焦于新型消费发展问题，重点探讨新型消费研究的范式转换、市场运行的微观机制、新型消费业态创新及新型消费对内需扩大的影响机制等内容，全书共分四篇。

第一篇重点梳理了中国情境下新型消费研究的演进、探讨进行新型消费研究而应该进行的范式转换（或范式创新），包括两章内容。演进研究主要以中国知网数据库为数据来源，选取 1996～2023 年发表的 1405 篇关于新型消费研究的文献，运用 Cite Space 软件进行可视化分析，并结合现实考察，分析了二十多年来中国新型消费的演进情况，从历史纵向上把握中国情境下新型消费研究的发展、演进及趋势。同时，中国特殊的历史、文化、地理等因素，催生了中国特色的社会经济发展之路，要求中国情境下的新型消费研究不能照搬西方或其他国家的模式，尤其需要进行研究范式转换，该部分探讨了新型消费研究在理论、实践等层面进行范式创新的可能性。

第二篇研究在新型消费场景中消费者消费意愿的影响机制：一是将消费者作为客体视角，从外部传播（虚拟代言人）、内部特征（消费者内隐认知）等维度剖析相关变量对消费意愿的内外部影响机制；

二是将消费者作为主体视角，揭示用户选择对新消费业态发展的影响机制。本部分包括四章内容：第 3 章运用功能性近红外（fNIRS）实验研究，比较了虚拟代言人与明星代言人在营销推广中对消费者消费意愿的影响机制，发现产品涉入度起着调节效应。第 4 章研究了消费者内隐认知对其消费意愿影响的内在神经机制，发现了前额叶皮质的激活程度能够作为一种指标预测广告效果。第 5 章利用演化博弈分析消费者意愿对新型消费业态发展的影响机制，构建消费者（用户）、政府、企业三方演化博弈模型，探讨了各主体在不同条件下的演化稳定策略。第 6 章探讨了新型消费场景中的企业员工正念对顾客满意度的影响，验证了员工积极情绪的中介作用和顾客苛待的调节作用，通过对企业员工—顾客配对数据进行分析，结果表明，员工正念对其所服务的顾客的满意度具有积极的影响。

第三篇研究新型消费场景中消费者隐私披露的影响机制，重点研究了 App 等应用授权等对消费者隐私信息披露影响的内在神经机制。包括三章内容：第 7 章阐述了隐私披露研究的背景及理论基础。第 8 章探讨新型消费场景中隐私计算对消费者隐私披露的影响机制，运用行为实验和神经实验，研究了外部刺激和内在个人特征如何影响用户作出隐私披露决策。研究发现，在隐私计算过程中：（1）收益感知决定隐私披露意愿的产生，其通过中心通道影响用户的隐私披露意愿；（2）风险感知通过边缘通道影响隐私披露意愿的产生，只有当收益感知较高时，风险感知才对隐私披露意愿产生影响。第 9 章研究新型消费场景中阶段授权对消费者隐私披露的影响机制。通过行为实验和神经实验最终得到行为与神经层面两方面的数据结论。行为层面：（1）阶段授权和应用类型共同影响用户的隐私披露意愿；对于享乐型应用，场景前授权下用户更愿意披露隐私；对于实用型应用，场景中授权下用户更愿意披露隐私。（2）调节定向的调节作用只会在享乐型应用中出现；在享乐型应用中，促进定向个体在场景前授权下更愿意披露隐私；预防定向个体在场景中授权下更愿意披露隐私。

　　第四篇以典型案例方式研究新型消费业态创新。包括三章内容：第 10 章从价值共创视角研究共享自习室健康发展之路，通过分析 CC 共享自习室价值共创的内部和外部原因，进一步提出 CC 共享自习室价值共创的途径和保障措施以及价值共创的具体实现策略。第 11 章以 JD 健康为例研究互联网医疗的新型消费业态创新，分析了 JD 健康的盈利模式及其优化建议。第 12 章研究数字藏品及其营销策略创新，分析了数字藏品的发展及其在数字经济背景下营销中存在的问题，讨论了数字藏品的营销策略。

　　在百年未有之大变局、积极扩大内需的背景下，深入系统研究中国情境的新型消费问题有着特别重要的意义。本书是作者近几年关于新型消费研究成果的凝结。过程中，得到学界同行的指点、支持和宝贵意见，在此一并表示感谢。还有我们的研究生，本项研究也凝聚了他们的汗水，希望我们一起在这个幸运的时代研究时代的问题，并为解决问题作出我们的贡献。最后，本书的内容和研究方法等方面仍存在不足，期待与朋友们交流，批评、指正。

目录
CONTENTS

第1篇　新型消费研究演进与范式转换

第1章
新型消费研究演进　　003

1.1　新型消费发展概略　　003

1.2　新型消费研究的主体分布　　007

1.3　新型消费研究的主题分析　　011

1.4　结论与展望　　019

第2章
中国情境下新型消费研究范式转换　　023

2.1　新型消费研究范式转换的背景　　023

2.2　新型消费的含义和主要特征　　028

2.3　新型消费研究范式转换的主要层面　　032

2.4　新型消费研究范式转换面临的挑战　　042

第2篇　新型消费场景中消费者消费意愿的影响机制

第3章
虚拟代言人对消费者购买意愿的影响机制：基于 fNIRS 研究　　047

3.1　引言　　047

3.2　研究实验　　050

3.3 研究结果 054

3.4 讨论 057

3.5 结论与管理启示 060

第4章
消费者内隐认知对购买意愿的影响机制 **063**

4.1 引言 063

4.2 文献综述 065

4.3 研究设计 067

4.4 结果与讨论 071

第5章
用户消费意愿对新型消费业态发展的影响机制 **078**

5.1 研究背景 078

5.2 文献综述 080

5.3 研究假设与模型构建 083

5.4 模型分析 085

5.5 仿真分析 096

5.6 结论、建议与贡献 105

第6章
新消费场景中员工正念对顾客满意度的影响机制 **108**

6.1 研究背景 108

6.2 理论分析与研究假设 110

6.3 研究设计 114

6.4 研究结果 117

6.5 研究结论与讨论 122

第3篇　新型消费场景中消费者隐私披露的影响机制

第7章
隐私披露研究的背景及理论基础　129
　7.1　研究背景　129
　7.2　研究问题　132
　7.3　研究意义　133
　7.4　研究方法　135
　7.5　理论基础　136

第8章
新型消费场景中隐私计算对消费者隐私披露的影响机制　161
　8.1　研究假设与理论模型　161
　8.2　研究设计　169
　8.3　假设检验　176
　8.4　结论　192

第9章
新型消费场景中阶段授权对消费者隐私披露的影响机制　198
　9.1　概念模型与研究假设　198
　9.2　研究设计　206
　9.3　假设检验　213
　9.4　研究结论与贡献　229

第4篇　新型消费业态创新典型案例

第10章
共享自习室价值共创实现路径研究　235
　10.1　共享自习室价值共创概览　235

10.2 CC共享自习室价值共创现状分析 242

10.3 CC共享自习室价值共创面临的困境 245

10.4 CC共享自习室价值共创机理分析 247

10.5 CC共享自习室价值共创实现路径 253

第11章
互联网医疗背景下京东健康的盈利模式研究 **260**

11.1 互联网医疗盈利模式研究概要 260

11.2 京东健康盈利模式现状分析 264

11.3 京东健康的财务分析 270

11.4 京东健康盈利模式的优势及存在的问题 280

11.5 京东健康盈利模式优化建议 283

第12章
数字藏品营销策略研究 **287**

12.1 数字藏品界定与理论概览 287

12.2 数字藏品营销现状及问题分析 290

12.3 SICAS模型在数字藏品营销方面的不足 298

12.4 基于SICAS模型的数字藏品营销策略优化 300

附录 关于"共享自习室"的问卷调查 306

参考文献 310

第 *1* 篇
新型消费研究演进与范式转换

本篇聚焦于中国情境，深入探讨了新型消费研究的演进历程，并着重分析了为更科学、客观地进行新型消费研究所应进行的范式转换（或范式创新）。

第 1 章采用 Cite Space 软件对 1996~2023 年中国知网数据库中的 1405 篇新型消费研究相关文献进行系统分析，揭示了中国新型消费研究的发展历程与现状。研究表明，新型消费研究领域在中国经历了萌芽期、起步期、快速成长期，选题聚焦于消费升级、数字经济等关键词，演进过程在时间和内容上基本相符，但领域内研究主体与机构间合作较少。同时，新型消费作为数字化时代的重要议题，对现代社会消费生活产生了深刻影响。传统消费研究范式已不适应新型消费的现实需求。因此，第 2 章在分析新型消费范式提出背景的基础上，进一步探讨了新型消费研究的范式转换（或范式创新）的必要性。具体而言，新型消费研究应以行为经济学的"社会人"假设为主，以符合数字化时代消费者的实际行为特征。同时，研究应采用大数据分析法以适应新型消费研究中的数据要求，从而更准确地揭示新型消费的规律和趋势。此外，相关研究还应关注消费内容、消费理念、消费方式和消费场景的巨大变化。

综上所述，中国情境下新型消费研究的演进历程充满了挑战与机遇。为了更科学、客观地进行研究，应进一步推进研究范式的转换，以适应新型消费的现实需求和发展趋势。

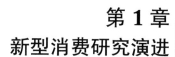

本部分以中国知网数据库为数据来源，选取 1996 ~ 2023 年发表的 1405 篇关于新型消费研究的文献，运用 Cite Space 软件，对样本发文数量、作者、机构、关键词等进行可视化分析。研究表明，我国新型消费研究主要经历了萌芽期、起步期、快速成长期三个阶段，研究热度呈持续升温趋势，研究成果日益增多；研究主体与机构合作较少；研究选题的关键词聚焦于消费升级、数字经济、产业升级、信息消费、居民消费、绿色消费等，演进过程在时间和内容上基本相符。该领域未来的研究趋势应是研究范式转换、促进区域协调发展，创新完善新型消费理论，构建新型消费理论模型、创新治理与评价体系等。

1.1 新型消费发展概略

从年度发文量（见图 1 - 1）来看，中国新型消费的发展可以分为三个时期：一是从 20 世纪 90 年代到 21 世纪初期，为我国新型消费的萌芽阶段；二是从 21 世纪初期到 2016 年，为新型消费的起步阶段；三是从 2017 年至今，新型消费在新技术的推动下，步入快速成长阶段。

1.1.1 新型消费萌芽阶段（20 世纪 90 年代到 21 世纪初）

20 世纪 90 年代到 21 世纪初，我国仍处于经济体制与发展模式双重转换的重要时期。建立社会主义经济体制、实现小康目标是全国人民的热切期望，挖掘消费潜能、刺激需求增长，对实现经济总量增长至关重要。然而，作为新兴的研究主题，新型消费尚未受到众多学者的重视，因此这一阶段的相关研究较少。

1.1.2　新型消费起步阶段（21 世纪初到 2016 年）

2001 年 12 月 11 日，我国正式加入世界贸易组织，社会主义市场进一步开放，大部分企业开始走向国际化，大量新产品走入国门，国内经济发展迅速，多数学者先后将关注点转移至新消费相关研究领域。从图 1 - 1 我们可以看出，自 2004 年开始，新型消费领域研究热度逐渐升温，领域内年度发文数量明显上升。通过 Cite Space 软件对 2004 ~ 2016 年的文献数据进行关键词共现分析，得到图 1 - 2 所示关键词共现图谱，可知该阶段的关键词主要包括"消费升级""城镇居民""扩大内需""即期消费""汽车消费""消费需求""住宅消费""消费结构""消费行为"等。

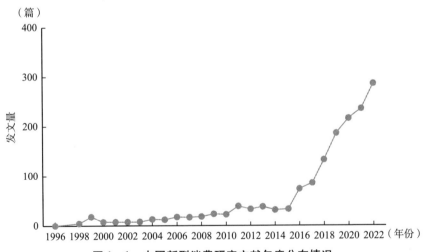

图 1 - 1　中国新型消费研究文献年度分布情况

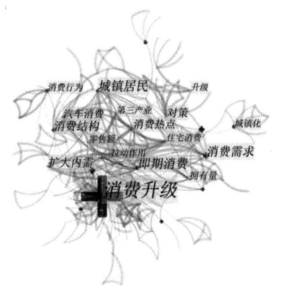

图 1 - 2　2004～2016 年中国新型消费研究关键词共现图谱

　　在此期间，随着经济体制改革的深入发展，中国经济逐渐步入全面回升阶段，居民消费开始向享受型靠拢，恩格尔系数明显降低，服务消费占比上升，第三产业发展速度加快，住宅、汽车、旅游等新型消费热点形成，相关主题在较长一段时间内成为该领域的研究热点。2008 年，金融危机在全球范围内爆发，国内市场遭受冲击，国际出口受到一定限制，经济增长乏力，消费成为推动经济发展的关键力量。但这一阶段的消费者决策趋于理性和冷静、消费品价格弹性系数增大、品牌替代等现象普遍存在，消费升级面临诸多阻碍。面对持续上升的企业成本与不断下降的消费需求，提升创新能力与优化营销策略成为企业的必然选择，同时，也引发了学术界和政府对 "供给管理" 调控和供给侧结构性改革的深度思考。在此背景下，政府及时提出了扩大内需、促进经济平稳增长的有力号召，并相继出台了多项财政货币政策，对促进新型消费发展、推动经济稳定增长起到了积极作用。牛犁（2016）和吴石英（2018）等认为，消费者需求偏向多样化与个性化，增强居民消费成为扩大内需的战略重点，城镇居民消费重要性日益显著。如何强化居民消费能力、优化消费环境、培育新消费热点成为该时期的研究重点，众多学者基于不同视角研究新型消费及居民消费升级的影响因素，并取得了阶段性成果，为经济发展与新型消费理论体系的构建提供了基础。

1.1.3　新技术推动新型消费快速成长阶段（2016 年至今）

"十三五"时期为我国决胜全面小康的关键时期，居民消费水平持续提高，消费需求更迭速度加快，消费结构不断优化，日益形成了创新、协调、绿色、共享的发展理念。新型消费方面的研究文献数量大幅上升，更多学者选择将研究重点转移至该领域。通过 Cite Space 对 2017～2023 年的样本数据进行关键词共现分析（结果见图 1 - 3），可知关键词主要包括"消费升级""消费结构""数字经济""双循环""居民消费""绿色消费""互联网""乡村振兴""产业升级""转型升级""服务消费""中介效应"等。

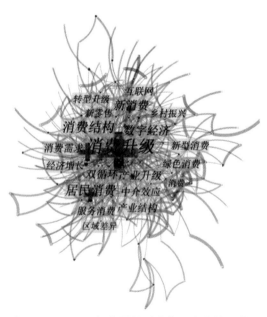

图 1 - 3　2017～2023 年中国新型消费研究关键词共现图谱

2017 年，党的十九大报告提出乡村振兴战略，各界对"三农"问题的关注度迅速提高，农村地区基础设施建设力度显著加强，信息物流网络覆盖范围得以拓宽，电商、外卖、直播等新型消费业态发展空间扩大，广大乡村地区释放出巨大的需求潜能。促进农村消费扩容提质、推动新型城镇化成为实现重振经济目标的战略重点。"十三五"期间，在国家消费政策的正确引领下，享受型消费与绿色健康消费所占比重持续增长，消费品种类不断丰富，绿色消费规模明显扩大，新能源行业领域覆盖范围不断拓宽，共享经济发展迅速，低碳消费日益成为主流时尚。2020 年 9 月，中国明确提出"双碳"目标，经济社会发展全面绿色低碳转型速度加快，部分领域的消费绿色转型已取得明显成效，绿色低碳消费成为主流的势头不可逆转。周宏春（2022）和任保平（2021）等学者研究发现，随着信息技术的深度应用，移动通信技术得以广泛普及，信息产品覆盖范围拓宽，服务能力显著提升，跨区跨境消费、电商、直播等新型消费业态不断兴起，信息消费潜力巨大，并带动了物联网、5G、大数据等新技术的发展，为人工智能研发与相关产品服务提供了广阔的发展前景。2017 年，国务院发布文件指出，"信息消费为当下创新最活跃、增长幅度最大、辐射最广泛的消费领域之一，在扩大内需、培育新型消费业态和带动产业升级等方面发挥着重要作用。"时至今日，扩大升级信息消费，加快双渠道融合，积极拓展新消费场景与模式，仍是创新消费业态和模式的重要着力点，也是新型消费领域的研究热点。

1.2　新型消费研究的主体分布

某一学科研究内容的构建离不开学术界权威学者与机构的影响作用。权威学者对相关主题的理论、范式和方法，均存在一定的引领作用；机构是学科信息的重要来源，能够为课题研究提供所需的信息资源。因此，对新型消费领域的研究主体进行共现分析，对于全面了解新型消费演进脉络具有一定程度的指导作用。

1.2.1 新型消费文献作者分析

由本研究关于新型消费研究的文献统计结果可知，新型消费研究领域发文量最高的作者为西南财经大学的毛中根，发表文章为 9 篇；其次为中国社会科学院的依绍华与国家统计局的梁达，发表文章均为 8 篇。根据普赖斯定律，核心作者的发文数量为：

$$M = 0.749 \sqrt{N_{max}} = 0.749 \sqrt{9} = 2.25$$

即发文量不少于 3 篇的作者为核心作者。由相关文献作者统计分析可知，新型消费研究领域共有 37 位学者的发文量不少于 3 篇，其中以西南财经大学的毛中根，国家统计局的梁达、严先溥，中国社会科学院的依绍华、荆林波与胡怀国，中国人民大学的宋立，以及桂林理工大学的潘玉红等为代表。经计算可得，以上 37 名学者所发表的文献总量为 147 篇，仅占总发文量的 10.8%，远低于普赖斯定律中核心作者发文量占比 50% 的论述。由此可以推断，当前该领域内的核心作者数量较少，对新型消费的研究在一定程度上仍处于"广而较浅"的阶段。

合作图谱分析主要功能在于凸显某一研究领域内的领军人物，并反映作者的合作关系。运行 Cite Space 软件，绘制得到作者合作知识图谱（如图 1-4 所示）。可以看出，毛中根、依绍华、严先溥、胡怀国、史琳琰等几位学者的字号较大，发文量较多，符合上述统计结果。在合作网络上，新型消费研究领域内，由宋立、梁达、张恩碧及张彩云、胡怀国、史琳琰等几位学者组成的研究团队规模较大、合作密切。其他团队虽然也有一定的规模，但总体来说，多数学者仍属于相对独立的研究，与其他学者合作度较低。由此可见，新型消费研究领域尚未形成密切的核心作者群体。

图1-4 新型消费研究领域的作者合作图谱

1.2.2 新型消费文献机构分析

文献机构是科研的重要组织，也是科研信息的主要来源，能够为研究者提供所需的信息资源。由新型消费研究相关文献发文量机构分布图（见图1-5）可知：中国社会科学院为该领域发文量最多的机构，发文量达到61篇；山东农业大学、中国人民大学、山东财经大学等机构发文量均在30篇以上；此外，以西南财经大学、北京大学、湘潭大学等为代表的机构发文量皆在10篇以上，基本构成了新型消费研究领域的主力军。

与作者合作图谱分析同理，结合Cite Space软件生成该研究领域机构之间的合作网络图谱（见图1-6）。从中可以看出，中国人民大学商学院、国家统计局贸易外经司、商务部国际贸易经济合作研究院与中国社会科学院研究生院等机构之间已形成一定规模的合作网络。但整体来看，发文机构数量虽多，但集中程度相对较低，机构之间的合作体系仍需完善，这样才能进一步提高领域内信息共享与交流水平，消除潜在壁垒，推动新型消费研究的进一步发展。

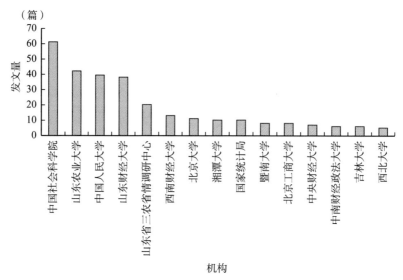

图1-5 新型消费研究相关文献发文量机构分析

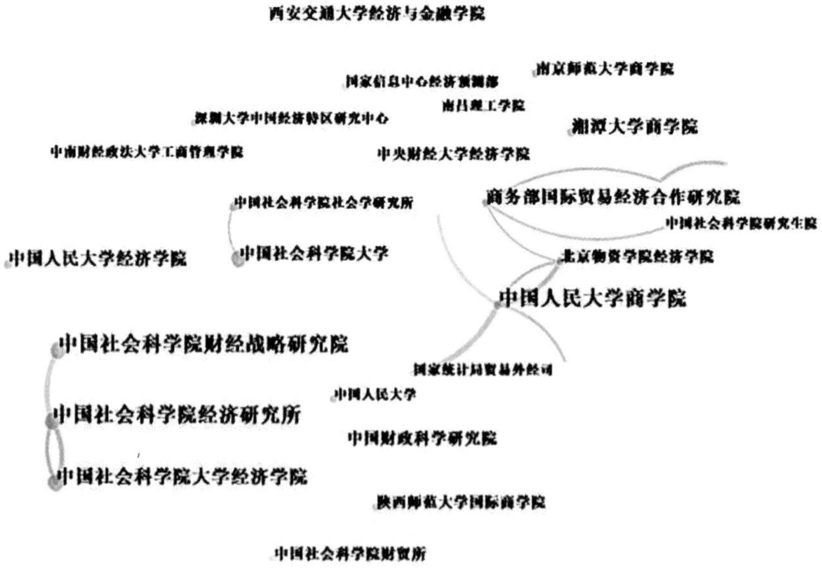

图1-6 新型消费研究机构合作网络图谱

1.3　新型消费研究的主题分析

为了能够更加全面地分析新型消费研究领域的主题分布，本部分将借助 Cite Space 软件，以关键词频次与关键词聚类图谱为基础，运用关键词共现技术，总结领域内的重点研究主题，进一步分析其概念、发展路径及其内部联系。

1.3.1　新型消费研究领域研究重点分布

关键词是一篇文章中出现频次最高的核心词汇，是对研究内容的凝练，其频次可反映相关研究领域内某主题所受关注的程度，中心性则能够体现其重要性。文献总样本中出现频率居前 10 位的关键词见表 1-1，可初步判定消费升级、消费结构、居民消费、产业升级、消费需求、新消费等主题为新型消费领域的研究重点。

表 1-1　　　　　　　　新型消费研究高频关键词统计表

关键词	频次	中心性	关键词	频次	中心性
消费升级	521	0.97	新消费	31	0.03
消费结构	75	0.10	产业结构	28	0.03
居民消费	58	0.07	消费	28	0.06
产业升级	37	0.02	双循环	25	0.03
消费需求	35	0.05	经济增长	23	0.02

进一步地，运用 Cite Space 软件，设定时区跨度为"1996~2023年"，时间切片设置为 3，节点类型选择为"关键词"，得到图 1-7，

即新型消费研究关键词共现图谱（1996～2023 年）。可以看出，消费
升级、消费结构、扩大内需、双循环、居民消费等几个关键词的节点
最大，说明其出现的频次最高，与上述统计分析结果基本吻合。

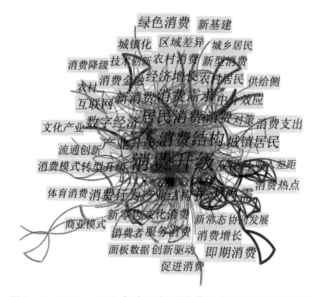

图 1 - 7　1996～2023 年中国新型消费研究关键词共现图谱

1.3.2　新型消费研究领域重点研究主题分布

为进一步分析新型消费领域研究主题分布，了解其共现关系，运
用 Cite Space 软件生成关键词聚类图谱（如图 1 - 8 所示），可知图中共
有 11 个主要聚类（排序数字越小，聚类中包含的关键词越多），模块
值 $Q = 0.49$，平均轮廓值 $S = 0.81$。一般来说，$Q > 0.3$ 意味着聚类结
构显著，$S > 0.7$ 则意味着聚类结果可信度高。根据聚类图谱，结合上
述关键词频次分析，梳理得出以下 5 个重点研究主题。

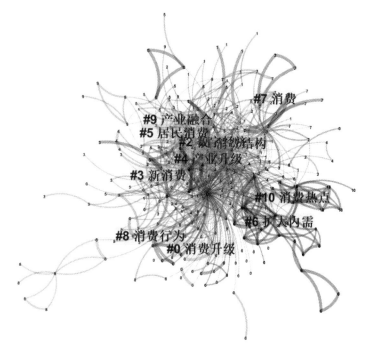

图 1 - 8　1996～2023 年中国新型消费研究关键词聚类图谱

1.3.2.1　消费升级研究

消费升级是一个供给和需求两端不断上升并实现更高层次匹配的过程，是新型消费发展的原动力。当前，消费升级尚无公认的定义，基于已有论述与马斯洛需求层次理论，可认为消费升级包括数量升级、品质升级和结构升级，前两者分别以能够更好地满足基本需求和提高消费质量为动力，结构升级则更具突破性和改革性，目的在于使消费结构向更高层次演变。

改革开放以来，国内消费市场大致经历了四次升级，学者们将其概括为温饱型、小康型、发展享受型与新消费升级，体现了消费水平的不断提高，消费结构从功能型到享受型的转变，以及产品由粗制化到定制化和可持续的优化，在经济发展过程中持续发挥着"助推器"的作用。21 世纪以来，伴随着互联网技术的深化与应用，电子商务凭借其低成本、产品种类丰富、购物便捷等优势在我国消费领域快速扩张，平台经济迅速发展，电商、代购、直播等新型销售形式相继涌现，产品和服务的定位逐渐趋于个性化和高附加值，居民消费能力不断提升、消费理念和方式持续革新。近年来我国信息消费与绿色消费规模持续扩大，信息技术的迭代创新催化了5G、云计算、大数据等新技术，并衍生出云影院、在线教育、智慧零售等新业态，消费升级和变革速度明显加快，呈现出消费产品高端化、低碳化与智能化，消费方式网上化，消费人群年轻化等特点。

长期以来，消费升级一直是新型消费研究领域的重要主题，在国内外经济双重影响下，居民消费在经济发展中的贡献度不断提高。增强消费基础作用，以消费升级刺激经济发展以促进双循环，已成为经济高质量发展的重要引擎。从既有文献看，现有关于消费升级的研究主要集中在两方面：首先是基础性研究，主要包括消费升级内涵、特征、路径、制约因素等方面的研究；其次是消费升级与数字经济、产业升级、有效供给、扩大内需及经济高质量发展等的关系研究。陈洁（2020）、崔耕瑞和龙少波（2021）等学者研究发现，消费升级和产业升级之间存在互促机制，产消"双升级"会提高供给质量、推动就业扩容，从而推动经济高质量发展。供需匹配是消费升级的基础，2014年之后消费升级迭代速度加快，然而21世纪以来中国相继出现居民最终消费率下降、消费升级与居民消费增长率之间呈负相关等现象，表明国内供给结构调整滞后于消费结构升级，供给侧结构性矛盾凸显，抑制了居民消费增长。实现供给结构的及时调整，需要扩大有效投资、改善流通过程、通过技术进步促进价值链升级。对此，陈新年（2021）和张红凤（2022）等建议从优化政策科学性、加大创新支持力度、优化基础设施投资、充分发挥市场在资源配置中的决定性作用等方面采取措施。同时，在推动经济高质量发展的过程中，应协调促进居民消费的双向结构升级，宋科（2022）和任保平（2022）等提出，数字经济时代下新型消费呈现新特征，适应消费升级不仅要在传统消费模式上持续发力，更要积极培育、发展新型消费业态与模式，引导消费理念革新，以推动扩大内需、增强经济发展的内生动力。

1.3.2.2　数字经济与新型消费研究

李晓华（2019）认为，数字经济是指在数字技术的驱动下，以数据信息为关键要素，加快重组经济发展结构与社会治理模式，从而实现经济高质量发展的经济形态。在数字经济的推动下，居民消费观念明显改变，新型消费呈现出不同于以往消费的新特征，马香品（2020）和张德勇（2022）等认为其主要表现在以下几方面：首先，突破了时间、地域、渠道等多层面的限制，便利程度大幅提升；其次，数字经济的发展使得消费者表达需求的渠道拓宽，技术上为实现个性化量产提供可能，市场能够更好地满足个性化消费需求；最后，数字智能技术的深化应用不断催生新型消费业态与模式，消费品质化升级趋势越来越明显。

目前，数字经济已成为全球经济增长的新引擎。中国信息通信研究院调研显示，2021 年全球 47 个主要国家数字经济增加值规模达 38.1 万亿美元，占 GDP 的 45%，其中，中国数字经济规模占总量的 18% 以上，居世界第二，成为经济社会发展的"新领域、新赛道"和"新动能、新优势"。据统计，我国数字经济规模在 2020 年和 2021 年的 GDP 占比分别达 38.6% 与 39.8%。数字经济凭借其发展速度快、辐射范围广及影响程度深等特点，正有力推动着生产及生活方式的变革，不仅在促进经济发展、推动消费升级等方面发挥着重要作用，也是产业转型升级、政策制定和国家治理的重要支撑。

作为一种新经济形态，学术界对数字经济的社会经济效益做出探索，如组织架构、资源配置、贸易和高质量发展等方面，同时学者们也对数字经济的消费效应展开了大量研究，其中主要包括数字经济时代新型消费和消费变革的趋势、特征、机理与模式，以及数字经济对居民消费、经济发展、产业升级等的影响研究。研究显示，数字经济基础产业与居民消费协同发展，新型消费特征表明数字技术正在推动着生产方式的重构与融合，优化了消费升级路径。从既有文献来看，王珊珊（2022）等认为数字经济对居民消费具有直接影响，可以促进消费水平提高，且通过优化消费结构进而推动产业结构升级；陈建和邹红（2022）等则认为数字经济主要通过促进产业升级，进而推动居民消费升级。不过，大量研究表明，消费升级在空间分布上呈现非均衡格局，且存在明显集聚特征，地区数字经济发展水平与消费结构优化呈正相关关系，但激励效应在空间分布上存在异质性。对此，学者们从基础设施建设、金融配套政策、产业供应链升级、技术与实体经济融合等方面提出政策建议以推动消费结构升级。

1.3.2.3 产业升级与新型消费研究

产业升级是指企业在考虑消费方式变化等因素的同时，通过技术创新、重组产业链条、优化资源配置等方式适应当下社会与文化变迁而进行的变革。实体经济是一国经济的立身之本，是财富创造的根本源泉，党的二十大报告提出，建设现代化体系要坚持把发展经济的着力点放在实体经济上。在百年未有之大变局与新冠疫情冲击影响下，新型消费依托数字经济迅速发展并持续衍生新业态，成为经济增长的重要动能。针对目前供需不匹配、供给侧结构性矛盾突出等问题，孙早（2018）等研究表明，新型消费能够显著提高城市产业结构合理化和高级化水平，助推产业结构升级，从而优化供给侧，进一步推动消费扩容。然而，新型消费在促进产业升级的空间分布上仍然存在异质性，甚至在部分地区产生了负向影响，对此，学者建议应从完善配套措施，因地制宜开展新型消费培育和发展等方面开展工作，以新消费促进有效供给，推动产业结构升级。

实现产消"双升级"是中国实现高质量发展的关键,新消费时代下,随着居民消费理念的变化,个性化消费、共享消费、智能消费及绿色消费等业态发展态势良好,因此产业应坚持以新消费特征为导向,加快产业结构转型升级、优化产业链、拓宽发展空间、提高资源配置效率。产业转型不仅指技术上的升级,还包括对企业发展目标、理念、阶段、经营环节等多方面的统筹谋划。总的来说,促进产业结构升级需多方面合力,在当下以新动能推动新发展的战略机遇期,应持续释放新型消费潜力,优化供给侧,以推动产消协同共进。

1.3.2.4　居民消费研究

居民消费水平及需求变化关乎市场经济发展,因此,居民消费一直以来都是新型消费研究领域学者较为关注的课题,主要包括居民消费结构的特征与变化规律、扩大消费需求的体系建设等。中华人民共和国成立后,我国居民消费在层次、形态与方式等方面不断升级。改革开放以来,随着市场经济的不断繁荣,居民生存型消费占比下降,消费需求开始向享受型、发展型消费靠拢,先后经历了耐用品消费、住房、汽车及服务消费的不断革新。21 世纪以来,城乡居民的恩格尔系数不断下降,交通通信、教育文化娱乐等服务支出占比不断增加,联网技术与消费领域的融合发展催生了网上消费、共享消费等新业态。新冠疫情冲击下,无接触式配送、智能新零售、互联网 + 服务等新型消费模式发展迅速,有效缓解了经济发展压力。樊继达(2019)表示,随着疫情防控政策的持续优化,市场经济逐渐回暖复苏,夜消费、文旅经济、绿色消费等业态均呈现出良好的发展态势,随着 AR、VR 等技术的不断成熟与应用,各行业均在不遗余力地构建新消费场景与模式,未来居民消费结构升级趋势显著。

提高居民消费水平是扩大内需的重要抓手,但近年来需求两侧均呈现出不足:一方面居民消费能力不足,扩大消费心有余而力不足,且城乡居民消费支出差额总体呈扩大趋势；另一方面则是供给发展滞后，难以满足消费结构升级。对此，学者们对制约居民消费的因素进行分析研究，并提出应从完善社会保障体系、优化消费环境、加强供给侧结构性改革、增加居民收入、培育新型消费理念等方面疏解新时代居民扩大消费的梗阻。

1.3.2.5　扩大内需研究

扩大内需、释放消费潜能是实现经济持续稳定增长的迫切需要，是构建新发展格局的战略基点，是构建现代产业体系、促进消费结构升级、实现供求动态平衡的重要支撑。目前，我国尚处于经济发展方式转变的关键时期，并且面临着全球经济发展态势低迷、贸易保护主义抬头、国内市场供需不平衡、产业结构失衡等内、外部挑战。新型消费研究对于扩大内需具有积极意义，通过对新型消费趋势的深入研究，可以更好地了解居民消费需求和偏好，调整生产和销售策略，增强消费信息的真实性和消费意愿，从而实现消费扩容提质。同时，扩大内需研究也会影响新型消费的发展。扩大内需的政策实施将引导人们更多地投向服务性消费领域，为数字化等新兴行业的发展提供了广阔的市场空间。扩大内需战略也在持续鼓励企业创新和技术升级，在产品品质和用户体验上持续改进，从而推动新型消费的发展和升级。因此，新型消费研究和扩大内需研究之间密不可分，二者相互促进、共同推进，是实现经济高质量发展的必要方向。

综上所述，消费升级、数字经济、产业升级、居民消费、扩大内需等一直是新型消费研究领域的热点主题，且各个主题之间均存在相互作用。领域内的学者们积累了丰富的研究经验，为新型消费的深入研究提供了坚实的理论基础。近年来，新型消费及相关主题研究仍保持稳定发展且上升的趋势，不断涌现的新兴主题很大程度上与它们存在共现关系，体现了新型消费领域研究的持续和传承。

1.4 结论与展望

1.4.1 结论

（1）新型消费研究在时间分布上，大致可以分为三个阶段：萌芽期（1996～2003年）、起步期（2004～2016年）、快速成长期（2017年至今）。并且根据统计数据可以推断，新型消费研究领域在当下及未来较长一段时间内仍会保持快速发展态势。

（2）在主要研究团队与研究机构方面，形成了以胡怀国、张彩云、史琳琰、宋立等学者为中心的合作团队；以中国社会科学院、中国人民大学、西南财经大学等为代表的领导机构。同时发现在新型消费研究过程中，学者之间的合作度较低，且机构间联系较少，也许存有潜在的学术壁垒，不利于信息与技术的交流和分享。

（3）本部分运用Cite Space软件，对中国知网数据库所收录的有关新型消费研究的文献进行关键词共现与聚类，并经过对自1996年以来的文献进行梳理分析，针对研究主题总结得出以下观点。

第一，改革开放以来，国内消费市场大致经历了四次升级，分别为温饱型、小康型、发展享受型与新消费升级。随着市场经济的繁荣发展与技术的持续创新应用，本章划分的三个研究阶段均出现了代表性的新型消费研究主题，如扩大内需、汽车消费、住宅消费、文旅娱乐消费、信息消费、共享经济、互联网+服务、乡村振兴、绿色消费、定制消费等，体现了我国居民消费水平的不断提高、消费结构从功能型向享受型的转变及产品由粗制化到定制化和可持续的优化。

第二，新型消费领域的研究内容可聚焦为5个重要主题，分别为消费升级研究、数字经济与新型消费研究、产业升级与新型消费研究、居民消费研究和扩大内需研究。消费升级是新型消费发展的原动力，其研究内容主要包括基础性研究如消费升级内涵、特征、路径等，其次是消费升级与数字经济、产业升级、有效供给、扩大内需等的关系研究。现阶段新型消费呈现新特征，国内供给结构调整滞后于消费结构升级，从一定程度上抑制了居民消费。数字经济的发展极大地催生了新型消费业态和模式，体现出便利化、智能化、个性化与高品质化等新特征。学术界大部分学者认为，数字经济对居民消费升级、产业结构优化等拥有正向激励作用，新型消费能够显著提高产业结构合理化和高级化水平，助推产业结构升级。然而部分研究显示，消费升级与数字经济的激励效应及新型消费促进产业升级在空间分布上均存在异质性，对此学者们建议应抓住战略机遇，从完善配套措施、推动技术与实体经济融合、引导消费理念革新、因地制宜培育新型消费、以新消费促进有效供给等方面持续发力，以深化扩大内需战略实施，增强经济发展的内生动力。

第三，在新型消费研究领域的主题演进上，呈现出与时间分布相一致的特征，在每个发展阶段均有不同的代表性关键词，且各研究主题之间都存在相互作用关系。现阶段，新型消费研究仍保持稳定发展且持续升温的态势，不断涌现的新兴主题很大程度上与先前的热点主题存在共现关系，体现了该领域研究的延续与发展。

1.4.2　展望

1.4.2.1　新型消费研究的范式转换

范式是关于理论发展的理论，是科学共同体共同接受的世界观、本体论、方法论和价值观，界定了科学共同体的研究议题、分析工具和研究方法。数字经济背景下的新型消费呈现出新特征，尤其是中国情境下更有其独特性。但目前来看，学术界缺少对其研究范式的转换研究。笔者认为针对其研究范式可从以下两方面进行研究：一是理论基础。在传统理性假设下的新古典经济学基础上，学术界逐渐开始重视有限理性下的行为经济学理论，比如面对风险，收益和损失偏好的不一致性等。相较于传统经济学理论研究而言，行为经济学更具解释力和预测力，但新型消费研究领域鲜有学者涉猎。因此，在行为经济学的基础上开展新型消费理论基础研究十分具有潜能，尤其是基于中国情境产生的独特议题研究，其中包括人口、文化、地理、社会、经济、政治、生态等因素，进而形成中国式新型消费理论探索与实践。二是研究方法。凯恩斯和弗里德曼的消费函数理论是经典的消费模型，明确强调了影响消费的因果关系，而大数据时代背景下则更突出变量间的相关关系，并据此进行消费预测。此外，将更为科学的实验研究方法应用于新型消费理论研究也蕴含着极大的研究空间，学者们可以在数据驱动范式所发现的变量相关关系的基础上，进一步利用实验研究方法深入探讨其因果关系。

1.4.2.2　新型消费促进区域协调发展研究

党的二十大报告指出，应着力发展实体经济，推进新型工业化，加快建设数字化中国，全面推进乡村振兴，促进区域协调发展。对此，结合新时代使命与任务，立足新环境，在增强国内大循环内生动力和可靠性的同时，促进区域协调发展，实现经济高质量发展，应成为当下和未来时期的研究重点。从现阶段的既有文献来看，大量研究结果显示新型消费与相关主题的发展和效用存在空间异质性，区域发展不平衡问题突出，然而领域内缺乏针对地域培育和发展新型消费的研究，并且区域战略实施效果评估的理论基础与技术规范也有一定程度上缺失，理论构建尚不完善。

1.4.2.3 中国情境下新型消费的理论创新研究

发展新型消费是倒逼产业结构转型升级的外部动力，不仅有效支撑了扩大内需战略的实施，更有助于稳定和扩大就业。近年来，新型消费领域的研究热度不断攀升，并积累了一定的研究成果。然而，我国新型消费研究起步较晚，目前尚未形成完整的合作体系，理论创新存在不足，并缺乏针对新型消费理论的模型构建。对此，本书认为，辨析新型消费与传统消费的本质区别，完善中国情境下的新型消费理论体系，重视新型消费在推动产业升级、扩大内需等方面的内在动力机制研究，帮助各行业形成对新型消费的正确认知，寻找到制约新型消费发展的主要原因，提供切实可行的方案对策，应是当下和未来的研究重点。

1.4.2.4 新型消费治理与评价体系创新研究

新型消费场景的构建与应用，既需要技术支撑，也需要完善的法制规则约束。然而，当前已有的法律、评价标准体系与监督管理准则，显然难以满足新消费模式的管理需求。当下，新型消费展现出绿色、低碳、智能、定制、共享等新特征，因此，将上述指标纳入新型消费的治理与评价体系也应是未来的研究方向之一。

总的来说，随着新技术发展及居民消费观念的持续改变，新型消费领域的研究热度仍将保持上升态势。以新发展格局为契机，加快构建现代化经济体系，是推动经济高质量发展的战略重点。当前，新型消费研究领域学者及机构间的协作较为分散，也许存在潜在的学术壁垒，未来应加强各方合作，实现信息技术与其他资源的共享，共同推进新型消费的健康发展，以取得更出色的研究成果。

第 2 章
中国情境下新型消费研究范式转换

新型消费是当前数字化时代的重要议题，深刻地改变了现代社会的消费生活。传统的消费研究范式已不再适应如今新型消费研究的现实需求，本章在分析新型消费范式提出背景的基础上，通过梳理新型消费的含义和特征，突出理论、方法与实践三方面对新型消费的研究范式进行总结。从消费理论上说，新型消费研究要以行为经济学的"社会人"假设为主；从研究方法上说，大数据分析法更适应新型消费研究中的数据要求；从消费实践上说，消费内容、消费理念、消费方式和消费场景都发生了巨大的变化。

2.1 新型消费研究范式转换的背景

奥弗顿和勒纳（2012）认为范式并不是一个静态的模式，而是随着社会系统的日益分化和重新整合以非线性的方式不断变化，它与社会的发展进步密不可分。随着新的技术和科学的出现，社会、经济和科技发展带来的新变化会改变我们的认知、观念和价值观，我们对世界的学习和理解也在不断扩展，新问题和新挑战的出现使得原有的研究范式不再适应现实需求，我们必须对研究范式进行重新思考和重新定义，以适应新的情景和需求。尤其是如今社会已经步入数字经济时代，数字技术的涌现给人类社会的发展带来了系统性的变革，对人们的消费也产生了深刻的影响，消费需求和消费方式等消费实践发生了翻天覆地的变化，新型消费的提出能够反映社会进步与消费者需求的变化，更符合数字经济时代人们对消费的认识和要求。

在数字经济迅速发展的背景下，新技术、新业态和新产业的涌现对消费主体、消费客体和消费环境都产生了重大影响。新型消费颠覆了传统消费模式，突破了空间贸易壁垒限制，对消费者的消费偏好和消费习惯产生了深远的影响，并催生了更高品质、更高性价比的消费产品和服务。我国十分重视新型消费的发展，政府发布了一系列文件作出前瞻性的洞察和部署。2020 年 9 月 21 日国务院办公厅发布《关于以新业态新模式引领新型消费加快发展的意见》（以下简称《意见》），对发展新型消费作出全面部署。《中华人民共和国国民经济和社会发展第十四个五年规划和 2035 年远景目标纲要》也对培育新型消费、加快服务消费线上线下融合发展作出安排。2021 年 2 月 22 日，为贯彻落实《意见》部署要求，国家发展和改革委员会等 28 个部门联合印发《加快培育新型消费实施方案》。《中华人民共和国国民经济和社会发展第十四个五年规划和 2035 年远景目标纲要》中也明确指出，要顺应居民消费升级的趋势，把扩大消费、培育新型消费同改善人民生活品质结合起来。与此相关的一系列政策措施和制度安排，构成了近年来消费领域变革的最大推动力。

我们的消费生活迎来了一场新的重大而深刻的变革，数字化已深度介入人们的日常生活。但是，相对于新型消费的迅猛发展，学术界对新型消费的研究还远远不足。特别是其与传统消费的深刻差异也使得传统的研究范式不再适用于新型消费的研究，有必要对新型消费的研究范式进行深入探讨。因此，本章从理论、方法与实践的视角出发提出以下问题：①新型消费研究范式的背景条件是什么？②新型消费的内涵和特征又是什么？③数字背景下形成的新型消费的研究范式是什么？本章的研究将有助于构建数字经济背景下对新型消费的研究范式进行系统分析的研究框架，为推动新型消费的进一步发展及后续系统深入研究提供重要借鉴。

随着科技的快速发展，人类社会正经历着一场前所未有的数字化变革。在这场变革中，数字化、数据化、智能化、个性化成为推动新型消费发展的关键力量，也为新型消费研究的范式转换提供了深厚的背景。

2.1.1 数字化

数字经济时代，顾名思义其首要特征就是数字化。随着人工智能（Artificial Intelligence）、区块链（Block Chain）、云计算（Cloud）、大数据（Big Data）、移动终端等技术的发展与普及，数字化统一了信息最基础的格式，人们可以将各种形式的信息和数据以数字编码的形式表示、存储、传输和处理，数据和信息经过数字化处理后可以更高效、更准确地进行数据分析、挖掘和应用，人们对数据和信息的利用程度大大提高。数字化也为创新和变革提供了巨大的推动力，催生出共享经济、平台经济等颠覆传统行业的新商业模式和服务形式。共享经济将闲置资源转化为经济价值，不仅降低成本减少浪费，同时也提供了更多的就业岗位。平台经济中平台为供货商和消费者提供了一个可供双方交流、交易、互动的媒介，供货商可以展示和销售自己的产品和服务，消费者可以在众多产品中进行选择，这种多边市场的模式可以促成供需的有效匹配，提供更广泛的选择和便利性。数字化体现在我们生活的方方面面，个性化推荐和定制化选购满足了消费者的不同需求；在线教育平台和数字学习资源打破了学习资源壁垒；数字化工具和协作平台促进了团队合作和信息共享。数字化改变了人们的购物习惯、学习方式、工作模式等，使人们的生活更加丰富、便捷和高效。

2.1.2 数据化

如上所述，数字化可以将模拟数据、物理实体和过程等转化成数字形式，如果说数字化是将现实世界转化为数字形式的过程，那么数据化则是对数字形式的信息和数据进行管理、分析和应用的过程。数据化依赖于数字化来获取和处理数据，强调的是数据的价值和利用。来自生活各个领域的大量可计算数据蕴含着巨大的价值，数据也已经成为企业的核心竞争力。通过运用统计分析、人工智能、机器学习等技术对海量的数据进行分析与挖掘可以提取有用的信息，可以从数据中发现现象本质、预测事物趋势、优化业务流程、推动创新发展等。技术的进步不仅实现了数据的超大规模，同时也实现了超高的时效性，数据从生成到消耗之间的时间窗口非常小，这意味着人们几乎可以即时获取到最新的数据。尤其是商家以前都是通过调查问卷和一对一访谈等方式获取消费者的意见和反馈，而在数字时代，消费者的在线行为和社交媒体活动会产生大量的实时数据，这些更加客观、准确、及时的数据可以帮助企业刻画消费者画像，满足消费者的个性化需求以取得竞争优势。

2.1.3 智能化

智能化则是建立在数字化和数据化的基础上，将大数据、物联网和人工智能等技术赋能系统或者机器使其能动地表现出自主学习、适应和优化的能力。智能化实现了从自动到自主的转变，智能化系统可以通过感知环境获取大量的数据进行分析和理解，并基于积累的学习经验进行智能推理和决策，从而可以在不同情境下进行自主决策。典型的例子就是汽车的自动驾驶技术，智能化的驾驶系统通过感知传感器接收到来自周围环境的实时信息，实时分析道路和交通情况，根据分析结果在行驶过程中自主决策，实现自动驾驶。许多电商平台和流媒体平台也会利用智能推荐系统，根据用户的历史购买记录、搜索行为和偏好自主推荐相关产品和内容。

2.1.4　个性化

数字化、数据化、智能化是描述数字时代的代表性词语，数字技术使得实际中的各项活动与事物转化成具有无穷价值的数据，从而使人类对这些数据加以利用为自己服务成为可能，消费者在数字环境中所产生的有关个体行为偏好和兴趣的信息为个性化服务提供了基础。智能算法和机器学习技术能够根据个人的数据和行为模式进行学习和预测，为消费者提供个性化的建议、推荐和体验。一方面，企业可以利用大数据分析不同消费群体的不同消费需求，并有针对性的将个性定制广告和优惠推送给潜在的消费群体，提高广告营销的转化率。消费者也可以通过社交媒体、在线评论等方式主动参与企业的互动和反馈，既可以为其他消费者提供意见参考，也为企业提供了宝贵的个性化信息，使消费者与企业之间从生产到个性化消费形成一个良好运行的闭环。另一方面，随着社会的发展，消费环境和消费内容发生了巨大的转变，人们的价值观也在随着社会的进步而改变，越来越多的人开始关注个体需求的满足和自我实现，希望通过选择的产品体现自己的独特品位和价值观，个性化成为消费新趋势。

不得不承认，数字技术的发展和普及带来一个数字化、数据化、智能化及个性化的时代，消费模式和消费行为发生了革命性的变化。数字时代下的新型消费为消费者带来了全新的消费体验和选择机会，要全面深刻研究新型消费，首先要明确其含义。

2.2　新型消费的含义和主要特征

2.2.1　新型消费的含义

消费是社会再生产环节中的重要一环，也是最后一环。广义的消费是指人们通过购买、使用或消耗产品和服务来满足自身需求和欲望的行为，它包括个人、家庭、企业和政府等各个层面的消费活动。狭义的消费一般侧重于个人层面的消费，也被称为生活消费或者居民消费，指产品和服务满足人们当前生活需要的过程。研究中通常提及的消费指的是狭义上的生活消费。纵观整个消费过程，包含四个关键要素：消费内容、消费理念、消费方式与消费场景。消费内容指的是满足其需求的各种商品和服务；消费理念实际上是一种价值取向，是消费者在消费过程中对消费内容、消费方式、消费趋势的认识评价与价值判断；消费方式是指人们在购买和使用产品或服务时所采取的具体方法、途径和方式，其易受到生产方式、个人偏好、技术发展等的影响；消费场景顾名思义指的是消费者进行消费行为的场合和形态。

随着经济的发展和科技的进步，消费也一直处于持续的更新迭代过程中。纵观我国的消费演变历程，改革开放之初，食物的消费比重在居民消费中的比重下降，人们从之前的只追求吃饱转向吃好；到了20世纪80年代，自行车、手表、缝纫机等老三件开始出现；再到20世纪90年代，新三件（彩电、冰箱、洗衣机）全面取代老三件，人们开始追求耐用品、中高档产品与多功能用品；21世纪初，互联网的普及和经济的快速发展使手机、电脑、汽车等销售量持续增长，电子商务与网络零售发展速度迅猛；如今，在数字技术的加持下，线上线下相融合的商业模式已经十分成熟，线上消费与移动支付等成为日常行为，平台经济、共享经济等如火如荼，数字金融服务持续发展，数字化和移动化的消费模式正在深刻地改变我们的生活。从上述消费演变过程可以看出，在不同的经济发展阶段，消费所包含的消费内容、消费理念、消费方式及消费场景都代表不同的内容，相对于上一阶段的消费，每一阶段的消费都可以称其为"新型消费"。换言之，新型消费是一个动态的、阶段性的概念。例如，此时此刻，相对于以前的线下消费，我们将线上购物作为新型消费的一部分，若干年后，更具突破性的消费将会取代线上购物成为新型消费，线上购物也终将会经历传统消费的命运。

当前阶段的新型消费尚未形成明确、清晰、统一的概念。国务院办公厅发布的《关于以新业态新模式引领新型消费加快发展的意见》（国办发〔2020〕32 号）对发展新型消费作出全面部署，明确新型消费是以网络购物、移动支付、线上线下融合等新业态、新模式为特征的消费。学术界对新型消费定义的描述更加具体，郑英隆和李新家（2022）认为新型消费是消费主体在互联网框架下开展各种消费活动、做出消费行为选择的统称。王强和刘玉奇（2022）认为新型消费是以大数据为新生产要素，以数字技术为新生产力，采用线上线下融合的新商业模式，通过基于数字化界面、场景、体验的新顾客关系和新消费行为，满足数字时代服务需求的活动。林晓珊（2022）认为新型消费的"新"一方面体现在区别于以线下接触为主要特征的传统消费，呈现出以线上线下深度融合为主要特征的新业态、新模式；另一方面体现在新型消费所形成的新消费理念、内容、方式等。基于上述分析，本研究认为新型消费并非单指某种消费形态或者消费模式（Arditi et al.，2000），而是许多具有"数字化"属性的消费形态的统称。具体可以描述为由各类新型数字技术赋能生产到消费的全过程引发的一系列新业态、新模式、新场景及新的消费理念、内容和方式等各类消费的总称。随着数字技术的发展，未来将会有更多新的模式、业态和其他革命性的改变被纳入新型消费中，新型消费的概念将处于不断地外延和扩展中。

2.2.2　新型消费的主要特征

正确理解数字经济时代新型消费的含义，还须把握新型消费的核心特征，这也能使我们更清晰地理解新型消费与传统消费的区别，便于对新型消费进行更深入的研究。数字经济时代下的新型消费具有数字技术驱动、突破场景限制、资源配置高效、个性智能体验四个典型特征。

2.2.2.1　数字技术驱动

"数字化"是新型消费的基本属性，由数字技术驱动同样也是它的核心特征。大数据、人工智能、云计算、物联网等新技术的发展和应用推动管理模式和商业模式等各类创新，数字技术与各类消费业态紧密融合。智能化的数字技术为企业与消费者之间更直接、更全面、更丰富的接触创造条件，商家可以即时获取消费者的体验和反馈，商家与消费者不再是简单的交易关系，而是形成双向沟通、情感连接、深度互信、价值共创、互利共赢的关系。在生产端，数字技术赋能传统制造行业，加快产品创新和改进，实现自动化生产流程，优化供应链管理，提高生产效率和产品质量，降低产品成本，满足消费者各种各样的个性化需求。在消费端，数字技术的使用促进了消费者新需求的产生，移动支付的便捷化缩短消费流程，共享的理念也使得消费这个终点变成了消费循环的新起点。

2.2.2.2　突破场景限制

传统消费以线下接触为主，数字技术的应用不仅打破了消费的时空壁垒，还实现了虚实场景的融合。电子商务平台和移动支付可以使消费者在任何时间、任何地点筛选广泛的商品和轻松购物，消除了传统实体店面的时间和地点限制。虚拟现实（VR）和增强现实（AR）技术的发展将现实场景与虚拟场景相融合，消费者可以在虚拟的商店中浏览商品、试穿衣服、体验产品功能等，AR 还可以使消费者在实际环境中获取虚拟的商品信息及导航指引，为消费者创造了一个更富有创意和互动性的场景，实现了虚实融合。

2.2.2.3　资源配置高效

新型消费通过优化生产与消费、供给与需求之间的匹配，实现资源的高效配置。数字技术通过数据分析和预测模型准确地预测资源需求，避免过度或不足配置资源，在资源投入过程中实时监控资源的使用情况和效率，并通过提供即时反馈调整资源分配方案，提高资源利用率。协作和共享平台促进了不同组织和个体之间的协同工作，各方共享资源和信息可以提高资源配置效率和整体效益。数字技术和大数据分析能力实现了供应链的精细化管理，可以更准确地预测需求，减少库存和物流成本。共享经济平台（如共享单车、共享住宿、共享办公室等）通过共享资源和服务，提高了供需匹配效率。

2.2.2.4　个性智能体验

与传统的实体经济的消费行为相比，新型消费提供了更具个性化、特色化、智能化的商品和服务。大数据可以通过分析消费者的行为数据为其提供专属的个性化服务，消费者也可以根据自己的需求和偏好进行产品的个性化定制。人工智能和机器学习的发展已经可以使智能设备与消费者进行自然和个性化的互动，并且能够使其逐渐学习和适应用户的个人偏好，更好地为用户提供个性化服务。例如，虚拟助手可以根据用户的指令和偏好，提供个性化的回答和服务，智能家居、智能机器人解放了人们的双手，提高了消费者在快节奏生活中的幸福感。

2.3　新型消费研究范式转换的主要层面

数字经济时代背景下，新型消费研究范式更加关注数字化环境下的消费行为、数字技术对消费者体验、消费者决策和消费者互动产生的影响，通常借助大数据研究方法分析消费者生成数据并深入理解消费者行为和趋势。具体而言，主要从消费理论、研究方法与消费实践三个方面来论述：第一，在消费理论方面，行为经济学的"社会人"假设更符合我们对消费者行为决策的理解；第二，在研究方法方面，大数据的充分性、多样性、客观性与时效性为新型消费研究提供了一个全面真实的数据基础；第三，在消费实践方面，消费内容、消费理念、消费方式和消费场景等都有明显的差别。

2.3.1　消费理论研究的范式转换

2.3.1.1　经典理性行为模型

传统的消费理论认为人是"经济人"，"经济人"又称"理性－经济人"，人被定义为一个理性的个体，他们被认为具有完全的信息、明确的偏好和稳定的目标，能够在有限的信息和认知能力下作出最符合自身利益的理性决策。以"经济人"为假设的一个重要理论就是边际效用理论，它解释了个体在做出消费选择时如何权衡不同选择之间的效用。边际效用理论最早可以追溯到十九世纪初，杰雷米·边沁（Jeremy Bentham）最先提出边际效用的概念，指出人们对于某种产品或服务的效用是可以量化的。随后，威廉·斯坦利·杰文斯（William Stanley Jevons）对边际效用进行了深入研究，提出了"最后一单位"的概念，即对某种商品或服务的最后一单位消费会带来边际效用递减的现象，发现了边际效用递减规律。卡尔·门格尔（Carl Menger）则在上述研究的基础上强调了边际效用的主观性，认为消费者对不同商品的边际效用评估因人而异。到了 19 世纪末，阿尔弗雷德·马歇尔（Alfred Marshall）对边际效用进行了进一步的系统化和形式化研究，将边际效用与供求理论相结合，形成了现代微观经济学的基础，供给与需求决定商品价格，边际效用可以解释消费者对商品需求的变化。边际效用理论为解释个体决策行为提供了一个理论框架，有助于研究人员理解消费者的需求和购买决策。

当边际效用理论在经济学中获得广泛认可后，经济学家们开始意识到个体的决策行为并不仅仅是受到当前边际效用的影响，还会考虑到未来效用期望，由此期望效用理论在 20 世纪逐渐发展起来。冯·诺依曼（John von Neumann）和奥斯卡·莫根斯特恩（Oskar Morgenstern）系统地提出了期望效用函数的概念，用于描述人们对不确定性决策的偏好。该理论将不确定性和风险纳入了决策模型中，认为个体在决策时会考虑到不同结果的概率和预期效用，并以期望效用最大化为目标进行决策。也就是说，消费者不仅关注商品本身的效用，还考虑了可能的不确定性和风险因素，在经济不稳定或就业不确定的时期，消费者可能会减少高风险、高成本的消费，转而选择更稳定和低风险的选项。或者消费者可能会偏好购买有保修期限或知名品牌的产品，以降低潜在的风险。相比于边际效用理论，期望效用理论考虑到了实际决策中的非线性效应，能够解释人们在面对风险时的不同态度，更准确地解释实际中的决策行为，也为后来行为经济学的发展奠定了一定的基础。

2.3.1.2　行为经济学的发展

不可否认，传统经济学为经济学研究提供了一个理论框架，可以用来解释个人决策行为，但它对人有着一种完美的、乐观的假设。它认为，人是自私的、独立的、充分理性的。然而我们清楚地知道"现实人"并非如此，人们有喜怒哀乐，会在进行大数额的计算时苦于没有计算工具，会忘记一些重要的东西，人是具有弱点的。相比于传统经济学，行为经济学对人的看法更符合现实，它承认个人的决策可能受到有限理性、认知偏差、情感因素和社会因素等的影响，揭示了个体决策中的非理性因素与非经济因素的重要性，为我们的消费者决策研究带来了新的视角和理解方式。行为经济学的雏形可以追溯到20世纪中叶，当时的经济学家开始对理性行为模型的合理性提出质疑，认知心理学的奠基人赫伯特·西蒙（Herbert Simon）提出了有限理性的概念，认为人们的决策能力是有限的，而不是完全理性的。如果说传统经济学认为的经济人是完全理性、完全自利、完全意志力的，那么，行为经济学的基本假设就是人是有限理性、有限自利、有限意志力的，行为经济学重点研究的就是这种有限理性的经济现象或经济行为。

前景理论可谓是行为经济学中十分耀眼的部分，卡尼曼因此获得了2002年的诺贝尔经济学奖。在前景理论里，所有的决策都是在参照点的基础上作出的，消费者在购买某种商品时对该商品的价格存在一个心理预期，当商品价格低于消费者心中的预期价格时，消费者就会感到获得了优惠和价值，更有可能购买该商品。所以当商家将原价和折扣价一同在货架上展示，消费者感知到获得了实际的优惠，增加消费者的购买活力，限时促销、买一送一蕴含着同样的原理。前景理论的另外一个重要观点是人们倾向于将决策问题分为损失和收益两种不同的类别，面对相同的收益和损失，损失的负面效应要大于收益的正面效应。这一认识解释了为什么人们在面对风险时更倾向于保守的决策，同时也提醒我们，在设计营销策略和产品定价时，需要更加关注消费者的心理感知和反应，可以通过强调产品的损失避免潜在的损失，从而增强消费者的购买欲望。例如，如今各种电商平台的七天无理由退货政策就为消费者提供了避免潜在损失的选择，如果商家提供了灵活的退货政策，消费者通常会感到安心，因为他们知道如果商品不符合预期，他们可以退货并获得全额或部分退款。然而，如果商家没有明确的退货政策或者退货政策非常严格，消费者在购买时可能会感到不安，因为他们害怕购买后无法退货，从而损失了购买的金额。

卡尼曼和特沃斯基所提到的前景理论成功从心理学的视角颠覆了传统的决策理论，而理查德·塞勒（Richard H. Thaler）在前景理论的基础上进一步提出了心理核算理论。心理核算理论中的一个关键概念是心理账户，心理账户指的是个人会将实际上客观等价的支出或者收益分配到不同的账户或类别中，这些账户不仅仅是依照经济逻辑划分，也可以基于收入来源、时间、用途、性质等其他因素，不同类别的账户之间具有不可替代性。每个具体的账户都会分配到一个专属的预算额度，对于所有超过心理账户预算额度的消费，人们都会加以控制，尽管从总预算上来说完全可以负担得起。这与传统的经典理性决策模型不同，表明了人们在做消费决策时存在一定的局限性，追求的是片面最优而不是全局最优。企业将商品分为不同的套装或组合，就是为了方便消费者将其归类到不同的心理账户中，有助于消费者的消费管理，增加购买意愿。心理核算的另一个关键问题就是"核算"问题，也是心理账户的收益和损失的衡量问题。心理核算讲究的是一个心理平衡，人们将每一笔交易都计入不同的分类账户中，在账户中分别计算每笔交易带来的成本和收益，只有当账户中的收益大于或者等于成本时，这个心理账户才会被注销。如果账户的收益为 0 或者小于成本，这个账户就会一直存在，无法销户的后果就是会导致决策者的内心痛苦。当然，账户中收益和成本的数字并不是交易商品或服务的实际货币价格，而是经过人心理处理的对价格的主观感知和评估。因此，在消费实践中，消费者倾向于选择与他们的自我形象和价值观一致的品牌和产品以维持其心理平衡。重视社会形象的消费者还会考虑所选择的商品是否受得到所属社交圈的普遍接受，希望通过与他人的消费行为保持一致，以维护社交形象的平衡。企业则需要注意到消费者对品牌的情感评估和心理价值的重要性，通过研究消费者对品牌的心理账户、品牌认同和品牌形象的影响，企业可以更好地塑造品牌形象，建立消费者对品牌的忠诚度，并引导他们的购买行为。企业还可以利用消费者的情感共鸣、社会认同和自我认同等扩大广告的效果和营销活动的影响力。

上述决策行为没有考虑时间因素，都是人们在当前环境的影响下作出的即期决策。如果考虑时间因素的存在，生活中几乎每个人都会面临跨期选择，传统经济学认为理性人能够准确评估当前和未来的收益，并根据预期效用最大化原则作出最优决策，其中被广为接受的是萨缪尔森（Paul Samuelson）提出的贴现效用模型（简称 DU 模型）。但在现实生活中，人们发现许多决策行为并不能满足理性的效用最大化原则，比起长期决策更偏向于即期决策。行为经济学家们进行了大量的跨期选择实验，发现 DU 模型在描述消费者心理和个人行为方面存在很多不足和"反常"。首先，时间贴现率并不是固定不变的，很多时候贴现率是随时间轴递减的，人们在短时间内表现出高贴现率，因为等待意味着不确定性。消费贷款就是一种利用时间贴现率递减的策略，由于个体更倾向于即时满足，他们可能会选择通过借贷来实现当前的消费需求，企业可以鼓励消费者选择分期付款的方式，将未来的还款分摊到较长的时间段内，从而降低当前购买的成本，增加即时消费的吸引力。其次，消费者的时间偏好具有易变性，也就是说，个体对于不同时间段内的利益或享受给予的重视程度可能会发生变化。它解释了为什么个体可能会做出短视的决策或忽视长期利益，有助于我们认识到个体在不同时间点上的决策动机和行为差异，并为制定有效的决策和消费行为改善策略提供依据。

除了上述典型的理论和观点外，行为经济学家们还积极探索了情

绪、认知偏差、成瘾性、社会规范等对决策行为的影响，更有助于全
面深入地理解消费决策。尤其在数字时代的新型消费实践中，"种草"
"共享""数字""智能"等成为这个时代消费的高频词，消费者不再
只关注价格，追求的不再是物质上的满足，消费体验与个性化消费越
来越受到消费者的青睐，情感和社交也是他们参考的标准之一。经典
的理性选择理论在解释消费者决策中存在许多的偏差和限制，相比于
"经济人"假设，行为经济学中的"社会人"假设更符合现实人，它
为我们更好地理解和解释消费者决策行为提供了一个全面的框架。理
论提供了对事物运作机制和规律的解释，帮助我们理解现象背后的原
因和关联，恰当的理论为实践提供了正确的思想和方向。因此，我们
在研究新型消费时也要选择合适的理论，行为经济学更好地帮助我们
理解新型消费中消费者的各种行为难题，也为企业制定更有效的消费
政策和市场策略提供了理论依据。

2.3.2　研究方法层面的范式转换

随着技术的进步和学术思维的发展，消费研究方法也在不断地演
变，从传统的问卷调查到实验室研究再到脑科学研究，数字技术的崛
起让研究者们看到大数据分析的独特魅力。

过去，调查问卷是常用的研究方法之一，研究人员设计问卷并向
受访者发放问卷收集数据，将采集到的数据进行清洗和分析，形成分
析解读报告，这种方法覆盖广泛、经济高效、便于处理和分析。但同
时也存在一些局限性，调查问卷收集的信息是受访者的主观回答，回
答者的回忆偏差、社会期望和选择性回答等因素都有可能导致数据的
主观性和不准确性，样本人群的选择也可能导致数据存在样本偏差。
为了更好地控制实验条件和变量，消费研究逐渐采用实验室研究方法，
研究人员可以根据研究问题和目标在实验室环境中创建具体的条件和

情境，实验室研究可以更精准地操作和控制变量以确定因果关系，但是实验室无法完全模拟真实的消费情境和复杂性，导致研究结果一定程度上可能缺乏外部有效性。近年来，脑科学相关技术应用于消费研究为理解消费者行为决策提供了新的视角。脑成像技术可以揭示消费决策过程中的神经活动，眼动追踪技术可以记录消费者在决策过程中的注意力分配。脑科学研究方法提供的是客观的神经生理数据，在一定程度上降低了数据的主观性，但其也存在明显的局限性，脑科学研究方法涉及复杂的技术和数据分析，对研究人员的专业能力要求较高，实验环境的限制及高昂的实践成本可能导致样本数量有限，使研究结果难以推广到更广泛的人群和真实情境中。

上述无论是问卷调查、实验室研究法还是脑科学研究法，都有一个共同的缺陷，就是用"小数据"解释复杂的消费现象，用"小样本"演绎"大道理"。大数据分析方法中的"大数据"具有充分性、多样性、客观性、时效性的特征，在一定程度上缓解了传统消费研究方法中数据量小、类型单一、来源主观、时间滞后的局限性。首先是超大规模的数据，大数据挖掘技术可以自动化地从各种在线平台和网站中收集数据，传感器与物联网的广泛使用可以收集各种环境数据和行为数据，云计算和分布式储存技术为超大规模数据的存储提供了技术支持，这些技术的发展使新型消费研究对超大规模数据源的集结和利用成为可能。使用大样本不仅可以减少抽样偏差提高统计推断的可靠性，还可以支持更精细的分析，有助于研究者发现消费者行为的隐藏趋势。其次是多样化的数据。这里的多样化指的是数据类型的丰富，传统消费研究中的数据主要为统计意义上的数值型数据，而大数据分析法所使用的数据除了数值型数据以外还包括文本、顺序、类别、位置、图形等非数值型数据，这些非数值型数据却可以揭示不同因素对消费者行为的影响，尽管目前非数值型数据的分析可能超出一些企业的能力范围，但仍然为新型消费的多维分析提供了全面的数据基础。

数据的客观性体现在大数据收集到的数据都是由机器自动收集的消费者在真实环境中发生的行为数据，是没有人为干扰的自然数据，这样的数据有助于更准确地理解消费者的实际行为决策过程。最后是数据的时效性，大数据电子踪迹等技术可以实现对数据的即时采集和处理，时效性还体现在其能够实时监测和反馈系统状态和用户行为，这些可以帮助组织快速做出相应的调整和改进。

在新型消费研究领域中，从数据采集、集成与存储到数据挖掘与分析，再到结果解读都由机器来完成，这将极大提升新型消费研究的精确性及对复杂性问题的解决能力，帮助研究者全面深入地洞察消费者行为。

2.3.3 消费实践层面的范式转换

消费实践的变化主要体现在消费内容、消费理念、消费方式和消费场景的不同。

2.3.3.1 消费内容

在新型消费中，消费内容发生了显著的变化，主要包括物资需求到精神需求的转变及实物消费到虚拟消费的转变。

马斯洛需求层次理论告诉我们，当人们的低层次需求得到满足后，人们会追求高层次的需求。得益于经济的发展和科技的进步，我国已经全面建成了小康社会，人们不再需要担心温饱问题，可以体验各种琳琅满目的商品和服务。物质得到满足的同时，人们开始追求精神上的满足，为了彰显个性，消费者不再满足于生存型消费，享受型消费与发展型消费等服务消费在消费中的比重显著上升。享受型消费强调个体对于舒适、愉悦和享乐的追求，这种消费形式注重个人的情感满足和生活品质的提升，强调体验和感受。例如，品尝美食、入住豪华酒店、享受 SPA 按摩等，可以帮助消费者放松身心，增加生活的幸福感。发展型消费注重个体的成长和进步，强调通过消费来提升自身能力、知识和技能。例如，通过投资于教育培训、职业发展、个人兴趣爱好等方面以实现自我价值的提升和个人发展的目标。在新型消费背景下，人们更加注重物质与精神需求之间的平衡，将消费用于个人的享受和发展，丰富了消费的内涵和价值。

目前，数字艺术品、数字服装、数字房产等一系列虚拟产品形态已具雏形。数字艺术品的出现打破了传统艺术品的物质限制，以数字形式存在，可以通过在线平台进行购买、收藏和展示，进而拥有交易和投资价值。虚拟现实和增强现实技术可以使人们在虚拟空间中尝试各种款式、颜色和风格的服装，定制自己的数字化服装，并在社交媒体上展示和分享。数字房产的出现将现实世界中的房地产概念扩展到了虚拟世界，为用户提供了更加广阔的创造和交互空间，也为投资者提供了新的投资机会。随着技术的进步和用户对数字化消费的接受度提高，虚拟产品和虚拟服务的市场将会不断扩大，并呈现出更为多样化和精细化的供给。

2.3.3.2 消费理念

受科技进步、社会环境和文化因素的影响，消费者的需求和价值观正在潜移默化地发生改变。新型消费的理念强调个性化、可持续性、共享经济和绿色经济。首先，个性化消费成为一种重要趋势，消费者更加注重满足自身的个性化需求和品位，追求与众不同的消费体验。其次，可持续消费已经走入消费者的视野，越来越多的消费者开始关注环境保护、社会责任和可持续发展，更倾向于选择符合环保标准、社会责任和道德价值观的产品和服务，并支持那些注重环境保护、社会公益和可持续经营的企业和品牌。再次，共享经济的兴起使得和谐共享的消费观念逐渐深入人心，消费者开始更加注重使用和共享，而不是传统的所有权和一次性购买。通过共享经济平台，他们可以租赁、共享或交换产品和服务，以满足自己的需求，同时减少资源的浪费。最后，消费者还对能源节约、减少排放、可再生能源环保型产品的需求持续增加，通过选择低碳产品和采取低碳生活方式来减少碳排放积极推动绿色消费，以推动社会和经济的可持续发展。

2.3.3.3 消费方式

传统消费的特点之一是人与人、人与物的直接接触和交流。消费者可以亲自触摸、感知和评估商品，通过与商家的面对面交流了解产品的特性、功能和优势从而作出消费选择。然而，在数字经济时代，随着电子商务和数字化消费的兴起，消费方式发生了巨大的变化。一是"互联网＋"模式，将互联网技术与传统产业深度融合以改变传统产业的运营模式、产品和服务的提供方式。例如，"互联网＋零售"改变了传统零售业的经营模式，消费者可以通过网络浏览和购买各种产品和服务，享受更广泛的选择、个性化的推荐和便利的配送服务；"互联网＋教育"可以为消费者提供远程教育、在线学习和个性化教育服务，拓展学习资源和提高教育效果。还有"互联网＋金融""互联网＋物流""互联网＋医疗"等其他"互联网＋"模式，实现更高效、便捷和个性化的服务。二是新型借贷消费，新型消费信贷的出现拓宽了消费者跨期预算，利用新兴的金融科技和互联网平台为消费者提供了更快速、便利的借贷服务，使消费者可以在需要的时候借入资金满足消费需求，进一步实现了消费的灵活性和多样性。像支付宝、京东、抖音、拼多多、美团等平台都拥有自己的消费信贷产品，鼓励消费者进行"先消费、后付款"的新型消费方式。

2.3.3.4 消费场景

数字技术与传统行业的结合在新型消费中创造了许多新的应用场

景，线上办公、网络购物、无接触配送等迅速融入中等收入群体的日常生活之中，改变了人们的生活方式和价值观念，使得消费更加便捷、个性化和智能化。例如，通过云计算、在线协作工具和视频会议等技术，员工可以在不同的地点和时间进行协作和办公。物流和配送行业也借助数字技术实现了无接触配送，无人机、自动驾驶车辆和机器人等技术的应用，使得配送过程更加高效和安全，消费者可以通过手机应用跟踪配送进度，接收包裹，减少人与人之间的接触。以网约车（顺风车）、实时公交、地铁扫码和数字地图等为主的"数字出行"，以互联网医院平台、"互联网＋"健康咨询、医疗、护理、药事及智慧健康养老应用等为主的"数字健康"，以数字图书馆、数字文化馆和景区数字化、智能化为主的"数字文旅"等。除了上述较为简单的数字技术与各行各业结合形成新业态、新模式外，通过元宇宙技术搭建虚实互动的场景，消费者还可以享受到更具沉浸感、个性化和交互性更强的消费体验。例如，借助元宇宙技术和 AR 技术，消费者可以根据自己的需求和喜好，在虚拟空间中设计和调整建筑结构、装修风格和元素，实时预览效果。在虚拟旅游中，消费者可以在虚拟空间中探索不同的旅游目的地，参观名胜古迹，感受异国风情。尽管身处现实中，虚拟体验也可以扩展到其他领域，如虚拟演唱会、虚拟博物馆等。

2.4 新型消费研究范式转换面临的挑战

数字技术的快速发展和广泛应用促进新型消费的兴起，改变了传统的消费模式，并对我们的生活产生了深远的影响。在此背景下，本章对数字经济时代下的新型消费进行定义分析，从消费理论、研究方法、消费实践三个方面凝练出新型消费的研究范式。尽管新型消费研究范式的提出为新型消费的研究提供了一个指导方向，但是新型消费的研究依然面临着严峻的问题和挑战。

第一，个人数据隐私安全问题。消费者在进行线上购物、移动支付、社交媒体等活动时会产生大量的个人数据，商家在利用这些数据为消费者提供个性化服务的同时也意味着消费者的隐私存在泄露的风险。为了巨大的商业利益，不同平台和服务提供商之间通常存在数据共享和交叉关联的情况，这可能导致消费者的个人数据被广泛共享和关联，进而增加了数据被滥用的风险。另外，消费者在使用新型消费服务时可能并不清楚个人数据的收集、存储、使用和共享方式，往往因缺乏对个人数据使用方式的透明度和知情统一而无法作出明确的选择。

第二，数据鸿沟和不平等问题。数字经济时代下不同个体、地区或国家之间在数据获取、数据使用和数据分析能力方面的差异导致数据鸿沟和不平等问题的加剧，部分消费者可能无法享受到数字化带来的便利和机遇，尤其是老年人、农村地区居民等可能因缺乏数字技能而无法充分参与新型消费活动。研究人员需要关注这些问题，并提出相应的解决方案，以促进包容性和可持续的新型消费模式的发展。

第三，研究适应性和可持续性。新型消费模式通常依赖于先进的数字技术，随着数字技术的发展不断变化和创新，这不仅要求商家和企业要持续适应新型消费模式，同时也要求消费者需要具备相应的技术能力和适应新技术的能力，这样才能充分参与和享受新型消费的便利。为了更准确地研究新型消费，研究人员也需要具备适应性和创新能力，及时调整研究方向和方法，以满足消费者和市场的需求。

第 **2** 篇

新型消费场景中消费者
消费意愿的影响机制

本篇研究在新型消费场景中消费者消费意愿的影响机制，共有两个视角：一是将消费意愿作为客体视角，从外部传播（虚拟代言人）、内部特征（消费者内隐认知）等维度剖析相关变量对消费意愿的内、外部影响机制；二是将消费意愿作为主体视角，揭示用户选择对新消费业态发展的影响机制。包括四章内容：第 3 章运用功能性近红外光谱技术（fNIRS）实验研究，比较了虚拟代言人与明星代言人在营销推广中对消费者消费意愿的影响机制，发现产品涉入度起着调节作用；第 4 章研究了消费者内隐认知对其消费意愿影响内在神经机制，发现前额叶皮质的激活程度能够作为一种指标预测广告效果；第 5 章利用演化博弈分析消费者意愿对新型消费业态发展的影响机制，构建消费者（用户）、政府、企业三方演化博弈模型，探讨了各主体在不同条件下的演化稳定策略，并利用 Matlab 软件进行仿真，分析了相关要素对主体策略选择的影响；第 6 章探讨了新型消费场景中的企业员工正念对顾客满意度的影响，验证了员工积极情绪的中介作用和顾客苛待的调节作用，通过对企业员工—顾客配对数据进行分析，结果表明，员工正念对其所服务的顾客的满意度具有积极的影响。

第 3 章
虚拟代言人对消费者购买意愿的
影响机制：基于fNIRS研究

虚拟数字人逐渐应用于产品代言，与真实明星代言交相争辉，而企业选择代言人将直接影响消费者购买。本章节通过2（代言人类型）×2（产品类型）被试内实验设计，运用 fNIRS 技术对比不同组合条件下的消费者行为决策及脑区激活的差异。结果显示，真实明星代言更有利于提高消费者购买高涉入度产品，虚拟数字人代言更有利于提高消费者对低涉入度产品的购买。被试在面对不同类型产品时，其前额叶皮层（PFC）的激活程度存在差异。高涉入度产品条件下，选择真实明星进行代言活动会引发被试更高程度的左侧背外侧前额叶皮层（dlPFC）脑区激活；低涉入度产品条件下，选择虚拟数字人进行代言会引发被试更高程度的左侧背外侧前额叶皮层（dlPFC）脑区激活。

3.1 引　言

随着数字技术和动画影像技术的快速发展，虚拟数字代言人作为一种新兴的营销手段逐渐出现在大众视野中。虚拟数字代言人是指由第三方企业设计制作，在社交媒体运营一段时间且拥有一定知名度后，可以与多个品牌进行合作的虚拟人物形象。与以往卡通角色代言人不同，虚拟数字代言人的形象真实性极高，能在一定程度上实现与用户之间的交互；相比真人而言，前者成本更低、安全性与可塑性更高，具有极大的灵活性与创造力。已有研究发现，消费者在实体产品广告中看到虚拟角色时，情绪敏感度与情感唤起水平相对提高，广告对消费者的吸引力度更强，而采用真实明星进行代言可通过将其正面形象和特征转移至品牌或产品服务上，从而激发消费者购买意图与购买行为。与虚拟数字代言人相比，真实明星代言人虽然成本较高、不确定性因素较多，却拥有较高的曝光度与专业性，能够与用户建立较强的情感连接。面对虚拟数字人与真实明星，企业应如何选择？回顾既有文献，有关虚拟代言人的研究主要聚焦于虚拟代言人的概念、发展历程和消费者感知等层面的探讨，鲜有涉及从消费者视角对虚实代言人使用场景的对比研究。因此，探讨虚实代言人的适用情境及各自内在的作用机理是十分必要的。此外，不同类型产品对消费者购买决策的价值驱动有所不同。产品涉入是指消费者感知到的产品与其需求和价值观念的关联程度，根据各类消费者的平均涉入水平，可以将产品划分为高涉入度产品和低涉入度产品。根据精细加工可能性模型（ELM模型），消费者对高涉入度产品的态度改变主要由具有说服力的信息细节决定，高涉入度产品购买情境下，消费者会更加积极且主动地搜寻产品信息，投入更多的认知资源进行价值评估，力求作出最佳决策；相反，在低涉入度产品的购买情境下，消费者缺乏足够的动机与能力，主要通过外围线索对信息进行判断，往往不会有复杂的决策和信息处理过程，而是更多依赖于情感迁移、直观推断或其他的自动信息加工形成或改变态度，只要产品达到一定水平即可接受。鉴于此，本研究尝试探讨企业在推广不同产品时如何选择相匹配的代言人类型，以及代言人与产品类型的匹配如何影响消费者的购买意愿和行为。

传统测量消费者态度及行为的方法多使用社会访谈、问卷调查及其他形式的自我报告，这种方法获取到的数据是经过大脑回溯加工后的态度，往往存有较强主观性，可能与用户实际行为之间存在较大差异。近年来，神经营销领域获得了极大关注与发展，相关研究主要聚焦于消费者如何评价和处理各类营销策略，如广告、产品包装和品牌标识等，通过神经测量工具记录被试在面对不同营销刺激时的神经活动以探索消费者的情感、认知加工和处理及决策过程。功能性磁共振成像（fMRI）和功能性近红外光谱技术（fNIRS）是神经营销领域较为常用的两种工具，均用于测量神经元活动代谢变化。相较之下，功能性近红外光谱技术具有空间分辨率高、无痛无创、更加便携、受运动干扰有限等优势，已被广泛应用于社会认知神经科学的相关研究中。在已有研究中，与认知处理或决策形成相关的脑区激活多发生在前额叶皮层（PFC）区域，其中背外侧前额叶皮层是个体处理产品有效信息的重要脑区，在决策形成阶段发挥重要作用；腹内侧前额叶皮层则与感知价值密切相关。如普拉斯曼等（Plassmann et al.）在一项品尝同款葡萄酒的神经实验中发现，背外侧前额叶皮层（dlPFC）与消费者购买意愿相关。川端和平桥等（KaWabata & Hirabayashi et al.）通过检测消费者在产品评估过程中的大脑激活程度，发现背外侧前额叶皮层（dlPFC）激活与购买意愿评分存在正相关，即背外侧前额叶皮层激活程度越高，消费者购买意愿越强。此外，前额叶皮层的不对称激活能够很好地预测消费者的购买行为。戴维森等（Davidson et al.）通过 fMRI 技术研究发现，前额叶皮层与情绪唤起水平紧密相关，其中左侧 PFC 与接近行为相关；右侧 PFC 与退缩/回避行为相关，拉贾瓦等（Rajava et al.）则进一步表明，左额叶的激活程度与消费者购买意愿存在正相关。

综上所述，功能性近红外光谱技术已被广泛应用于神经营销领域，用于揭示消费者形成决策过程中的内在认知机制。基于此，本章拟使用基于 fNIRS 的超扫描技术，通过操纵代言人类型和产品类型，深入探究消费者在不同类型代言人与产品组合的广告情境下，其内隐神经活动及外显行为决策是否存在差异，为企业制定营销策略提供一定参考，为后续进一步利用科学手段解释虚拟数字人对消费者的影响提供依据。

3.2 研究实验

3.2.1 实验材料

本实验采用 2（代言人类型：真实明星 vs 虚拟数字人）×2（产品类型：高涉入度产品 vs 低涉入度产品）的组间因子设计。实验选取了常见的 9 种产品：汽车、手机、电动车、洗发水等，由于实验过程中需要操纵产品类型——高涉入度产品和低涉入度产品，因此对实验刺激材料进行了前测。在线上及线下发放了 120 份调查问卷，测量被试对产品的涉入程度。测量量表参考扎伊奇科夫斯基等（Zaichkowsky et al.）的研究改编，测量语句包括：该产品对我而言很重要；在购买该产品前，我经常收集相关信息；在购买该产品前，我经常比较不同品牌的产品特性、功能特点（所有测量均为 7 级量表，其中 1 表示完全不同意，7 表示完全同意）。根据统计均值对产品进行排序，其中汽车、手机、电动车、化妆品、吹风机等产品分值较高，但考虑到实验参与者多为本科生与研究生，为贴近现实，本次实验剔除汽车产品，选取手机、电动车、化妆品和吹风机为高涉入度产品；洗发水、酸奶、苏打水、咖啡为低涉入度产品。为避免被试对实验材料中的产品品牌、代言人性别存在个人喜好差异而对实验结果造成影响，实验选用了同种品牌的同一产品，且将虚实代言人的性别分别控制为女性。每种产品有两种代言人类型的视频广告，共 16 个广告，在保证视频变形可接受的原则下，广告根据原视频等比例变化将长宽比例固定在 16∶9。

3.2.2　被试选择

为避免被试对实验材料中的代言人存在个人喜好差异而对实验结果造成影响，本研究在实验开始前对被试进行初步筛选，测量语句为：我熟悉这个代言人；我喜欢这个代言人（1 = 特别不同意，5 = 特别同意）。

最终选取来自郑州轻工业大学的 40 名健康本科生或研究生（男生19 人，女生 21 人），年龄在 20 ~ 29 岁（$M = 22.6$ 岁，$SD = 1.84$ 岁）。所有被试均为右利手，视力正常或矫正正常，无脑部疾病或精神疾病史。实验前告知被试实验仪器及实验内容的相关信息，并让被试签署了《被试知情同意书》，实验后向被试支付适量报酬。

3.2.3　实验流程

实验在一个隔音良好、照明适度的房间内进行。刺激材料被呈现在分辨率为 1920 × 1080 的电脑屏幕上，被试端坐在距离电脑屏幕约0.6 米的位置，双眼与屏幕中心齐平。实验开始前，请被试先填写产品涉入度调查量表，并告知其基本流程，要求被试在实验过程中尽量不要出现吞咽动作和大幅度移动身体，并将双手放置在电脑按键旁以便正确作出选择。实验分为两部分（如图 3 - 1 所示）。第一部分记录被试的睁眼基线以采集静息状态的血氧浓度水平，屏幕上会出现一张持续 120s 的风景照片，在此期间，被试仅是注视该图片，无须作出任何反应。基线记录结束后，被试进入实验第二部分，每个实验始于500ms 的注视点，接着呈现广告视频 60s，随后呈现购买意愿量表："根据广告中代言人对产品的介绍，您购买该产品的可能性是多少"。被试进行 5 级评分：1 级代表肯定不购买，5 级代表肯定购买。问卷作答时间无限制，目的在于避免被试由于紧张对决策产生干扰。实验中共有 16 个广告视频（2×4×2），视频以随机顺序在刺激呈现电脑展示，实验中，被试全程佩戴近红外设备，以记录血氧动力学变化。实验总时长在 30 分钟左右，刺激的呈现和数据记录均使用 E-Prime 3.0完成。

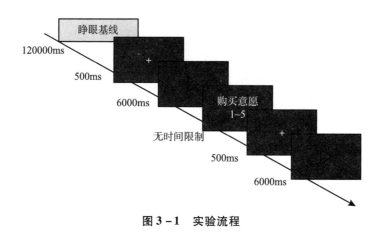

图 3 - 1　实验流程

3.2.4　近红外数据收集与分析

3.2.4.1　近红外数据收集

实验采用 Artinis Brite 24 便携式近红外光谱仪记录氧合血红蛋白（HbO）和脱氧血红蛋白（HbR）的浓度变化，双波长（762nm 和841nm），采样率设置为 10Hz。使用 2×12 的光极板（由 10 个发射器和 8 个探测器组成），形成 24 个通道覆盖在被试的大脑左侧前额叶与右侧前额叶区域（见图 3 - 2），其中通道 1~12 分布于右侧前额叶，通道 13~24 分布于左侧前额叶。发射器和探测器参照国际标准10~20 系统放置，以 F3 和 F4 为中心，沿中央沟对称分布，探头间隔约 3cm。正式记录前检测每个通道的信号质量并进行调整以确保可接受信噪比。实验刺激采用 E-Prime 3.0 呈现，数据采集软件采用 Oxysoft（v3.2.72）。

3.2.4.2　近红外数据分析

研究使用 NIRS – KIT V2.0 软件对近红外原始数据进行预处理和分析。预处理阶段，首先对原始数据进行去趋势处理；然后采用应用时间导数分布修复（TDDR）法进行运动伪迹矫正；带通滤波的截止频率为 0.01 ~ 0.1Hz，以减少缓慢的漂移和高频噪声。

已有研究表明，相比于 HbR，HbO 对局部脑血流变化更为敏感，且具有更高的信噪比，故后续统计分析均采用 HbO 数据作为分析指标。使用一般线性模型通过将刺激序列与血流动力学响应函数进行卷积，计算个体不同条件下任务相关的 β 值，并将 β 值作为衡量相应脑区激活的指标。如上文所述，研究采用 2×2 实验设计，总计 4 种条件。为了在群组水平上进一步研究脑区激活水平，通过对所有个体 4 种条件下的参数进行单样本 t 检验，并采用 Bonferroni 对 t 检验结果进行事后多重比较矫正，最后生成不同条件下的群组激活图。

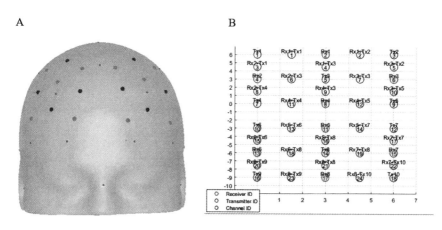

图 3 - 2　fNIRS 探头及通道排布图

3.3　研究结果

3.3.1　行为数据结果

3.3.1.1　操纵检验

首先，进行实验的操纵检验。结果表明，产品类型操纵成功，参与实验的被试对不同类型产品的涉入程度存在显著差异（$M_{高}=5.31$，$SD=1.33$，$M_{低}=3.42$，$SD=1.55$；$F=430.5$，$p<0.01$），其中 $M_{手机}=5.93$、$M_{吹风机}=4.90$、$M_{化妆品}=4.92$、$M_{电动车}=5.49$、$M_{酸奶}=3.35$、$M_{洗发水}=3.56$、$M_{苏打水}=3.25$、$M_{咖啡}=3.52$。

3.3.1.2　控制变量检验

结果表明，参与实验的被试对代言人的感知评价无显著差异，代言人控制成功（熟知程度：$M_{虚拟}=4.13$，$SD=0.76$，$M_{真实}=4.21$，$SD=0.72$；$F=1.61$，$p=0.2$；喜爱程度：$M_{虚拟}=4.06$，$SD=0.78$，$M_{真实}=4.13$，$SD=0.78$；$F=1.09$，$p=0.29$）。

3.3.1.3　交互效应分析

主效应分析：研究检验了代言人类型对消费者购买意愿的差异。结果发现，被试在两种情境下的购买意愿无显著影响（购买意愿：$M_{虚拟}=3.25$，$SD=1.05$，$M_{明星}=3.27$，$SD=0.99$；$F=0.056$，$p=0.82$）。另外，产品类型对被试购买意愿也无显著影响（$M_{低}=3.32$，$SD=1.0$，$M_{高}=3.2$，$SD=1.03$；$F=1.96$，$p=0.16$）。

代言人类型与产品类型的交互效应：研究采用单因素 F 检验的方

法来验证代言人和产品类型的交互性对被试购买意愿的影响，详细结果如表 3－1 与图 3－3 所示。结果表明，两者存在显著的交互效应（调整后 $R^2 = 0.39$，$F = 26.5$，$p < 0.01$）。虚拟数字代言人提高了被试对低涉入度产品的购买意愿（$M_{虚拟} = 3.51$，$SD = 1.00$；$M_{真实} = 3.12$，$SD = 0.96$；$F = 12.42$，$p < 0.01$），真实明星代言人提高了被试对高涉入度产品的购买意愿（$M_{虚拟} = 2.99$，$SD = 1.03$，$M_{真实} = 3.42$，$SD = 0.99$；$F = 14.09$，$p < 0.01$）。

表 3－1　　　　　　代言人类型和产品类型的交互对购买意愿的影响

来源	Ⅲ 类平方和	自由度	均方	F	P
修正模型	28.488[a]	3	9.496	9.535	< 0.001
截距	6812.100	1	6812.100	6839.928	0.000
代言人类型	0.056	1	0.056	0.056	0.812
产品类型	2.025	1	2.025	2.033	0.154
代言人类型×产品类型	26.406	1	26.406	26.514	< 0.001
误差	633.412	636	0.996		
总计	7474.000	640			
校正后系数	661.900	639			

注：$R^2 = 0.043$（调整后 $R^2 = 0.039$）。

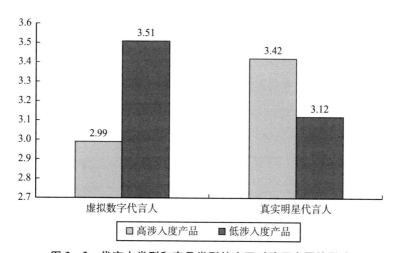

图 3－3　代言人类型和产品类型的交互对购买意愿的影响

3.3.2　近红外数据结果

使用软件 NIRS – KITV1.3 计算四种条件下各通道的激活指标 – β值，并采用单样本 t 检验对群组激活水平进行分析，最后生成四种条件下的脑区激活热力图（见图 3 – 4），图中通道颜色越深，表明该通道激活越显著。发现被试的左侧背外侧前额叶皮层与右侧背外侧前额叶皮层通道存在显著激活，选取左右对称的 16 个通道（Ch1，Ch2，Ch3，Ch4，Ch5，Ch8，Ch9，Ch12，Ch13，Ch14，Ch15，Ch16，Ch17，Ch20，Ch21，Ch24）t 值作为 dlPFC 激活程度依据进行分析，如表 3 – 2 所示。

表 3 – 2　　　　　　　　　　群组激活 t 值

脑区	通道	条件一	条件二	条件三	条件四
右侧 dlPFC	1	7.45	6.81	6.46	6.25
	2	6.71	6.78	6.36	6.05
	3	8.33	8.31	7.70	7.22
	4	8.04	7.82	7.47	7.37
	5	8.06	8.08	7.53	7.20
	8	9.00	8.82	8.09	8.12
	9	7.44	7.46	6.95	6.98
	12	6.23	6.34	6.00	6.04
左侧 dlPFC	13	8.78	8.77	8.62	7.73
	14	7.30	6.99	6.65	6.68
	15	7.55	7.60	7.13	7.16
	16	7.91	7.92	7.36	7.13
	17	7.59	8.19	7.14	6.95
	20	7.64	7.56	6.97	6.89
	21	7.67	8.28	7.18	7.37
	24	6.89	7.21	6.87	6.86

注：条件一：高涉入度产品×虚拟数字人；条件二：高涉入度产品×真实明星；条件三：低涉入度产品×虚拟数字人；条件四：低涉入度产品×真实明星。

高涉入度产品　　　　　　　低涉入度产品

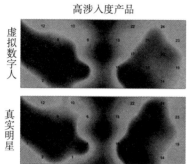
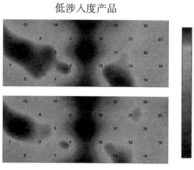
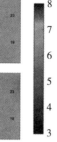

图 3 - 4　四种条件下的脑区激活热力

结合图 3 - 4 和表 3 - 2 可以发现，在高涉入度产品广告情境下，条件二在通道 15、16、17、21、24 的 t 值显著高于条件一，即相比虚拟数字人，真实明星代言高涉入度产品对被试左侧背外侧前额叶皮层（L - dlPFC）激活的影响更高；就低涉入度产品而言，在通道 13、16、17、20 条件三对被试的感知影响显著高于条件四，即相比真实明星，虚拟数字人代言低涉入度产品情景下，被试左侧背外侧前额叶皮层（L - dlPFC）的激活程度更明显。此外，可以发现高涉入度产品条件下，被试前额叶皮层（PFC）脑区的激活程度显著高于低涉入度产品。

3.4　讨　论

3.4.1　结果

本研究旨在探究消费者在不同类型代言人和产品组合的广告情境下，其内隐神经活动与外显行为决策上的差异。

行为结果显示，代言人类型对消费者的购买意愿无显著影响；产品类型对消费者的购买意愿也不存在显著影响；代言人类型与产品类型的交互性对消费者的购买意愿存在显著影响。具体而言，真实明星进行广告代言更有利于提高消费者购买高涉入度产品；虚拟数字人进行广告代言更有利于提高消费者对低涉入度产品的购买意愿。

功能性近红外光谱技术（fNIRS）结果显示，高涉入度产品与低涉入度产品相比，前者对被试前额叶皮层（PFC）的激活程度更加显著，且在高涉入度产品条件下，选择真实明星进行代言活动会引发被试更高程度的左侧背外侧前额叶皮层（L – dlPFC）脑区激活；在低涉入度产品条件下，选择虚拟数字人进行代言会引发被试更高程度的左侧背外侧前额叶皮层（L – dlPFC）脑区激活。

3.4.2　行为结果讨论

在本实验中，虚实代言人与高低涉入度产品对消费者购买意愿存在交互效应。对此，本研究认为，随着科技的不断发展，虚拟数字人的形象与表现形式越来越接近真人，可以通过精致的动画、特效和声音设计，给消费者带来更加强烈的感官体验。当消费者在实体产品广告中看到虚拟角色时，能直观地感受到与真人代言人的不一致感，情绪敏感度相对提高，情感的唤起水平也随之增高，即更兴奋、刺激。根据精细加工可能性模型，对于高涉入度产品，消费者更多关注产品的客观属性与总体价值，进而有强烈的动机花费更多认知资源以达到最佳决策，遂采取中心路径。广告中的代言人类型对消费者感知价值评估具有一定影响。消费者在对高涉入度产品的购买决策过程中，由虚拟数字代言人所产生的强烈注意吸引效应将被削弱，甚至形成反噬。因为相较于虚拟数字代言人，真实明星代言人拥有较高的知名度和专业话语权，专业性更强，可靠性更高，可以通过使用与体验产品更为清晰地向用户传达产品性能、操作使用、材料属性等信息，有助于消费者形成虚拟触觉，从而满足消费者对高涉入产品的信息诉求。相反，鉴于虚拟数字人的机械属性和虚拟特质，情感亲和能力较弱，可靠性不足，消费者对其的真实性感知状态不够真切，往往无法像真实明星一样满足消费者对高涉入产品的信息诉求。因此，真实明星进行广告代言更有利于提高消费者购买高涉入度产品。对低涉入度产品而言，信息并非不重要。研究表明，出于"认知惰性"，大多数用户一旦通过边缘路径产生了足够的信任，那么便不会选择继续使用中心路径来处理信息。虚拟数字代言人的独特性能够诱发消费者更为强烈的注意力，为消费者提供积极的情绪感知，并影响消费者的态度与行为。在低涉入度产品广告情境下，消费者检索处理信息的动机较低，更容易关注到虚拟数字代言人独特性这一外围线索，遂采取边缘路径。此时，虚拟数字代言人所带来的愉悦、新奇等积极效应仍发挥着重要作用，消费者会立即对该边缘线索进行识别且不需要细致审查。进而更容易在虚拟数字代言人推荐中获取到更高的情绪和表征线索感知。因此，虚拟数字人进行广告代言更有利于提高消费者对低涉入度产品的购买。

3.4.3　近红外成像结果讨论

前额叶皮层（PFC）在以往研究中就被证实是参与情绪唤起、认知资源分配及决策的重要脑区。例如，戴维森等（2006）发现，前额叶皮层与情绪唤起水平紧密相关，左侧前额叶皮层与接近行为相关，右侧前额叶皮层则与退缩/回避行为相关，并且前额叶皮层与枕叶中处理视觉刺激的神经元相关，认知资源的分配可以有效激活该脑区神经元活动。在本实验中，我们发现，与低涉入度产品相比，被试在高涉入度产品广告观看与决策过程中前额叶皮层（PFC）的激活程度更高，说明在高涉入度产品条件下，被试更多关注购买产品所能得到的预期价值，进而投入更多的认知资源以达到最佳决策，即采取了精细加工可能性模型中的中心路径；而在低涉入度产品条件下，被试加工产品信息的动机较低，不存在复杂的信息处理和决策形成过程，投入的认知资源水平相对较低，即采取边缘路径进行信息处理。

此外，以往研究也揭示了背外侧前额叶皮层（dlPFC）脑区活动对消费者行为决策的预测作用。普拉斯曼等（Plassmann et al.）与克兰普等（Krampe et al.）通过 fMRI 实验研究发现，背外侧前额叶皮层（dlPFC）与眶额叶皮层（OFC）是个体信息加工的重要脑区，且与消费者购买意愿相关。川端和平桥等学者采用 fNIRS 技术与评级量表，通过检测消费者在产品评估过程中的大脑激活程度，发现 dlPFC 激活与购买意愿评分存在正相关，即 dlPFC 激活程度越高，消费者购买意愿越强。拉贾瓦等（Rajava et al.）则揭示了前额叶皮层的不对称激活对消费者购买决策的预测作用，具体表现为左侧前额叶皮层激活程度越高则个体的购买意愿越强烈。本实验中，在高涉入度产品条件下，选择真实明星进行代言，被试左侧背外侧前额叶皮层激活程度更高，行为结果上表现为更高的购买意愿评分；在低涉入度产品条件下，选择虚拟数字人进行代言，被试左侧背外侧前额叶皮层激活程度更高，行为结果上表现为更高的购买意愿评分。

3.5　结论与管理启示

3.5.1　结论

实验结果显示，虚实代言人与高低涉入度产品对消费者购买意愿存在交互作用，且在前额叶皮层的激活上存在明显差异。一方面，被试面对高低涉入度产品时其认知资源的投入水平存在差异，相较于低涉入度产品，个体对高涉入度产品会投入更多的认知资源进行信息加工与决策，前额叶皮层（PFC）的激活程度更高。另一方面，在高涉入度产品条件下，相比虚拟数字人，选用真实明星进行代言，被试购买意愿更强烈，且左侧背外侧前额叶皮层激活程度更高；对低涉入度产品而言，虚拟数字人代言条件下被试购买意愿更高，左侧背外侧前额叶皮层激活程度也更高。因此，本研究认为产品涉入程度的不同决定了消费者的信息处理路径，并影响认知资源的投入水平，而个体前额叶皮层（PFC）的神经活动可以有效预测其购买意愿。

3.5.2　管理启示

首先，研究表明，被试在面对虚实代言人和高低涉入度产品的不同组合广告时，其神经活动与购买行为有所不同。其中，真实明星代言人通过中心路径发挥作用，虚拟数字代言人则通过边缘路径发挥作用。因此，在市场竞争日益激烈的背景下，企业有必要了解消费者对产品的涉入程度，在选择真实明星进行高涉入度产品代言活动时，应着重强调产品性能与价值，通过专业介绍满足消费者的信息诉求，从而作出更加理性的消费决策；在选择虚拟数字代言人进行低涉入度产品代言活动时，可以利用虚拟代言人的独特性以激发消费者的积极情绪感知，强化其满足感与愉悦感。

其次，对消费者而言，无论是虚拟数字代言人还是真实明星代言人，他们更注重的是信息的真实性。对此，企业应确保代言人所传递的信息是真实的，并与产品的真实特征和性能相符，从而增强消费者对产品及品牌的认同度和美誉度，提高购买意愿，为企业带来利益。

最后，神经营销领域的发展与研究成果为企业营销策略的制定提供了一种更有效的手段。与传统研究方法相比，神经营销具有时间成本低、直观性强、客观性强等优势，有助于企业更好地了解消费者需求和市场变化，提高营销效果和竞争力。根据研究结论，企业可以通过使用 fNIRS 等神经测量工具，检测被试前额叶皮层神经变化，比较不同营销方案对消费者的吸引力与说服力。

第 4 章
消费者内隐认知对购买意愿的影响机制

本章运用近红外光谱技术研究视频广告的有效性，研究中向佩戴便携式近红外脑功能成像设备的被试播放中国中央电视台发布的扶贫公益广告视频，要求被试在观看完广告视频后作出购买决策。研究发现前额叶皮质的激活程度可以预测消费者选择。此外，我们还发现了前额叶皮质的激活程度能够作为一种指标提升扶贫公益广告效果。

4.1 引　言

广告效果是广告投放者最为关注的指标之一，在整个广告活动中，用户是广告的受众，广告效果的好坏最终要通过用户的行为来体现。为了获得更好的广告效果，企业会为新产品设计不同的广告进行推广，也会不惜重金聘请明星为产品代言。有些企业借此树立了良好的品牌形象，获得了较好的收益，但也有企业未达到宣传预期（黄敏学等，2018）。不仅仅是商业广告关注广告效果，公益广告也同样如此。已有的研究较为重视通过问卷或访谈等方法从受众和广告内容角度分析防治艾滋病、环境保护、戒烟戒毒、交通安全等类主题公益广告所引起的受众认知、态度和行为的变化（丁汉青等，2015）。近年来，随着以中国中央电视台（CCTV）为代表的主流媒体平台加大了对公益广告制作和投放的重视，越来越多的学者开启了对公益广告的研究（戴鑫等，2015）。

神经营销学的出现为关于广告效果的研究提供了新的方向。特尔帕兹等（Telpaz et al.，2015）指出，消费者往往不愿表达或无法正确表达自己的想法，但是其神经反应等内隐认知则记录着其真正的想法。不同于传统的营销方法，神经营销学采用神经成像工具记录消费者对产品、品牌和广告的神经反应，通过分析神经反应数据解释和预测消费者的决策行为。伯恩斯和摩尔（Berns & Moore，2012）发现通过消费者对音乐的神经反应可以预测音乐的销量，福尔克等（Falk et al.，2012）发现大脑的神经反应与消费者观看禁烟广告后的决策存在联系。德莫霍夫斯基等（Dmochowski et al.，2014）分析了被试观看电视节目时的脑电波信号，他们发现神经活动信号能够准确预测消费者决策，而被试的自我报告则无法做到。特尔帕兹等（2015）、巴奈特和塞夫（2017）通过分析被试观看电影预告片时的脑电信号得出了相同的结论。

虽然神经营销学在广告效果方面的研究取得了较多的成果，但是关于公益广告效果的研究则寥寥无几，除了福尔克（2012）等作出的关于禁烟广告效果的研究外其余研究均为商业广告效果研究。恰逢2021年为中国脱贫攻坚战全面胜利的第一年，如何巩固脱贫攻坚成果，防止返贫是值得关注的重要问题。为了帮助原贫困地区脱贫及巩固脱贫成果，CCTV 每个月会推出介绍这些地区风景、文化和特产的扶贫公益广告，能否通过神经营销学方法预测这些广告的广告效果和改善其广告效果成了我们关注的问题。

另一方面，福尔克（Falk，2012）等研究中所采用的功能性磁共振成像（fMRI）成本高昂且不便于移动，无法有效地进行普及。因此，我们将视角转向了一款便携式的脑成像技术——功能性近红外光谱技术（fNIRS）。虽然 fNIRS 在神经营销学的研究中处于刚刚起步的阶段，但是已有学者对其应用于神经营销学的可行性进行了验证。迈耶尔丁和梅尔豪斯（Meyerding & Mehlhose，2020）通过复现标签效应（Linder et al.，2010）和可乐悖论（McClure et al.，2004）的研究验证了 fNIRS 应用于神经营销学研究的可行性。吉尔等（2020）则通过复现库恩等（Kühn et al.，2016）关于销售点巧克力销量的研究验证了 fNIRS 应用于神经营销学的可行性。

综上所述，本章拟从神经营销学的角度出发，考察消费者的内隐认知能否帮助改善扶贫公益广告效果，从而助力巩固脱贫攻坚成果。本章以便携式设备（fNIRS）为工具，对 30 名被试静息态和观看扶贫公益广告时的前额叶血氧浓度进行数据采集、分析处理，探索神经反应和决策行为、广告效果之间的关联。

4.2 文献综述

与广告效果研究相关的神经网络主要为大脑的奖励系统和惩罚加工系统（颜立，2011）。奖励系统通过衡量刺激大小、预测刺激何时发生来寻求奖励和避免惩罚。奖励系统涉及的脑区包括纹状体/伏隔核、眶额叶皮质、背外侧前额叶皮质、腹内侧前额叶皮质及杏仁核（McClure et al.，2004；Parnamets et al.，2020）。有吸引力的广告、产品价格的下降、良好的产品体验都能够激活奖励系统，此外，奖励系统还和产品偏好的形成及品牌忠诚度的建立有关（Plassmann et al.，2012；Plassmann et al.，2015）。惩罚刺激会引发逃避行为，不公正的待遇、过高的价格和货币损失都会引起惩罚加工系统的激活。与惩罚加工系统相关的脑区有眶额叶皮质、背外侧前额叶皮质、杏仁核及脑岛（Parnamets et al.，2020）。

前额叶皮质是高级认知的主管，在消费者的决策行为中占据着至关重要的地位。按照功能可以将前额叶皮质分为眶额叶皮质（OFC）、背外侧前额叶皮质（dlPFC）及腹内侧前额叶皮质（vmPFC）三部分。眶额叶皮质主要涉及奖赏和惩罚的价值评估功能（Parnamets et al.，2020）。克林格巴赫等（Kringelbach et al.，2003）研究发现，当被试面对偏好程度较高的食物时，眶额叶皮质的激活程度会显著上升。伯恩斯和摩尔（Berns & Moore，2012）在分析被试收听音乐的神经活动与音乐三年后销量之间关系时发现，眶额叶皮质和伏隔核的激活程度与销量呈现正相关。

背外侧前额叶皮质主要与认知活动、理性思考和工作记忆有关，腹内侧前额叶皮质则是将情绪融入决策脑区（Karmarkar & Plassmann，2019）。背外侧前额叶皮质有时会表现出"执行效应"，即当背外侧前额叶皮质激活程度升高时，腹内侧前额叶皮质激活程度下降。帕纳梅茨等（Parnamets et al.，2020）在其研究中指出，当偏好不合作的被试因为合作的奖励而选择合作时，其背外侧前额叶皮质会被显著激活，腹内侧前额叶皮质激活程度则会下降，即理性压制感性。麦克卢尔等（McClure et al.，2004）关于可乐悖论的研究发现，当被试品尝不带有标签的可乐时，百事可乐引起了更高的腹内侧前额叶皮质的激活。而被试品尝带有标签的可乐时，可口可乐引起了更高的背外侧前额叶皮质的激活。

在广告效果的预测方面，背外侧前额叶皮质和腹内侧前额叶皮质一直是学者们重点关注的脑区。安布勒等（Ambler et al.，2003）发现认知性广告会引起后顶叶区和上部前额叶皮质激活，情感性广告则激活了腹内侧前额叶皮质。肯宁等（Kenning et al.，2007）观测被试观看广告时的神经反应，发现有吸引力的广告会引起腹内侧前额叶皮质的激活。福尔克等（Falk et al.，2012）研究发现，被试内侧前额叶皮质的激活程度和拨通禁言热线的次数呈正相关。库恩等（Kühn et al.，2016）则对大脑的奖励系统构建了模型，有效地预测了巧克力棒的销售排名。佟等（Tong et al.，2020）发现，内侧前额叶皮质的激活与被试选择是否观看社交网络中的视频有关。

由于 fNIRS 设备所发射的近红外光穿透性最高仅为两到三厘米，无法测得像腹内侧前额叶皮质等较为深层脑区的神经活动，仅能测得表层脑区的神经活动。所以现有通过 fNIRS 进行的广告效果研究大多将观测脑区设定为背外侧前额叶皮质和眶额叶皮质。吉尔等（2020）、迈耶尔丁和梅尔豪斯（Meyerding & Mehlhose，2020）在验证 fNIRS 应用于神经营销学研究中选择了背外侧前额叶皮质作为目标脑区进行观测，并取得了显著的实验成果。基于此，本章也将背外侧前额叶皮质作为采集神经活动数据目标脑区。

4.3　研　究　设　计

4.3.1　参与者

30 名母语为汉语的被试参与了本次实验（男性被试 14 人，女性被试 16 人），平均年龄为 24.67 岁。所有被试均来自郑州轻工业大学，均为右利手，视力正常或经矫正后正常，无色盲、无脑损伤、无精神疾病史，近期未服用过安定类药物，未曾参加过神经科学实验。

4.3.2　实验设计

实验选取 CCTV 发布的助农扶贫广告为刺激材料，共包括 10 种不同地区的不同产品，选自 2020 年 1 月至 2020 年 6 月所发布的扶贫公益广告，依次为福建下河杨桃、新疆兵团红枣、江西苍溪红心猕猴桃、四川盐源苹果、重庆奉节脐橙、福建平和琯溪蜜柚、福建武平百香果、甘肃张掖牛奶、广西乐业奇异果、贵州刺梨，将其标记为 v1～v10。

　　由于广告视频中不包含价格因素，而价格是影响消费者决策行为的重要因素之一，为了更好地贴近现实，我们在实验中加入了对照试验。我们将实验组命名为实验 A，对照组命名为实验 B。实验 A 不包含价格因素，被试在实验开始时被告知无须考虑价格因素，仅凭借自身偏好进行决策选择。实验 B 包含价格因素，被试在实验开始时被告知决策阶段会显示产品价格，根据自身实际进行决策选择。实验程序包分为两部分：第一部分采集静息态数据，参与者观看屏幕中的风景图片，图片持续 60 秒；第二部分采集任务态数据，参与者按照 v1～v10 顺序观看广告视频，视频时长 60 秒。广告视频结束后出现决策阶段，实验 A 决策阶段仅出现产品图片，实验 B 决策阶段出现产品图片和产品价格（产品价格为淘宝网同一产品销量前 20 名价格的均值），被试需要决策是否愿意购买该产品，"1 = 愿意购买该产品"，"2 = 不愿意购买该产品"，决策阶段结束后休息 30 秒，实验程序如图 4 - 1 所示。

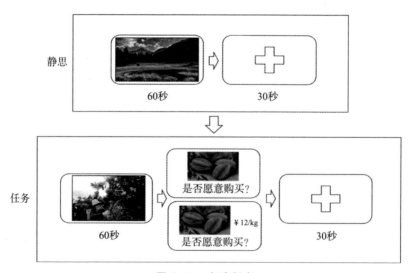

图 4 - 1　实验程序

实验中使用的便携式 fNIRS 仪器为 Artinis 公司（Artinis Medical Systems，Einsteinweg，Netherlands）生产的便携式连续波 fNIRS（Brite，10 个发射光极，8 个接收光极），光源信号波长为 762nm 和 841nm，采样率为 10Hz。实验中我们通过 10~20 标准光极帽安放光极，光极间隔 3cm，以 F3、F4 为中心，沿中央沟对称分布，如图 4-2 所示。E-Prime 3.0（Psychology Software Tools，Sharpsburg，USA）被用作呈现实验刺激，Oxysoft（v3.2.72）为数据收集软件，二者通过 Socket 端口进行连接。

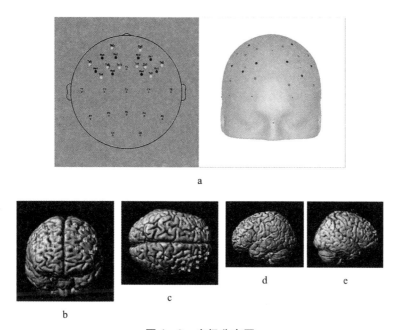

图 4-2　光极分布图

4.3.3　实验流程

实验开始前我们将被试随机分为 A 组和 B 组，分别对应参加实验 A 和实验 B。在被试进入实验室后，我们向其详细介绍了实验流程和实验注意事项，由于被试均未曾了解过神经科学实验的相关内容，为了防止被试的疑问和顾虑影响实验数据结果，我们向其讲解了 fNIRS 的工作原理和安全性。

在实验开始前，我们再次询问了被试的参与意愿，并确认参加试验的被试签署了实验知情同意书。实验开始后，被试被引导至光线昏暗的房间内，以舒服的姿势安坐在椅子上观看广告视频。播放视频的显示器大小为 19 英寸，分辨率为 1920×1080，刷新率为 60Hz，距离被试 80cm 左右，被试右手边放有小键盘方便操作。为了防止因为被试不熟悉实验程序而影响实验数据，我们首先让被试操作了简易版的实验程序，程序包括 15 秒图片显示和两个 15 秒的与实验无关的视频广告。被试操作完毕简易版实验程序后需休息 60 秒开始正式实验。实验程序包含两个部分：第一部分采集静息态数据（静思阶段），被试静坐观看一幅风景图片 60 秒，观看结束后无须做出任何选择，休息 30 秒后进入第二部分；第二部分采集任务态数据（任务阶段），被试静坐观看广告视频，视频时长 60 秒，观看结束后出现决策环节。在决策环节，A 组被试无须考虑价格因素而 B 组被试需要考虑价格因素，决策阶段结束后休息 30 秒。第二部分重复十次，被试顺序观看 v1 ~ v10。

实验结束后，我们让被试填写了姓名和联系方式并支付了实验报酬。实验结束后的第四天，针对分析数据过程中遇到的一些问题，我们从 A 组和 B 组被试中个随机抽取了 5 名被试进行回访，回访持续两到三分钟。

4.3.4　数据处理

实验结束后，我们首先检查了数据是否存在坏道，并将无损的数据通过 Oxysoft 导出。然后通过基于 Matlab 的 Oxysoft2matlab（v1.79）工具箱将导出的数据转换为 NIRS_SPM 工具箱格式，转换过程中计算基于矫正后的 Beer - Lambert 定律。

我们通过基于 Matlab（r2013b）的 NIRS_SPM（v4_r1）（Ye et al.，2009）和 SPM12 对数据进行预处理，预处理采用 precolor 方法，即通过 Wavelet - MDL 去噪声去漂移、利用血液动力学反应函数（hrf）进行低通滤波和平滑处理，不进行相关性校正。随后我们为每个被试构建了一般线性模型（GLM），该模型包含 11 个条件变量（condition），分别为静息态 r 和广告视频 v1 ~ v10。由于含氧血红蛋白与脑血流之间的相关性大于脱氧血红蛋白，后续分析仅包含与脑血流量相关性更高的含氧血红蛋白含量（Yoko et al.，2001；Strangman et al.，2002）。

我们首先通过 GLM 模型计算出每个被试个体层次（individual level）代表着任务反应振幅的 β 值，并通过单侧 t 检验分析了被试观看视频 v1 ~ v10 时相对于被试观看风景图片 r 时的前额叶皮质激活情况。随后我们计算了所有被试小组层次（group level）的 β 值并通过 t 检验分析了条件 v1 ~ v10 相对于条件 r 前额叶皮质的激活情况。

4.4　结果与讨论

4.4.1　行为结果

实验结束后，我们提取了每名被试的 E-Prime 键盘响应记录，并将其汇总为每组的购买量数据（A 组 $M = 9.30$，$SD = 5.17$，B 组 $M = 7.8$，$SD = 4.13$），其结果如图 4 - 3 所示。我们依据每组购买量数据对每个产品进行了排名，A 组为 v2、v10、v1、v9、v7、v6、v5、v8、v3、v4，B 组为 v2、v9、v7、v6、v10、v5、v8、v3、v1、v4。我们通过 SPSS 20 对两组数据进行了独立样本 t 检验（$P = 0.482 > 0.05$），两组数据不存在显著差异，但是我们发现 A 组和 B 组中 v1 和 v10 的购买量情况出现较大的差异，为了找出原因所在，我们对神经反应数据进行了分析。

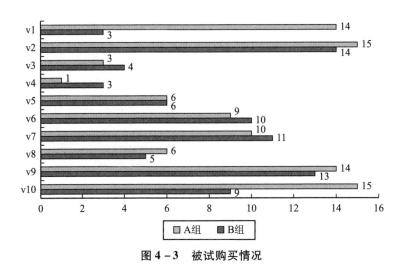

图 4 - 3　被试购买情况

4.4.2　fNIRS 结果

与假设一致，在观看广告视频（任务态）时，前额叶皮质相对于观看风景图片（静息态）显著激活（$p < 0.05$）的被试会选择购买该产品，即可以通过前额叶皮质的激活与否预测个体被试的决策行为，这与前人的 fMRI 研究结果一致（Duan et al.，2021；Berns & Moore，2012；Caspar et al.，2018；Falk et al.，2012；Gier et al.，2020；Kühn et al.，2016；Meyerding & Mehlhose，2020）。为了验证 fNIRS 所采集的神经反应数据是否能够预测总体被试的选择情况，我们将 v1 ~ v10 对应的小组层次（group level）脑区激活图（t - map）按照 t 检验峰值进行排序，其结果如图 4 - 4 所示。值得注意的是，被告知决策时无须考虑价格因素的 A 组被试的实验结果出现了较大的差异。在行为结果中，A 组被试对 v1 和 v10 的购买量分别排名第 3 和第 2，但是在神经反应数据结果中 v1 和 v10 的激活程度排名仅为第 3 和第 8。另一方面，决策时需要考虑价格因素的 B 组被试关于 v1 和 v10 的购买量排名和激活

程度排名则基本一致。有趣的是，虽然 A 组被试和 B 组被试实验结果中关于 v1 和 v10 的排名不同，但是二者所诱发不同组被试的脑区激活程度却相近，这一特殊现象引起了我们的关注，为了解决这一问题，我们在 A 组和 B 组被试中分别随机抽取 5 名被试进行电话回访，回访时长约为 3 分钟。除 v1 和 v10 之外的其余广告视频所诱发的脑区激活排名和被试的购买量排名基本一致，因此我们认为可以通过前额叶皮质的激活程度预测总体被试的决策情况，即消费者的内隐认知可以预测扶贫公益广告的广告效果。

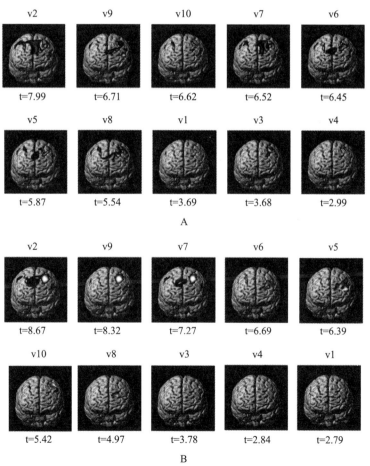

图 4 - 4　fNIRS 结果

通过整理记录我们发现，由于 v10 所对应的刺梨和 v1 所对应的杨桃原产地距离实验所在地河南较为遥远，大多数被试对这两种产品并不熟悉。因为我们选取的实验刺激为脱贫地区的特色水果产品，所以被试较为关注产品的口味、食用方法等信息。对于刺梨来说，v10 不但介绍了刺梨的生长环境还介绍了刺梨的食用方法和深加工产品，如刺梨糕、刺梨干和果汁，所以无论是无须考虑价格的 A 组被试还是需要考虑价格的 B 组被试都对刺梨有了一定程度的了解，能够根据自身偏好作出决策。而对于杨桃来说，v1 除了介绍了杨桃的生长环境外并没有介绍其他被试感兴趣的信息，被试无法根据现有信息评估杨桃的价值，也没有办法评估自身的偏好。但是由于 A 组被试决策时无须考虑价格因素，所以 A 组被试大多出于好奇心选择了购买杨桃。与其相反，因为 B 组需要考虑价格因素，在信息不足以进行价值评估时，大多数 B 组被试均放弃了购买杨桃。在神经激活方面，无论 A 组还是 B 组被试都通过 v10 对刺梨有了一定的了解，而 v1 并没有达到这样的效果，所以 v10 相对于 v1 诱发了更大的前额叶皮质激活。

4.4.3　讨论

本章的目的为探究能否通过消费者内隐认知预测扶贫公益广告的效果。根据实验结果可知，便携式 fNIRS 设备所采集的前额叶皮质激活数据较为准确地预测到了被试观看公益广告后的决策行为。从个体层面看，当被试的前额叶皮质出现显著激活时，被试选择了购买广告中涉及的产品。换句话说，我们可以从被试观看视频广告时前额叶皮质是否产生了显著激活预测被试是否愿意购买产品。从群体层面看，被试观看广告视频时前额叶皮质的激活程度越高，广告中所涉及产品的购买量越大，即我们能够依据被试群体的前额叶皮质激活程度预测扶贫公益广告的广告效果。这一结论与前人的 fMRI 研究结果基本一致

（Berns & Moore，2012；Falk et al.，2012）。因此我们认为 fNIRS 能够应用于视频广告的研究中，同时消费者的内隐认知可以预测扶贫公益广告的效果。

v1 和 v10 所对应的产品在本次实验中较为特殊，从 A 组的行为结果来看，它们都拥有较高的购买量，分别排名第 3 和第 2；但是从 A 组 fNIRS 结果看，被试观看 v1 和 v10 时前额叶皮质的激活程度与这两类产品的购买量出现了不一致，v10 排名第 8 而 v1 排名第 3。反观 B 组的行为结果和神经结果，v1 和 v10 的购买量排名和神经激活排名基本一致。通过回访，我们得知这种差异源自广告内容之间的区别。虽然同为被试比较陌生的产品，但是 v10 介绍了被试较为关注的信息，如食用方法和深加工产品，而 v1 仅仅介绍了被试关注度较低的产品的生长环境。A 组被试在观看 v10 时对刺梨有了一定程度的了解，而观看 v1 时除了解杨桃的生长环境和外观外并没有了解到其他信息，因此出现了相似的购买量却对应着不同的脑区激活这一现象。B 组被试因为需要考虑价格因素，所以多数 B 组被试仅选择了信息较多的刺梨而放弃了购买信息较少的杨桃。

从脑区功能来看，前额叶皮质是与工作记忆、价值评估、支付意愿和决策有关的脑区（Karmarkar & Plassmann，2019）。基于此，我们认为，由于观看 v10 时被试对刺梨有了一定的了解，所以被试在脑中形成了价值评估的基准，在决策过程中能够基于价值评估形成自身的偏好。所以无论是 A 组被试还是 B 组被试都表现出了相对于 v1 更大程度的前额叶皮质激活。与其相反，由于被试在观看 v1 时没有获取除生长环境和外观外的其他信息，所以被试无法进行价值评估，被试前额叶皮质并没有表现出较为明显的激活。因此出现了 A 组被试购买量较高，而 B 组被试购买量较低，两组被试对于 v1 脑区激活程度都比较低的情况。从另一个角度看，由于背外侧前额叶皮质存在"执行效应"，A 组被试所表现出的更高程度的脑区激活有可能与腹内侧前额叶皮质的激活有关。因为不需要考虑价格因素，类似于好奇之类的情绪可能会引起腹内侧前额叶皮质的高度激活，从而有可能会诱发更高的背外侧前额叶皮质的激活程度。

抛开 v1 和 v10 两种特殊情况，我们发现其余 8 种条件下，A 组与B 组的购买量、购买量排名、脑区激活程度和脑区激活排名基本一致。基于此，我们认为，对于这几种较为常见的产品，被试脑中已经形成相对固定的价值评估体系和偏好，无论有没有价格因素的限制，被试都可以在看到产品时很快地作出决策，这一过程神经反应表现为前额叶皮质根据自身的偏好程度表现出相应的激活程度（Falk et al.，2012；Gier et al.，2020；Meyerding & Mehlhose，2020；Tong et al.，2020；Duan et al.，2021；Caspar et al.，2018）。

这一实验结果体现了神经营销学能够获取消费者不愿表达或不能正确表达其内心想法的这一优势。如果单从行为结果来看，我们仅仅能够知道 A 组被试大多选择了购买杨桃和刺梨，B 组被试与其行为相反，而无法得出被试关于 v1 和 v10 的真实感受和广告的内容对被试产生的影响。通过分析行为结果和 fNIRS 结果，我们发现了决策行为和脑区神经激活之间存在联系。然后，通过整理回访资料，我们发现了广告内容和脑区神经激活之间的关系，为神经营销学提升广告效果提供了依据。有研究表明，消费者的购买行为多数为冲动消费并且 70%的购买行为发生在 60 秒内（Rook & Fisher，1995），如何更好地规划广告内容来影响消费者决策是改善广告效果的关键。为了取得更好的广告效果，CCTV 等媒体平台在扶贫公益广告发布前可以少量募集被试，通过分析他们的神经反应预测消费者的决策行为。因为消费者能够很快地根据自身的偏好做出选择，所以对于消费者熟悉的产品可以合理地安排播放频率和播放时间，更多地将资源倾向消费者不熟悉的产品，将有限的资源价值最大化。对于消费者不熟悉的产品，媒体平台可以根据消费者的神经反应调整广告内容，诱发消费者更高程度的神经反应，从而激发消费者的购买行为，更好地巩固脱贫攻坚成果。

　　虽然本次实验取得了令人较为满意的结果，但是本次实验的不足仍需要得到重视。本次实验采取的预测方式为样本内预测，能否将实验结果应用于总体人群无法确定，仍需未来研究验证。此外，我们虽然发现前额叶皮质的激活程度可以作为改善广告内容的一种指标，但是由于背外侧前额叶皮质不涉及情绪等功能，并且近红外光的穿透力不足以达到位于大脑深处的腹内侧前额叶皮质、纹状体和核团等与情绪相关的脑区。所以，广告内容是否会影响情绪，情绪是否会影响决策过程，能否通过其他脑区更好地帮助改善广告内容仍需未来通过 fMRI 进一步研究。

第5章
用户消费意愿对新型消费业态发展的影响机制

元宇宙作为数字化综合应用场景，将产生多种新型消费业态。本章研究参与主体的策略选择对元宇宙相关产业快速发展的内在影响。依据演化博弈理论与方法，构建了政府、企业、用户三方演化博弈模型，探讨了各主体在不同条件下的演化稳定策略，并利用 Matlab 软件进行仿真，分析了相关要素对主体策略选择的影响。结果表明，降低扶持成本、提高社会收益有助于促使政府选择扶持策略；降低参与成本、提高前景收益将促使企业选择参与策略；隐私泄露损失的降低、优惠补贴的增加有助于促使用户选择使用策略。

5.1 研究背景

元宇宙作为新一代信息技术集成与融合的产物（关乐宁，2022），以高新技术为基础，赋能数字经济的高质量发展，应用前景广阔，成为我国战略性新兴产业的重要组成部分（钟业喜，吴思雨，2022）。

《"十四五"数字经济发展规划》中对数字经济的发展作出了具体指导，其中创新发展云游戏、互动及沉浸式视频等新业态，深度整合人工智能及虚拟现实等技术，扩大人们社交、购物及娱乐等方面的应用场景，提高人们的生活和消费品质，大部分内容为元宇宙所涵盖。

与此同时，我国工信部表示对中小企业的数字化转型要加大推进力度，对涉足元宇宙或区块链及人工智能等领域的创新型企业要重点培养。元宇宙未来发展前景广阔，彭博行业研究估算两年后元宇宙的市场规模将会增加至 8000 亿美元，此外普华永道更进一步预计，八年后即到 2030 年时，其市场规模将扩大至 15000 亿美元。

面对如此庞大的市场，在国外知名公司的引领下，我国也在积极探索元宇宙产业的发展路径，腾讯、百度等科技巨头都在对元宇宙产业进行全方位的布局（郭全中，2022；何诚颖，2022）。多地政府为助力元宇宙产业的发展，在政策制定、资金扶持、新建配套基础设施、税收减免等方面做了大量的工作（关乐宁，2022）。2022 年 10 月，国内首家以元宇宙数字艺术为方向的产学研合作平台在广东省成立；河南省元宇宙产业发展行动计划到 2025 年元宇宙核心产业规模超过 300 亿元；上海宝山区工业元宇宙产业发展计划到 2025 年元宇宙相关产业规模突破 100 亿元。

企业在积极参与的同时也面临着前期投资的风险，且研发过程中不可避免存在技术溢出效应及未知的风险，在一定程度上影响了企业研发的信心效应。另外元宇宙能否获得足够的市场空间，取决于其应用能否顺应用户的需求，这也是元宇宙发展中的关键问题（彭兰，2022）。因此，元宇宙产业的健康、可持续发展，需要政府、企业、用户三大主体的共同参与和互动。

查阅现有关于引导元宇宙发展的文献发现，在研究方法上多侧重于理论分析；在内容上，更多的是关注元宇宙的应用场景及管理，鲜有从参与主体的视角探究各方行为策略选择对其发展的影响研究。基于此，本研究运用演化博弈的理论与方法，从参与者的角度探讨主体的策略选择对元宇宙产业发展的影响机制是什么？构建了政府、企业、用户三方演化博弈模型，探讨了三方主体在不同条件下的演化稳定策略，并通过 Matlab 软件进行仿真，分析了扶持成本、优惠补贴、参与收益、隐私泄露损失等要素对主体策略选择的影响。对进一步引导政府、企业、用户共同参与元宇宙产业建设，加快实现产业的平稳发展具有重要的实践意义，同时对其他战略性新兴产业发展具有借鉴意义。

本研究内容安排如下：首先，在综述以往研究的基础上，结合元宇宙具体情境提出假设并建构模型；其次，对模型进行分析；再次，对参数赋值进行仿真分析；最后，梳理本研究的研究结论并提出管理建议。

5.2　文献综述

战略性新兴产业是国家为应对国际金融危机而出台的一项产业政策（贺俊，吕铁，2012），其依托于关键技术突破及市场发展需求，引导国民经济和社会的全面可持续发展，属于资源消耗低、成长潜力大、综合效益良好的知识技术密集型产业。

元宇宙作为战略性新兴产业，目前学界对其概念尚未形成共识。从语义结构上，黄欣荣、曹贤平（2022）认为元宇宙是人们借助数字技术构建的一个数字虚拟宇宙，能够为人们提供自由创造的空间，它存在于自然宇宙之外并与其相映射。陈永伟、程华（2022）将元宇宙视为一个超越现实世界的虚拟世界，认为它的形成离不开新技术、数字虚拟和现实世界的映射等重要因素。从技术层面上，蒲清平、向往（2022）认为元宇宙是以互联网、人工智能、区块链技术为支撑，通过信息通信技术和智能设备把虚拟世界与现实世界耦合为一体，依据自己的主观想象建构和再造的一个虚实融通的现实镜像世界。喻国明、耿晓梦（2022）将元宇宙视为一个终极数字媒介，认为它是对当前和将来所有数字技术的集成与整合。在郑世林等（2022）看来，元宇宙实际上是一个通过数据和算法建构起来的虚实共生的立体世界，能够紧密融合现实世界和虚拟世界中的经济、社交与身份等系统。此外，从属性上，学者聂辉华、李靖（2022）认为元宇宙是一个虚拟世界，它平行于现实世界且能够与其实现互动，具有不完全契约的特征。王卓、刘小莞（2022）将元宇宙视为一个超越了现实世界的更高维度的新型社会形态，是一个与现实物理世界相互影响、密不可分的兼具虚拟与现实同时又模糊虚拟与现实边界的三维世界。在方凌智、沈煌南（2022）看来，元宇宙是一个较为发达的人造虚拟世界，能够实现与现实世界的相互融合然而却并不依赖于现实世界，认为它是社会信息化及虚拟化发展的必然趋势，可将其视为互联网技术发展进入最后阶段的产物，具有文明性和交融性的特征。

元宇宙的出现将改变人类的思维方式和行为习惯，革新经济社会运行的新模式（关乐宁，2022），成为今后人们生活的新场所（王卓，刘小莞，2022）。它不仅是一个由技术支撑的与真实世界连接的虚拟空间，也是社会生活线上化的无限延伸（王卓，刘小莞，2022）。关乐宁（2022）研究表明，在消费领域，元宇宙的发展应用将实现物理空间、心理空间、数字空间"三元融合"的创新体验，重构"人、货、场"的消费供给方式，推动虚与实、线上与线下、人工智能与人之智慧的有机融合。在元宇宙的作用下，生产者和消费者能够实现实时交流，在范围经济和网络的正外部性作用下消费者规模扩大，生产规模也随之扩大，经济效益实现持续增长（钟业喜，吴思雨，2022）。在实现对移动互联网产业结构和数字经济结构重塑的同时，对包含工业经济在内的整个经济体系将产生根本性影响（何诚颖等，2022；杨东，高一乘，2022）。

元宇宙的塑造实践过程，本质是人为的力量与权力的博弈（王卓和刘小莞，2022）。在互联网的发展进程中，人们对交互的体验要求越来越高，推动着媒介技术的持续向前发展，人们的社会形态也因此不断发生变化。元宇宙的出现恰逢其时，不仅与人们所构想的未来社会形态相吻合，也引发了人们对当下社会形态的全方面思考，它的建设与运用将推动整体产业的变革，与此同时，在产业未来的发展方面也发挥着重要的引领作用（方凌智，沈煌南，2022），是下一代互联网发展的终极形态（胡乐乐，2022）。

科技的发展离不开人与社会，其发展和应用过程受到经济、文化、政治制度等社会因素的影响（王卓，刘小莞，2022）。在新兴技术演化为新兴产业的过程中，政府发挥着重要的引导作用。郭（2016）研究表明政府通过政策导向能够为企业提供外部资源，促成与其内部资源形成耦合效应，助推新兴产业的快速发展。有利的产业政策是新兴产业持续发展壮大的重要因素（李文军，郭佳，2022），政府的产业政策支持能够增强企业的"信心效应"从而促进企业研发投入的增加（芮明杰，韩佳玲，2020）提高企业的创新绩效（赖玲玲，程跃，2022）。众多研究表明，政府的补助资金有助于降低企业研发投入的成本和风险（Takalo et al.，2013；Choi & Lee，2017；Jiang et al.，2018），增强企业投入研发的积极性（任鸽，孙慧，2019）和盈利能力（Szczygielski et al.，2017；Chen et al.，2018），拓展产业发展的布局（郄海拓等，2021）。然而政府高强度的补贴则会产生"挤出效应"，由此抑制了企业研发创新的积极性（毛其淋，许家云，2015；武咸云等，2016），使其对政府资源产生过度的依赖性（Hottenrott et al.，2017），政府补贴很可能被挪为他用（赵宇恒，孙悦，2014）。

本研究认为，政府作为国家的职能部门，在面对新兴技术时，应当站在"创新驱动"的高度，认识到战略性新兴产业关乎国民经济命脉和国家经济主权，应当主导和布局新兴技术向新兴产业的突破，着手协同企业培育和发展新兴产业。在实施的过程中应当实施全面性、系统性、过程性的全方位扶持，及时修正，避免部分企业的投机行为，做到精准扶持，使发放的红利获得最大程度的利用。在增强企业创新活力的同时获得较好高的社会收益，实现共赢。

整体而言，虽然我国在元宇宙产业的研究中取得了丰富的成果，但在研究方法和内容上仍存在局限性。现有关于元宇宙发展的文献多侧重于应用场景和管理的研究，且以理论分析为主，基于参与主体行为策略选择对其发展的影响的分析相对匮乏。如何处理政府、企业、用户三方参与者引起的系统复杂性问题是产业发展建设中不可忽视的重要内容。博弈论是解决利益冲突等复杂系统问题的数学方法，将博弈论方法应用到元宇宙的发展问题中，对我国产业的建设与发展具有重要参考价值。鉴于此，本书从参与者的角度采用演化博弈的方法，探讨主体的策略选择对元宇宙产业发展的影响机制，构建了政府、企业、用户三方演化博弈模型，探讨了各主体的演化稳定策略，并借助Matlab 软件进行仿真分析，为促进三方主体利益合作和元宇宙产业的可持续发展提供相应的建议。不仅有助于丰富元宇宙产业发展的研究方法和内容，还可以加快实现元宇宙产业的平稳发展，对其他战略性新兴产业的发展具有借鉴意义。

5.3　研究假设与模型构建

元宇宙作为战略性新兴产业，参与各方的高效协同对其发展至关重要。以往研究发现，政府引领、企业主导是产业发展的重要影响因素，但对参与主体的策略选择尚未讨论。在元宇宙产业快速成长进化的阶段，政府应该如何有效引领？企业又应当如何运作？用户是否会对产业的发展产生影响？本研究将对政府、企业、用户三方参与者进行探讨。

5.3.1　研究假设

本研究考虑三个参与主体，政府为参与人 1，企业为参与人 2，用户为参与人 3，三方均为有限理性主体，提出如下假设：

假设 5 - 1：政府的策略空间 $S1$ =（扶持，等待）。政府扶持是指政府通过政策补贴、建设相关基础网络服务、推广宣传等方式促进元宇宙产业的发展；政府等待是指政府对元宇宙产业持观望态度，未出台相关扶持政策；选择扶持策略的概率为 x，选择等待策略的概率为 $1 - x$，其中（$0 \leqslant x \leqslant 1$）。企业的策略空间 $S2$ =（参与，观望）。企业参与是指企业通过技术研发、人才培训等方式使企业融入元宇宙，以拓展新领域；企业观望是指企业仍选择传统的经营方式；选择参与策略的概率 y，选择观望策略的概率为 $1 - y$，其中（$0 \leqslant y \leqslant 1$）。用户的策略空间 $S3$ =（使用，不使用）。用户使用是指用户选择元宇宙提供的沉浸式体验的方式，用户不使用是指用户继续选择传统体验方式；选择使用策略的概率为 z，选择不使用策略的概率为 $1 - z$，其中（$0 \leqslant z \leqslant 1$）。

假设 5 - 2：政府选择扶持策略的成本为 C_1；给予参与企业政策红利为 M_1，包括研发资助、税收减免等；给予使用用户的优惠补贴为 M_2。政府选择等待策略时，若企业参与、用户使用，则政府的损失为 L_1，即政府缺乏前瞻性的声誉损失。

假设 5 - 3：企业选择参与的成本为 C_2，$C_2 > M_1$，包括人才培训，配套设施等，当用户使用时获得的收益为 F_1，给政府带来的社会效益为 R_1。企业观望获得的收益为 F_2，此时给政府带来的社会效益为 R_2；当政府扶持时，潜在损失为 L_2；当政府等待时，潜在损失为 L_3，其中 $L_2 > L_3$。

假设 5 - 4：用户选择使用策略的收益为 U_1；隐私泄露的损失为 L_4，其中 $U_1 > L_4$。当企业观望时，用户不使用获得的收益为 U_2。

5.3.2　模型构建

根据如上假设，构建政府、企业、用户之间的混合策略博弈矩阵（见表 5 - 1），通过探讨政府、企业和用户之间的策略互动，以及不同策略选择下的均衡状态，以期探究元宇宙产业发展中各方行为的动态变化。

表 5-1　　　　　政府、企业、用户混合策略博弈矩阵

策略选择			政府	
			扶持 x	等待 $1-x$
企业	参与 y	用户使用 z	$R_1 - C_1 - M_1 - M_2$ $M_1 + F_1 - C_2$ $U_1 + M_2 - L_4$	$-L_1$ $F_1 - C_2$ $U_1 - L_4$
		用户不使用 $1-z$	$-C_1 - M_1$ $M_1 - C_2$ 0	0 $-C_2$ 0
	观望 $1-y$	用户使用 $=z$	$R_2 - C_1$ $F_2 - L_2$ 0	R_2 $F_2 - L_3$ 0
		用户不使用 $1-z$	$R_2 - C_1$ $F_2 - L_2$ U_2	R_2 $F_2 - L_3$ U_2

5.4　模型分析

5.4.1　政府策略稳定性分析

政府扶持和等待的期望收益 E_{11}、E_{12} 及平均期望收益 $\overline{E_1}$ 分别为：

$$E_{11} = yz(R_1 - C_1 - M_1 - M_2) + y(1-z)(-C_1 - M_1)$$
$$+ (1-y)z(R_2 - C_1) + (1-y)(1-z)(R_2 - C_1) \quad (5.1)$$

$$E_{12} = yz(-L_1) + (1-y)zR_2 + (1-y)(1-z)R_2 \quad (5.2)$$

$$\overline{E_1} = xE_{11} + (1 - x)E_{12} \tag{5.3}$$

政府策略选择复制动态方程为：

$$F(x) = \frac{\mathrm{d}x}{\mathrm{d}t} = x(E_{11} - \overline{E_1}) = x(1 - x)(-C_1 - M_1 y + L_1 yz - M_2 yz + R_1 yz) \tag{5.4}$$

对 $F(x)$ 关于 x 求导得：

$$\frac{\mathrm{d}F(x)}{\mathrm{d}x} = (1 - 2x)(-C_1 - M_1 y + L_1 yz - M_2 yz + R_1 yz) \tag{5.5}$$

令

$$G(z) = (-C_1 - M_1 y + L_1 yz - M_2 yz + R_1 yz) \tag{5.6}$$

由 $G(z) = 0$ 得，$z = \dfrac{M_1 y + C_1}{(L_1 - M_2 + R_1)y} = z_0$，$F(x) \equiv 0$

当 $z \neq \dfrac{M_1 y + C_1}{(L_1 - M_2 + R_1)y}$ 时，令 $F(x) = 0$，$x = 0$ 或 $x = 1$

推论 1：当 $z < z_0$ 时，政府的演化稳定策略为等待；当 $z > z_0$ 时，政府的演化稳定策略为扶持。

证明：由微分方程稳定性定理可知，政府策略实施达到稳定状态需满足：$F(x) = 0$，$\dfrac{\mathrm{d}F(x)}{\mathrm{d}x} < 0$。求 $G(z)$ 的导数得：$\mathrm{d}G(z)/\mathrm{d}z = (L_1 - M_2 + R_1)y > 0$。因此 $G(z)$ 是关于 z 的增函数。当 $z < z_0$ 时，$G(z) < 0$，$\mathrm{d}F(x)/\mathrm{d}x|_{x=1} > 0$，$\mathrm{d}F(x)/\mathrm{d}x|_{x=0} < 0$，此时 $x = 0$ 为政府的演化稳定策略；当 $z > z_0$ 时，$G(z) > 0$，$\mathrm{d}F(x)/\mathrm{d}x|_{x=1} < 0$，$\mathrm{d}F(x)/\mathrm{d}x|_{x=0} > 0$，此时 $x = 1$ 为政府的演化稳定策略；当 $z = z_0$ 时，$F(x) \equiv 0$，$\mathrm{d}F(x)/\mathrm{d}x \equiv 0$，此时 x 无论取何值，政府都处于演化稳定状态。

推论 1 表明：政府的策略演化受企业和用户策略选择的共同影响。伴随用户使用元宇宙概率和企业参与元宇宙建设概率的提高，政府将由等待策略向扶持策略演化；反之，将由扶持策略向等待策略演化。因此，政府策略演化相位图如图 5 - 1 所示。

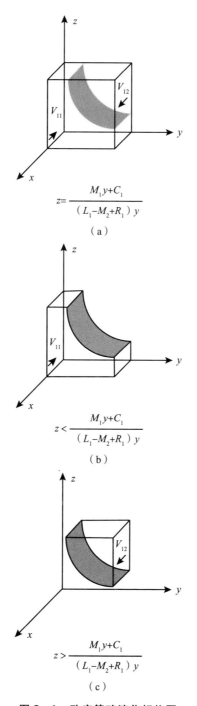

$$z = \frac{M_1 y + C_1}{(L_1 - M_2 + R_1) y}$$

（a）

$$z < \frac{M_1 y + C_1}{(L_1 - M_2 + R_1) y}$$

（b）

$$z > \frac{M_1 y + C_1}{(L_1 - M_2 + R_1) y}$$

（c）

图 5 - 1　政府策略演化相位图

由图 5 - 1 可知，体积 V_{11} 为政府等待的概率，体积 V_{12} 为政府扶持的概率。计算 V_{11} 和 V_{12} 的体积可得：

$$V_{11} = \frac{C_1}{L_1 - M_2 - M_1 + R_1} + \int_0^1 \int_{\frac{C_1}{L_1 - M_2 - M_1 + R_1}}^1 \frac{M_1 y + C_1}{(L_1 - M_2 + R_1) y} dy dx$$

$$= \frac{C_1}{L_1 - M_2 - M_1 + R_1} + \frac{M_1}{L_1 - M_2 + R_1}\left(1 - \frac{C_1}{L_1 - M_2 - M_1 + R_1}\right)$$

$$- \frac{C_1}{L_1 - M_2 + R_1}\ln\frac{C_1}{L_1 - M_2 - M_1 + R_1} \tag{5.7}$$

$$V_{12} = 1 - V_{11}$$

$$= 1 - \frac{C_1}{L_1 - M_2 - M_1 + R_1} - \frac{M_1}{L_1 - M_2 + R_1}\left(1 - \frac{C_1}{L_1 - M_2 - M_1 + R_1}\right)$$

$$+ \frac{C_1}{L_1 - M_2 + R_1}\ln\frac{C_1}{L_1 - M_2 - M_1 + R_1} \tag{5.8}$$

推论 2： 政府选择等待的概率与扶持成本 C_1、给予参与企业的政策红利 M_1、给予使用用户的优惠补贴 M_2 正相关；与政府扶持时获得的社会效益 R_1、等待的损失 L_1 负相关。

证明： 根据政府等待的概率 V_{11} 的表达式，求各要素的一阶偏导数，得：$\partial V_{11}/\partial C_1 > 0$，$\partial V_{11}/\partial M_1 > 0$，$\partial V_{11}/\partial M_2 > 0$，$\partial V_{11}/\partial L_1 < 0$，$\partial V_{11}/\partial R_1 < 0$，因此，$V_{11}$ 关于 C_1、M_1、M_2 为增函数，关于 L_1、R_1 为减函数。

推论 2 表明：政府选择扶持付出的成本增大，而获得的社会效益降低时，会使政府选择等待策略以使自身利益最大化；同时政府在企业参与、用户使用的情况下选择等待策略给自身带来的声誉损失的减小，也会促使政府选择等待策略。

5.4.2 企业策略稳定性分析

企业参与的期望收益 E_{21} 和观望的期望收益 E_{22} 及平均期望收益 $\overline{E_2}$ 分别为：

$$E_{21} = xz(M_1 + F_1 - C_2) + x(1 - z)(M_1 - C_2) + (1 - x)z(F_1 - C_2)$$
$$+ (1 - x)(1 - z)(-C_2) \tag{5.9}$$

$$E_{22} = xz(F_2 - L_2) + x(1 - z)(F_2 - L_2) + (1 - x)z(F_2 - L_3)$$
$$+ (1 - x)(1 - z)(F_2 - L_3) \tag{5.10}$$

$$\overline{E_2} = yE_{21} + (1 - y)E_{22} \tag{5.11}$$

企业策略选择复制动态方程为：

$$F(y) = \frac{dy}{dt} = y(E_{21} - \overline{E_2}) = y(1 - y)(L_3 - F_2 - C_2 + F_1 z + L_2 x - L_3 x + M_1 x) \tag{5.12}$$

对 $F(y)$ 关于 y 求导得：

$$\frac{dF(y)}{dy} = (1 - 2y)(L_3 - F_2 - C_2 + F_1 z + L_2 x - L_3 x + M_1 x) \tag{5.13}$$

令

$$G(x) = L_3 - F_2 - C_2 + F_1 z + L_2 x - L_3 x + M_1 x \tag{5.14}$$

由 $G(x) = 0$ 得，$x = \dfrac{F_2 + C_2 - L_3 - F_1 z}{L_2 - L_3 + M_1} = x_0$，$F(y) \equiv 0$

当 $x \neq \dfrac{F_2 + C_2 - L_3 - F_1 z}{L_2 - L_3 + M_1}$ 时，令 $F(y) = 0$，$y = 0$ 或 $y = 1$

推论 3：当 $x < x_0$ 时，企业的演化稳定策略为观望；当 $x > x_0$ 时，企业的演化稳定策略为参与。

证明：由微分方程稳定性定理可知，企业策略选择达到稳定状态需满足：$F(y) = 0$，$\dfrac{dF(y)}{dy} < 0$。求 G_x 的导数得：$dG(x)/dx = L_2 - L_3 + M_1 > 0$，因此 $G(x)$ 是关于 x 的增函数。当 $x < x_0$ 时，$G(x) < 0$，$dF(y)/dy|_{y=1} > 0$，$dF(y)/dy|_{y=0} < 0$，此时 $y = 0$ 为企业的演化稳定策略；当 $x > x_0$ 时，$G(x) > 0$，$dF(y)/dy|_{y=1} < 0$，$dF(y)/dy|_{y=0} > 0$，此时 $y = 1$ 为企业的演化稳定策略；当 $z = z_0$ 时，$F(y) \equiv 0$，$dF(y)/dy \equiv 0$，此时无论 y 取任何值，企业都处于演化稳定状态。

推论 3 表明：企业的演化稳定策略受政府和用户策略选择的共同

影响。随着用户对元宇宙的使用概率和政府扶持概率的提高，企业将观望策略向参与策略演化；反之，将由参与策略向观望策略演化。企业策略演化相位图如图5-2所示。

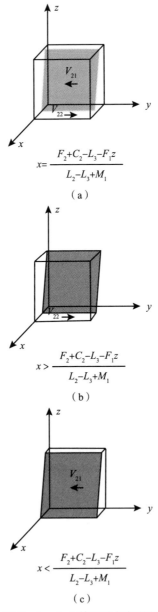

图5-2　企业策略演化相位图

由图 5 - 2 可知，体积 V_{21} 为企业观望的概率，体积 V_{22} 为企业参与的概率。计算 V_{21} 和 V_{22} 的体积可得：

$$V_{21} = \int_0^1 \int_0^1 \frac{F_2 + C_2 - L_3 - F_1 z}{L_2 - L_3 + M_1} \mathrm{d}z \mathrm{d}y$$

$$= \frac{2F_2 + 2C_2 - 2L_3 - F_1}{2(L_2 - L_3 + M_1)} \tag{5.15}$$

$$V_{22} = 1 - \frac{2F_2 + 2C_2 - 2L_3 - F_1}{2(L_2 - L_3 + M_1)} \tag{5.16}$$

推论 4：企业选择观望的概率与观望收益 F_2、参与成本 C_2 正相关；与参与收益 F_1、获得的政策红利 M_1、政府扶持时观望的潜在损失 L_2 负相关；与政府不扶持时企业观望的潜在损失 L_3 的关系受多重因素的影响，当 $2F_2 - 2L_2 < F_1 - 2C_2 + 2M_1$ 时，企业观望的概率与 L_3 负相关；反之，当 $2F_2 - 2L_2 > F_1 - 2C_2 + 2M_1$ 时，企业观望的概率与 L_3 正相关。

证明：根据企业观望的概率 V_{21} 的表达式，求各要素的一阶偏导数，得：

$$\partial V_{21} / \partial F_2 = \partial V_{21} / \partial C_2 = \frac{1}{L_2 - L_3 + M_1} > 0, \partial V_{21} / \partial F_1 = -\frac{1}{2(L_2 - L_3 + M_1)} < 0$$

$$\partial V_{21} / \partial L_2 = \partial V_{21} / \partial M_1 = -\frac{2F_2 + 2C_2 - 2L_3 - F_1}{2(L_2 - L_3 + M_1)^2} < 0$$

$$\partial V_{21} / \partial L_3 = \frac{2F_2 + 2C_2 - 2L_2 - F_1 - 2M_1}{2(L_2 - L_3 + M_1)^2}$$

因此，V_{21} 是关于 F_2、C_2 为增函数，关于 L_2、F_1、M_1 为减函数；而关于 L_3 的增减性取决于企业采取不同策略的收益和损失，当 $2F_2 - 2L_2 < F_1 - 2C_2 + 2M_1$ 时，V_{21} 关于 L_3 为减函数，反之，V_{21} 关于 L_3 为增函数。

推论 4 表明：企业参与收益的增大、参与成本的降低及获得政府的政策红利的增加，会提高企业选择参与元宇宙建设的概率。

5.4.3 用户策略稳定性分析

用户使用和不使用的期望收益 E_{31}、E_{32} 及平均期望收益 $\overline{E_3}$ 分别为：

$$E_{31} = xy(U_1 + M_2 - L_4) + (1 - x)y(U_1 - L_4) \tag{5.17}$$

$$E_{32} = x(1 - y)U_2 + (1 - x)(1 - y)U_2 \tag{5.18}$$

$$\overline{E_3} = zE_{31} + (1 - z)E_{32} \tag{5.19}$$

用户策略选择复制动态方程为：

$$F(z) = \frac{\mathrm{d}z}{\mathrm{d}t} = z(E_{31} - \overline{E_3}) = z(1 - z)(U_1 y - L_4 y - U_2 + U_2 y + M_2 xy)$$

$$\tag{5.20}$$

对 $F(z)$ 关于 z 求导得：

$$\frac{\mathrm{d}F(z)}{\mathrm{d}z} = (1 - 2z)(U_1 y - L_4 y - U_2 + U_2 y + M_2 xy) \tag{5.21}$$

令 $G(y) = U_1 y - L_4 y - U_2 + U_2 y + M_2 xy$

由 $G(y) = 0$ 得，$y = \dfrac{U_2}{U_1 + U_2 - L_4 + M_2 x} = y_0$，$F(z) \equiv 0$

当 $y \neq \dfrac{U_2}{U_1 + U_2 - L_4 + M_2 x}$ 时，令 $F(z) = 0$，$z = 0$ 或 $z = 1$

推论5：当 $y < y_0$ 时，用户的演化稳定策略为不使用；当 $y > y_0$ 时，用户的演化稳定策略为使用。

证明：由微分方程稳定性定理可知，用户策略实施达到稳定状态需满足：$F(z) = 0$，$\dfrac{\mathrm{d}F(z)}{\mathrm{d}z} < 0$。求 $G(y)$ 的导数得：$\mathrm{d}G(y)/\mathrm{d}y = U_1 + U_2 - L_4 + M_2 x > 0$，因此 $G(y)$ 是关于 y 的增函数。当 $y < y_0$ 时，$G(y) < 0$，$\mathrm{d}F(z)/\mathrm{d}z|_{z=1} > 0$，$\mathrm{d}F(z)/\mathrm{d}z|_{z=0} < 0$，此时 $z = 0$ 为用户的演化稳定策略；当 $y > y_0$ 时，$G(y) > 0$，$\mathrm{d}F(z)/\mathrm{d}z|_{z=1} < 0$，$\mathrm{d}F(z)/\mathrm{d}z|_{z=0} > 0$，此时，$z = 1$ 为用户的演化稳定策略；当 $y = y_0$ 时，$F(z) \equiv 0$，$\mathrm{d}F(z)/\mathrm{d}z \equiv 0$，此时 z 无论取何值，用户都处于演化稳定状态。

推论5表明：政府和企业的策略选择同时对用户的演化稳定策略产生影响。政府扶持概率和企业参与概率的提高，均可使用户的稳定策略由不使用向使用演化；反之，政府扶持概率和企业参与概率的降低，将使得用户由使用策略向不使用策略演化。用户策略演化相位图如图5-3所示。

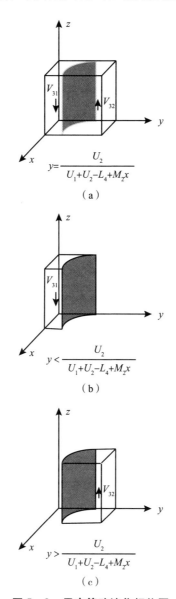

$$y = \frac{U_2}{U_1 + U_2 - L_4 + M_2 x}$$

（a）

$$y < \frac{U_2}{U_1 + U_2 - L_4 + M_2 x}$$

（b）

$$y > \frac{U_2}{U_1 + U_2 - L_4 + M_2 x}$$

（c）

图5-3　用户策略演化相位图

由图 5 – 3 可知，体积 V_{31} 为用户不使用的概率，体积 V_{32} 为用户使用的概率。计算 V_{31} 和 V_{32} 的体积可得：

$$V_{31} = \int_0^1 \int_0^1 \frac{U_2}{U_1 + U_2 - L_4 + M_2 x} \mathrm{d}x \mathrm{d}z$$

$$= \frac{U_2}{M_2} \ln\left(1 + \frac{M_2}{U_1 + U_2 - L_4} \right) \tag{5.22}$$

$$V_{32} = 1 - V_{31}$$

$$= 1 - \frac{U_2}{M_2} \ln\left(1 + \frac{M_2}{U_1 + U_2 - L_4} \right) \tag{5.23}$$

推论 6：用户选择不使用的概率与隐私泄露的损失 L_4、不使用获得的收益 U_2 正相关，与使用收益 U_1、政府给予的优惠补贴 M_2 负相关。

证明：根据用户不使用的概率 V_{31} 的表达式，求各要素的一阶偏导数，得：$\partial V_{31}/\partial U_1 < 0$，$\partial V_{31}/\partial M_2 < 0$，$\partial V_{31}/\partial U_2 > 0$，$\partial V_{31}/\partial L_4 > 0$。因此，$V_{31}$ 是关于 U_2、L_4 为增函数，关于 U_1、M_2 为减函数。

推论 6 表明：隐私泄露损失的降低、政府给予优惠补贴的增加及使用收益的提高均可提高用户使用元宇宙体验方式的概率。

5.4.4　演化博弈系统稳定性分析

多主体演化博弈的均衡解是严格纳什均衡，即纯策略均衡解。因此本研究只对三方演化博弈的八个纯策略均衡解的稳定性进行分析。由 $F(x) = F(y) = F(z) = 0$ 得到的纯策略均衡点为 (0, 0, 0)，(1, 0, 0)，(0, 1, 0)，(0, 0, 1)，(1, 1, 0)，(1, 0, 1)，(0, 1, 1)，(1, 1, 1)。

三方演化博弈系统的 Jacobian 矩阵为：

$$J = \begin{bmatrix} \partial F(x)/\partial x & \partial F(x)/\partial y & \partial F(x)/\partial z \\ \partial F(y)/\partial x & \partial F(y)/\partial y & \partial F(y)/\partial z \\ \partial F(z)/\partial x & \partial F(z)/\partial y & \partial F(z)/\partial z \end{bmatrix}$$

$$
=\begin{bmatrix}
(1-2x)\begin{pmatrix}-C_1-M_1y+L_1yz\\-M_2yz+R_1yz\end{pmatrix} & x(1-x)(-M_1+L_1z-M_2z+R_1z) & x(1-x)(L_1y-M_2y+R_1y)\\[3ex]
y(1-y)(L_2-L_3+M_1) & (1-2y)\begin{pmatrix}L_3-F_2-C_2+F_1z\\+L_2x-L_3x+M_1x\end{pmatrix} & y(1-y)F_1\\[3ex]
z(1-z)M_2y & z(1-z)(U_1-L_4+U_2+M_2x) & (1-2z)\begin{pmatrix}U_1y-L_4y-U_2\\+U_2y+M_2xy\end{pmatrix}
\end{bmatrix}
$$

$$(5.24)$$

根据 Lyapunov 第一法则，在雅克比矩阵的所有特征根都小于零的情况下，此均衡点即为演化稳定点；当雅克比矩阵至少有一个特征根大于零时，此均衡点为不稳定点；如果雅克比矩阵只有零和小于零的特征根，那么无法确定此均衡点的稳定性。各均衡点的稳定性分析如表 5 - 2 所示。

表 5 - 2 　　　　　　　　　　均衡点稳定性分析

均衡点	特征值 λ_1，λ_2，λ_3	正负号	稳定性
$(0,0,0)$	$-C_1$，$L_3-F_2-C_2$，$-U_2$	$(-,\times,-)$	满足条件①时 ESS
$(1,0,0)$	C_1，$L_2-F_2-C_2+M_1$，$-U_2$	$(+,\times,-)$	不稳定点
$(0,1,0)$	$-C_1-M_1$，$C_2+F_2-L_3$，U_1-L_4	$(-,\times,+)$	不稳定点
$(0,0,1)$	$-C_1$，$F_1-C_2-F_2+L_3$，U_2	$(-,\times,+)$	不稳定点
$(1,1,0)$	C_1+M_1，$C_2+F_2-L_2-M_1$，$M_2-L_4+U_1$	$(+,\times,+)$	不稳定点
$(1,0,1)$	C_1，$F_1-C_2-F_2+L_2+M_1$，U_2	$(+,\times,+)$	不稳定点
$(0,1,1)$	$L_1-C_1-M_1-M_2+R_1$，$C_2-F_1+F_2-L_3$，L_4-U_1	$(\times,\times,-)$	满足条件②时 ESS
$(1,1,1)$	$C_1-L_1+M_1+M_2-R_1$，$C_2-F_1+F_2-L_2-M_1$，$L_4-M_2-U_1$	$(\times,\times,-)$	满足条件③时 ESS

注：×表示正负号不确定。
条件①：$L_3-F_2-C_2<0$
条件②：$L_1-C_1-M_1-M_2+R_1<0$，$C_2-F_1+F_2-L_3<0$
条件③：$C_1-L_1+M_1+M_2-R_1<0$，$C_2-F_1+F_2-L_2-M_1<0$

由表 5 - 2 可知，系统存在三个演化稳定点。当 $L_3-F_2-C_2<0$ 时，

系统演化稳定点为（0，0，0）。因此为避免策略组合（等待，观望，不使用）的出现，应降低企业参与元宇宙产业建设的成本，增大企业观望的潜在损失，降低企业观望的收益，激励企业加入产业建设的行列，以降低其选择观望的概率。

当 $L_1 - C_1 - M_1 - M_2 + R_1 < 0$，$C_2 - F_1 + F_2 - L_3 < 0$ 时，系统演化稳定点为（0，1，1），对应的策略组合为（等待，参与，使用）。此时政府扶持成本较大而所获得的社会效益较小且选择等待所带来的声誉损失较小，政府扶持的积极性不足。因此应降低政府的扶持成本，增大政府选择等待的声誉损失，使得政府改变等待策略，才能有效避免出现（等待，参与，使用）的策略组合。

当 $C_1 - L_1 + M_1 + M_2 - R_1 < 0$，$C_2 - F_1 + F_2 - L_2 - M_1 < 0$ 时，（1，1，1）为系统的演化稳定点。此时政府扶持付出的成本和对参与企业及使用用户的优惠补贴与获得的社会效益之差低于政府选择等待的声誉损失；企业参与所获得的收益和政策红利与付出的成本高于企业选择观望的收益和潜在损失，达到了博弈系统的理想状态，策略组合演化稳定于（扶持，参与，使用）。

5.5　仿真分析

在上述理论分析的基础上，运用 Matlab2021a 仿真分析三方策略演化的稳定性。在满足条件③的基础上，对参数的赋值数组1：$C_1 = 10$，$M_1 = 7$，$M_2 = 5$，$R_1 = 35$，$L_1 = 25$，$C_2 = 12$，$L_2 = 40$，$L_3 = 35$，$F_1 = 45$，$F_2 = 20$，$L_4 = 6$，$U_1 = 25$，$U_2 = 15$。

5.5.1　扶持成本对政府策略演化的影响

为分析扶持成本 C_1 的变化对政府策略演化过程的影响，使 $C_1 =$

（10，15，20），仿真结果如图 5 - 4 所示。

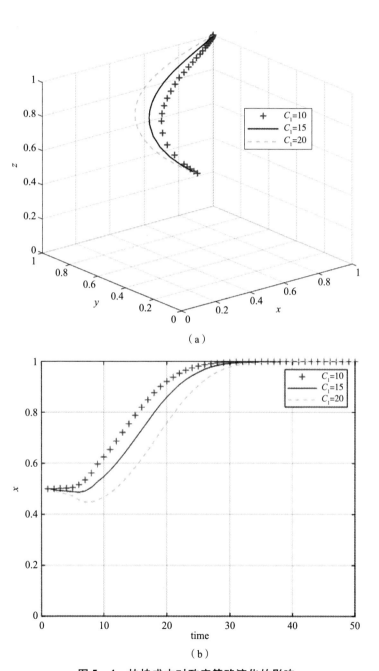

（a）

（b）

图 5 - 4 扶持成本对政府策略演化的影响

由图 5 - 4 可知，在政府扶持概率向 1 演化的过程中，扶持成本的提高会减缓政府扶持的演化速度。随着 C_1 的提高，政府扶持的概率降低。因此，要降低政府扶持成本以提升政府扶持的可能性。

5.5.2　优惠补贴对政府和用户策略演化的影响

为了研究政府给予用户的优惠补贴的变化对政府和用户策略演化过程的影响，令 $M_2 = (5，15，25)$，仿真结果如图 5 - 5 所示。

由图 5 - 5 可知，在系统演化至稳定点的过程中，优惠补贴的增大在加快用户使用的演化速度的同时也会减缓政府扶持的演化速度。随着 M_2 的增大，用户使用概率提高，政府扶持的概率降低。因此，政府应给予合理的优惠补贴，使政府和用户共同投入到元宇宙产业的建设中。

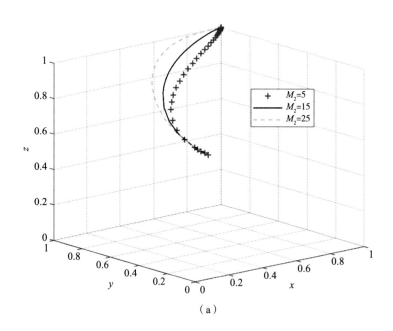

（a）

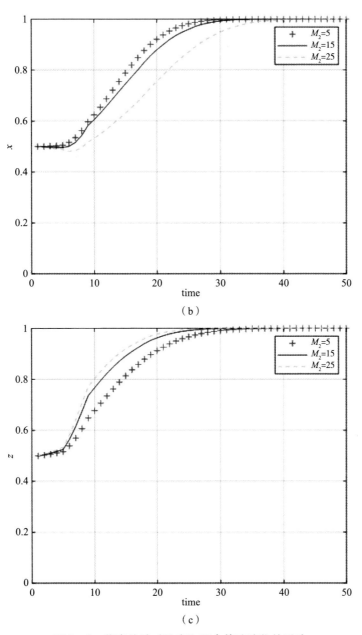

（b）

（c）

图5-5　优惠补贴对政府和用户策略演化的影响

5.5.3　参与收益对企业策略演化的影响

为了分析参与收益对企业演化过程的影响，使 $F_1 = (45, 25, 5)$，仿真结果如图 5 - 6 所示。

由图 5 - 6 可知，在企业参与概率演化至 1 的过程中，参与收益的减少会减缓企业参与的演化速度。随着 F_1 的减少，企业参与概率降低。因此，可以通过提高企业参与元宇宙的收益以提升企业参与的可能性。

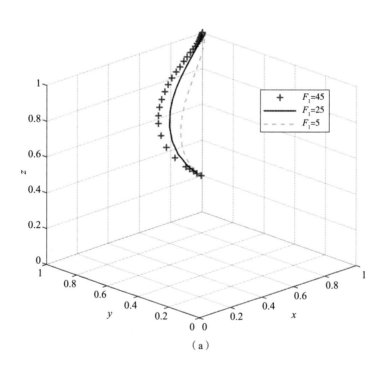

（a）

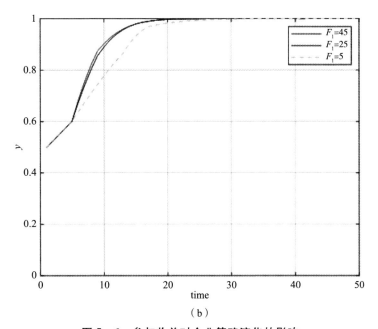

（b）

图 5 - 6　参与收益对企业策略演化的影响

5.5.4　隐私泄露损失对用户策略演化的影响

为了分析隐私损失对用户策略演化过程的影响，使 $L_4 = (6, 14, 22)$，仿真结果如图 5 - 7 所示。

由图 5 - 7 可知，在用户使用概率向 1 演化的过程中，隐私损失的增加会减缓用户使用的演化速度。随着 L_4 的增大，用户使用概率降低。因此，在元宇宙产业建设过程中要注重对用户隐私的保护，降低隐私泄露的损失以提高用户使用的概率。

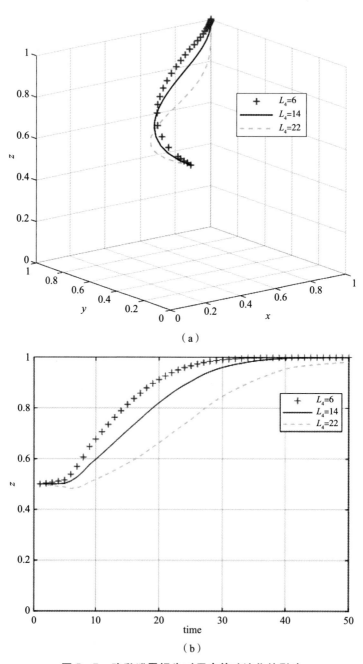

（a）

（b）

图 5 - 7　隐私泄露损失对用户策略演化的影响

5.5.5　系统稳定策略演化

数组 1 满足条件③。在满足条件①的基础上，赋值数组 2：$C_1 = 20$，$M_1 = 15$，$M_2 = 10$，$R_1 = 20$，$L_1 = 10$，$C_2 = 20$，$L_2 = 25$，$L_3 = 20$，$F_1 = 20$，$F_2 = 30$，$L_4 = 8$，$U_1 = 15$，$U_2 = 25$。

满足条件②，赋值数组 3：$C_1 = 20$，$M_1 = 15$，$M_2 = 10$，$R_1 = 20$，$L_1 = 10$，$C_2 = 12$，$L_2 = 40$，$L_3 = 35$，$F_1 = 45$，$F_2 = 20$，$L_4 = 6$，$U_1 = 25$，$U_2 = 15$。

由图 5 - 8、图 5 - 9、图 5 - 10 可知，在满足条件①的情况下，系统稳定点为（0，0，0），政府、企业和用户三方的策略组合为（等待，观望，不使用）。满足条件②时，系统稳定点为（0，1，1），三方策略组合为（等待，参与，使用）。在满足条件③的情况下，系统稳定点为（1，1，1），三方的策略组合为（扶持，参与，使用）。因此，仿真分析与各主体的策略稳定性分析结果相一致，对元宇宙产业的建设与发展具有现实的借鉴意义。

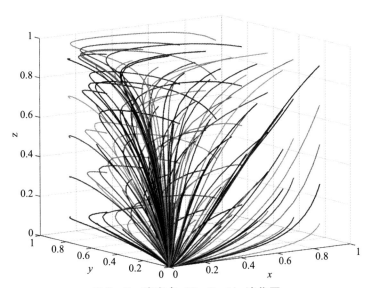

图 5 - 8　稳定点（0，0，0）演化图

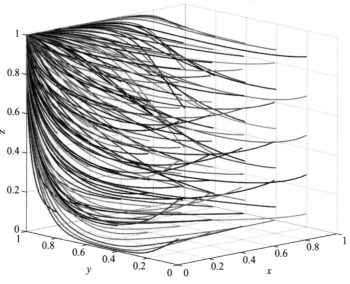

图 5 - 9　稳定点（0，1，1）演化图

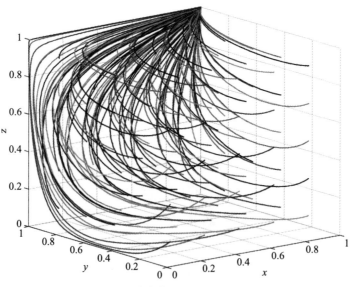

图 5 - 10　稳定点（1，1，1）演化图

5.6　结论、建议与贡献

5.6.1　结论

元宇宙产业发展是一个不同层级多元主体协同参与的过程，本研究立足有限理性假设，构建了以政府、企业和用户三方为主体的演化博弈模型，探讨了不同条件下各主体的演化稳定策略，并借助 Matlab2021a 软件对影响主体策略选择的要素进行了仿真分析，主要结论如下：

（1）政府的策略选择除了受到企业参与和用户使用概率的影响外，还受到政府扶持引导成本、声誉损失、社会效益及给予企业和用户补贴的影响。降低政府的扶持成本，增大等待的声誉损失、提高社会效益均能使其选择扶持策略。

（2）企业的策略选择除了受到政府扶持和用户使用概率的影响外，还受到企业参与成本、参与收益、观望的潜在损失及获得的政策红利的影响。降低企业的参与成本、增大观望的潜在损失，提高前景收益、增大获得的政策红利将促使企业选择参与策略。

（3）用户的策略选择除了受到政府扶持和企业参与概率的影响外，还受到使用收益和隐私泄露损失和获得的优惠补贴的影响。使用收益和获得优惠补贴的增大、隐私泄露损失的降低有助于促使用户选择使用策略。

（4）政府给予的政策红利及优惠补贴的增大有助于促进企业和用户参与元宇宙产业的建设，但增加到一定程度后政府扶持力度将下降。

5.6.2　政策建议

（1）清晰战略，建立元宇宙生态体系。元宇宙的技术在向着更颗粒化、精细化的方向发展，客户的场景应用需求在向着更综合的方向发展。这要求政府建立围绕元宇宙核心能力的生态体系，完善基础设施建设，加大算力支撑、区块链及人工智能的投入，提高对进入企业资源、技术、资金等的支持，对欠发达地区、新兴产业薄弱领域给予特殊的优惠力度，不断向社会释放优势产业投资信号，引领社会资金、组织的进入，为产业发展带来更多的社会优势力量，为企业和用户提供整合的应用场景和解决方案。

（2）加强政策激励与引导，提升企业的信心效应。政府应加强元宇宙产业发展中对企业的引导，通过系统性的金融政策、税收减免、财政补贴等方式缓解产业基础资源不足和市场未知风险等问题，提升企业参与的信心，引导企业参与研发，以推动产业的发展。

（3）完善监管体系，保障产业的健康发展。加强对企业的监督，完善惩罚机制，以防止部分企业为获取政府资源的投机行为。同时，加强信息安全的监管，规范元宇宙产业市场，畅通用户维权渠道，维护用户的合法权益，保障产业市场发展的稳定性。

5.6.3　研究贡献

针对现有文献中缺乏对元宇宙产业发展三方主体演化问题的研究，本研究的理论贡献主要体现在：①在国家提出元宇宙大发展的背景下，将演化博弈的理论与方法应用到产业的发展问题中，分析了元宇宙生态系统各主体行为策略的演化，拓展了有关元宇宙研究的方法选择。②从参与者的角度，探讨了政府、企业、用户三方对元宇宙产业发展的影响机制，丰富了有关元宇宙领域的研究内容。

　　本研究的现实贡献在于，以动态交互视角展示了政府、企业和用户之间的互动关系，综合考虑各类因素，对进一步引导三者共同参与元宇宙产业建设，加快实现产业的平稳发展具有重要的实践意义，同时对其他战略性新兴产业发展具有借鉴意义。

第6章
新消费场景中员工正念对顾客满意度的影响机制

本章探讨了新型消费场景下，企业员工正念对顾客满意度的影响，验证了员工积极情绪的中介作用和顾客苛待的调节作用。通过对员工—顾客配对数据进行分析，结果表明，员工正念对其所服务的顾客的满意度具有积极的影响。并且，此影响经由员工积极情绪在员工正念与顾客满意度之间起中介作用，顾客苛待负向调节员工正念对积极情绪的作用效果。本研究有助于深入认识员工正念影响顾客满意度的潜在中介机制和正念产生影响的边界条件，为企业管理实践提供有益借鉴。

6.1 研究背景

在当前信息时代，企业间的技术壁垒消失，企业依靠独有的技术获得竞争优势的战略已不适用当前市场环境。每个顾客心中，都会有几个甚至几十个在质量、品牌、价格等方面没有显著差异的产品。比如长虹和康佳哪个最好？两者有何差距？顾客很难回答，但若问他们哪家服务最好，他们常常可以毫不犹豫地回答。在价格和质量没有优势，功能也没有差异的前提下，企业应该认识到，为顾客提供始终如一、高质量的服务是企业在当前竞争环境下生存和成功的关键。换句话说，满足顾客对价格、质量、功能的需求只能使顾客"没有不满意",而满足其对优质服务的需求才可能使顾客"满意"。因此,如何提高员工的服务质量从而获得顾客满意是管理领域的一个重要议题。

随着正念在管理学领域越来越受关注,国内外企业也逐渐将正念引入员工管理实践中。正念作为"一种有目的地且不加判断地关注当下的方式",是一种类状态的特质(Kabat – Zinn,2011)。顾客满意度是顾客对接受的服务是否达到自己期望的评估,如果实际服务效果达到甚至超过了预期,他们会感到满意(Lundstrom,1978),其本质上是顾客对企业的一种良好评价,是企业建立竞争优势的关键因素(Reynoso,2010)。正念使员工在复杂的环境中较少受外界干扰,帮助员工专注于当前服务对象的需求和感受,能为顾客提供更优质的服务,从而满足顾客对企业服务的预期,这与顾客满意度的内涵是一致的。因此,员工正念可能是影响顾客满意度的重要因素。本研究将聚焦此问题,探讨员工正念在促进顾客满意度中可能的作用机制。

情绪作为社会互动关系中的重要因素,通常被认为是维持良性员工—顾客关系的潜在机制(Glomb et al.,2013)。正念可以促进员工的积极情绪,根据情绪感染理论(Du et al.,2019),顾客会下意识地模仿员工的情绪表达,积极的情绪体验可能引发顾客满意。故而,本研究将探讨员工积极情绪在员工正念与顾客满意度之间的中介作用。此外,员工在工作时,常常面临各种压力,有学者提出,压力可能会影响正念的有效性(倪丹等,2021),而顾客苛待作为员工的主要压力源,是员工受到的来自顾客的低质量待遇(Skarlicki et al.,2008)。我们认为,员工遭受的顾客苛待程度不同,其正念激发积极情绪的程度也不同。因此,本研究考察顾客苛待在员工正念与积极情绪之间的调节作用。

综上所述,本研究针对以下问题进行探讨:第一,员工正念对顾客满意度是否有积极影响?第二,若有,员工正念影响顾客满意度的内在机制是什么?为回答上述问题,本研究基于情绪感染理论和资源保存理论,考察员工正念和顾客苛待对员工积极情绪进而对顾客满意度的影响。本研究拓展了个体正念的作用范围，证明个体的正念对他人的感知或评价有明显影响，补充了正念的后效和顾客满意度的前因研究，并为服务型企业改进管理提供了针对性建议。

6.2　理论分析与研究假设

6.2.1　员工正念与顾客满意度

正念是一种类状态特质，强调客观地关注当前时刻的意识和感知（Brown et al.，2003）。研究表明，未受过正念训练的普通人群，他们的正念水平存在差异，且易变性相对较低，但正念水平仍会因内外部干预而发生一定程度的改变（Shapiro et al.，2008）。本研究认为员工正念是其本身具有的独特资源，是员工关注和接纳当下内外部刺激的能力，强调个体对注意力的控制（Bishop，2010）。资源保存理论认为，个体有投入和利用自身资源的动机，正念展示了个体所拥有的初始资源，拥有丰富初始资源的个体倾向于充分使用已有资源，用于后续目标的实现（Fisher et al.，2019；Halbesleben et al.，2014）。正念作为一种独特的资源，可以与个体当前情境下的具体需要相匹配，帮助个体识别出当前哪些是有助于实现目标的事物。员工提供服务时的目标是获得顾客满意，而正念水平高的员工会将当前事物和情境与过去和未来隔离，并意识到，识别和满足顾客需求是有助于实现当前目标的事情。故而，员工会将注意力充分集中于当前服务对象，保持高度敏感和警觉，关注顾客需求，从而为其提供更优质的服务。在为顾客提供服务的过程中，员工有意识关注顾客的需求是提供优质服务的基本前提和条件（Wachs et al.，2007），正念可以避免员工陷入过去或未来的情绪或事件中，能够客观地看待当前自身感知和经历，将自身注意力投入当前服务的顾客身上。由此，正念水平高的员工能充分将正念资源运用到当前活动中，不受外界干扰，专注于当前活动，更倾向于对顾客表现出周到且友好的服务态度，从而收获顾客的良好评价。有研究表明，正念与更高的人际关系质量有关（Good et al.，2016），正念可以通过调节个体的行为和情绪等形成更好的社会互动关系（陈国平等，2020）。员工与顾客的社会互动过程中，正念资源充足的员工在提供服务时，能够充分利用自己的资源去服务顾客，包容和接纳来自顾客的外部刺激，减少了服务提供过程中的问题和冲突（Jung et al.，2011），有助于形成良好的员工—顾客关系，进而为顾客提供舒适的服务环境（黎建新等，2014），提高了顾客满意度。我们认为，正念水平高的员工在提供服务时，能够完全沉浸在此刻的状态，将全部注意力放在顾客身上，可以更好地了解顾客需求，从而提供最有效的服务。在此过程中，顾客会感到自己受到重视和尊重，从而形成更高的顾客满意度。基于此，本研究提出假设：

H6 - 1：员工正念对提升顾客满意度有积极影响。

6.2.2　员工积极情绪的中介作用

积极情绪是个体在目标实现过程中愉悦的主观感受（Lazarus，1991）。员工积极情绪表现为不因过去沮丧、难过，不为未来担忧、焦虑，轻松愉快地完成工作、服务顾客。根据资源保存理论，员工正念是个体独特的资源，作为个体扩大认知和集中注意力的形式（Brown & Ryan，2003），可以在工作中得以利用。充足的正念资源可以使员工以一种清醒的、接纳的方式看待当前工作，跳出认知反刍和误区，焦虑（Hulsheger et al.，2013）、烦躁（Broderick，2005）等情绪会得到缓解。换言之，正念可以帮助员工调节心理健康状态，缓解焦虑、沮丧等负面情绪困扰，提升其积极情绪（Erisman et al.，2010；Pepping et al.，2016；Fortney et al.，2013）。正如希腊斯多葛学派哲学家埃皮克特所说，个体的焦虑、压力并非来自某个事件或事物，而是来自个体对事件或事物的看法。当员工以一种客观的、清醒的、接纳的方式看待工作中受到的偏见和压力时，他们不会轻易陷入情绪反刍，避免对过去负性事件的过度思考和纠结。具有正念特质的员工会在反刍情绪出现时及时察觉，帮助自身不断回到当下，切断与过去的联系、对未来的幻想，快速缓解消极情绪（Hulsheger et al.，2013；Broderick，2005）。具体来说，员工在工作中常常会接收到来自顾客或上级的压力，高压的环境可能导致人的记忆容量降低，认知出现偏差。正念可以改善个体在高压下的记忆容量，恢复其正常认知水平（Jha et al.，2010）。因此，在面对顾客苛责和上级批评时，正念水平高的员工不会在感知上主观地评估负面情况（Brown & Ryan，2003），他们会将更多的注意力放在与工作任务相关的信息上，保持足够的清醒和冷静，以平和的心态、客观地看待各方压力，开放地接纳各方批评和建议，可以有效防止自身受到外部负面情境的影响（Liu et al.，2020），避免情绪化和焦虑，以积极的情绪、乐观的态度完成工作。

在服务型企业中，员工通过面对面接触和互动为顾客提供服务，员工在服务顾客时常常伴随着积极或者消极的情绪。情绪感染理论认为，在员工为顾客提供服务的过程中，其真实情绪会通过肢体或者声音直接传递给顾客，后者会察觉到前者的情绪，同时伴随着无意识的模仿，这种模仿又会通过生理反馈诱发顾客产生与员工相同的情绪（Falkenberg et al.，2008）。即顾客会通过观察员工的面部表情、言语、行为等给自己的大脑一个反馈，激活生理反馈系统，从而表现出相应的情绪（Hess et al.，1992），积极情绪体验会促使顾客对企业做出良好的评价。故员工的积极情绪在决定顾客满意度方面起重要作用（Jung & Yoon，2011）。员工为顾客服务时，积极的情绪表达越多，顾客越能感知到更多愉悦的情感，顾客的积极情感反应是其对企业做出良好评价的基础（Helmefalk et al.，2017），顾客的积极情绪也能影响其重访企业的意愿（Han et al.，2009）。而顾客对企业的积极评价和重访意愿均体现了其对企业的满意度。因此，我们认为员工的积极情绪能够诱发顾客的积极情绪，从而影响顾客满意度。

H6 - 2：员工积极情绪在员工正念与顾客满意度的关系间起到了中介作用。

6.2.3　顾客苛待的调节作用

自卖方市场向买方市场转变后，企业营销的基本原则是"顾客即上帝"。然而，调查、媒体揭露的事实表明，顾客扮演着"上帝"角色的同时，也经常做出一些不文明行为、提出过分要求等（刘小禹等，2021）。学术界将员工在服务交往过程中受到的来自顾客的低质量待遇，包括拒绝配合、言语攻击、人身伤害等，定义为顾客苛待（Skarlicki et al.，2008）。顾客苛待实际上对员工造成了压力，这种情况下，员工可能会陷入认知反刍，从而引发负面情绪（Baranik et al.，2017）。可见，员工在提供服务时不仅要消耗一定的体力和脑力，还需要及时调节和管理情绪，从而与顾客进行良好的互动，进而为顾客提供高质量服务。正念可以有效提高员工的认知能力，帮助员工以一种客观的态度对待外部刺激和内部感知，仅仅关注工作任务本身，避免分心去评估顾客表现出的恶劣态度、言语和行为（Jang et al.，2020）。故员工遭受顾客苛待时，正念能够帮助他们从沉思和自我否定等消极情绪中脱离出来，只需关注当下自己需要做的工作，不需要对顾客的态度和行为加以评价和判断，从而避免陷入负面情绪，有助于员工积极情感的表达（Zivnuska et al.，2016）。然而，这种情况可能只适用于顾客苛待水平较低时。正念是一种个体特有的内部资源（Fisher et al.，2019；Montani et al.，2018），当顾客苛待水平过高时，员工可能会面临巨大的压力，其需要耗费大量的正念资源缓解压力。资源保存理论认为，当员工认为自己的资源可能会出现大量损耗时，他通常会采取将自己的资源保存起来的策略，防止个人资源的过度消耗（Hill et al.，2012；Hobfoll，1989）。此时，员工对正念的使用会减少，进而员工正念对积极情绪的调节作用会减弱。由此，我们认为，顾客苛待会削弱员工正念对积极情绪的影响，即当员工面临高水平的顾客苛待时，意味着员工需要大量的正念资源来应对来自顾客的压力，在这种情况下，员工会减少对正念资源的使用，以避免自己损失过多资源。反之，低水平的顾客苛待虽然会诱发员工产生压力，但产生的压力相对较小，员工可能不需要投入大量的正念资源就能缓解顾客苛待带来的压力和焦虑，此时员工会充分利用正念来促进积极情绪，因此，员工正念对积极情绪的作用效果会增强。

H6-3：顾客苛待调节了员工正念对员工积极情绪的影响。这一影响对遭受高水平顾客苛待的员工来说较弱，而对于遭受低水平顾客苛待的员工来说较强。

基于前述分析，本研究的理论模型如图6-1所示。

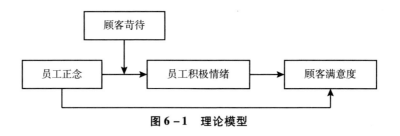

图6-1　理论模型

6.3　研究设计

6.3.1　数据来源

本研究调查对象为华中地区（河南、湖北、湖南）50家服务型企

业的员工和顾客。为避免共同方法偏差，本研究采用员工—顾客 1：1
配对的方式搜集数据。具体调查过程为：我们请企业人力资源主管对
员工进行编号，每个编号对应一个员工及其当天服务的所有顾客。首
先，我们请主管向每个员工发放调查问卷，调查内容主要包括员工的
个人资料、员工正念、员工积极情绪及员工所遭受的顾客苛待情况；
其次，主管从每个员工对应的顾客中随机抽取一位顾客，并向该顾客
发放问卷，调查内容为顾客满意度。本研究除人口统计变量外，所有
问卷均采用 5 点 Likert 计分法。

　　第一阶段调查向员工发放 400 份问卷，剔除反应倾向过于一致、
问卷填答不完整的问卷后，最终得到 381 份有效问卷；第二阶段向每
个员工对应的顾客发放问卷，最终共收回 333 套员工—顾客配对问卷，
问卷回收率83.25%。员工样本特征的描述性分析如表 6 - 1 所示。

表 6 - 1　　　　　　　　员工样本特征的描述性分析

人口统计变量	类别	频数	百分比（%）
性别	男	134	40.2
	女	199	59.8
年龄	18 ~ 24 岁	36	10.8
	25 ~ 34 岁	243	73.0
	35 ~ 44 岁	45	13.5
	45 ~ 54 岁	9	2.7
	55 岁及以上	0	0
教育程度	初中及以下	1	0.3
	高中	14	4.2
	本科	298	89.5
	硕士及以上	20	6.0

人口统计变量	类别	频数	百分比（%）
工作年限	不满一年	13	3.9
	1~3 年	63	18.9
	4~6 年	105	31.5
	7~9 年	91	27.3
	10~15 年	48	14.4
	15 年以上	13	3.9
职级	普通员工	118	35.4
	基层管理者	143	42.9
	中层管理者	66	19.8
	高层管理者	6	1.8
月收入（约）	3000 元及以下	16	4.8
	3000~5000 元	40	12.0
	5000~7000 元	84	25.2
	7000~9000 元	72	21.6
	9000~11000 元	67	20.1
	11000 元及以上	54	16.2

6.3.2　变量测量

6.3.2.1　员工正念

本研究采用布朗和瑞安开发的正念注意觉知量表（MAAS）改编版（Brown & Ryan，2003），此表是目前应用最广泛的量表之一，包括"我无法在当时就立刻意识到自己的情绪，总要过一些时间才能够意识到。""我发现自己很难集中注意力于正在做的事情"等 15 个题项。在本研究中，员工正念量表的 Cronbach's α 系数为 0.81。

6.3.2.2　积极情绪

本研究采用沃森等开发的积极—消极情绪量表（PANAS）（Watson

et al. , 1988），是学者常用的成熟量表之一。包括"我工作时是充满热情的""我工作时是坚定的"等 10 个题项。在本研究中，员工积极情绪量表的 Cronbach's α 系数为 0.86。

6.3.2.3　顾客苛待

本研究采用邵和斯卡利茨基开发的顾客苛待（CM）量表（Shao et al. , 2014），该量表适用于测量服务人员，包括"顾客会说一些不恰当的话""顾客会拒绝提供你工作所需的信息"等 5 个题项。在本研究中，顾客苛待量表的 Cronbach's α 系数为 0.75。

6.3.2.4　顾客满意度

本研究采用柳开发的顾客满意度（CS）量表（Ryu et al. , 2008），包括"我很高兴接受该员工的服务""我对得到的总体服务是满意的"等 4 个题项。顾客满意度量表的 Cronbach's α 系数为 0.70。

6.3.2.5　控制变量

考虑到员工的性别、年龄、受教育程度、工作年限、职级、月收入可能会影响其感知和反应（Schun et al. , 2019；Thompson et al. , 2007），也可能会影响员工的正念水平。因此，本研究在后续的研究中将这些变量作为控制变量。

6.4　研　究　结　果

6.4.1　验证性因子分析

本研究利用 AMOS 21.0 进行验证性因子分析，以检验变量的区分效度，从而确定最优模型。由表 6 - 2 可知，相较于其他模型，员工正念、积极情绪、顾客苛待与顾客满意度四因子模型拟合最好，各项指标均达到理想标准，$\chi^2/df = 1.501 < 2$，$RMSEA = 0.039 < 0.08$，且 $IFI = 0.916$，$TLI = 0.907$，$CFI = 0.916$，均大于 0.9，表明变量区分效度良好。

表 6 - 2　　　　　　　　　变量的区分效度

模型	$RMSEA$	IFI	TLI	CFI	χ^2/df
EM、CM、PE、CS	0.039	0.916	0.907	0.916	1.501
EM + CM、PE、CS	0.050	0.863	0.847	0.861	1.828
EM、CM、PE + CS	0.045	0.888	0.875	0.886	1.677
EM、CM + PE、CS	0.050	0.865	0.849	0.863	1.816
EM + CM、PE + CS	0.055	0.835	0.815	0.832	1.997
EM + CM + PE + CS	0.071	0.724	0.694	0.720	2.656

注：EM = 员工正念；CM = 顾客苛待；PE = 积极情绪；CS = 顾客满意度

6.4.2　变量的描述性统计分析

各变量的描述性统计分析结果如表 6 - 3 所示。由表 6 - 3 可知，员工正念与积极情绪（$r = 0.42$，$p < 0.001$）及顾客满意度（$r = 0.30$，$p < 0.001$），积极情绪与顾客满意度（$r = 0.56$，$p < 0.001$），顾客苛待与员工正念（$r = -0.22$，$p < 0.001$）及积极情绪（$r = -0.26$，$p < 0.001$）均显著相关，这为进一步分析提供了基础。年龄、受教育程度与各研究变量均不相关，后续分析将删除这些变量。

表6-3　变量的描述性统计分析和相关分析

变量	M	SD	1	2	3	4	5	6	7	8	9	10
1. 性别	1.60	0.49	1									
2. 年龄	2.08	0.59	-0.25***	1								
3. 受教育程度	3.01	0.34	-0.01	0.03	1							
4. 工作年限	3.41	1.18	-0.33***	0.74***	-0.08	1						
5. 职级	1.88	0.78	-0.16**	0.35***	0.10	0.49***	1					
6. 月收入	3.89	1.42	-0.20***	0.26***	0.25***	0.40***	0.55***	1				
7. 员工正念	3.56	0.57	-0.10	0.06	-0.04	0.10	0.07	0.12*	1			
8. 顾客苛待	2.40	0.61	-0.04	0.07	-0.02	0.01	0.05	-0.05	-0.22***	1		
9. 积极情绪	3.91	0.60	-0.11*	0.05	-0.05	0.14*	0.21***	0.19**	0.42***	-0.26***	1	
10. 顾客满意度	4.29	0.46	-0.22**	0.07	0.03	0.08	0.20***	0.21***	0.30***	-0.26***	0.56***	1

注: $n = 333$, * 表示 $p < 0.05$; ** 表示 $p < 0.01$; *** 表示 $p < 0.001$。

6.4.3　假设检验

6.4.3.1　主效应检验

本研究构建相应的回归模型对假设 H1 ~ H3 进行检验，运用 SPSS 26.0 进行多元线性回归分析。结果见表 6 - 4，员工正念对顾客满意度的标准化回归系数 β 为 0.27，$p < 0.001$，表明员工正念对顾客满意度有显著正向影响，假设 H6 - 1 得到验证。

6.4.3.2　员工积极情绪的中介作用检验

由表 6 - 4 中模型 1 可知，员工正念对积极情绪有显著正向影响（$\beta = 0.40$，$p < 0.001$）。由模型 5 可知，将员工正念和积极情绪同时纳入回归模型后，员工正念对顾客满意度的回归系数由 0.27 降为 0.08，不显著；而员工积极情绪对顾客满意度的回归系数 β 为 0.50，$p < 0.001$，表明员工积极情绪在员工正念和顾客满意度之间起完全中介作用，假设 H6 - 2 得到验证。本研究用 SPSS 26.0 中的 Process 插件，采用 Bootstrapping 法，将抽样设为 5000 次，构造 95% 的置信区间，进一步对中介效应进行检验，结果表明，员工积极情绪的间接效应为 0.16，置信区间为 [0.10，0.23]，不包含 0，假设 H6 - 2 再次得到验证。

表 6 - 4　　　　　　　　　变量的回归分析结果

变量	员工积极情绪		顾客满意度		
	模型 1	模型 2	模型 3	模型 4	模型 5
性别	- 0.04	- 0.05 *	- 0.05	- 0.19 **	- 0.17 **
工作年限	- 0.01	- 0.01	0.015	- 0.12 *	- 0.12 *
职级	0.15 *	0.17 **	0.13 *	0.15 *	0.08

续表

变量	员工积极情绪		顾客满意度		
	模型1	模型2	模型3	模型4	模型5
月收入	0.05*	0.04	0.04	0.10*	0.08
员工正念	0.40***	0.33***	0.35***	0.27***	0.08
员工积极情绪					0.50***
顾客苛待		-0.19***	-0.23***		
员工正念×顾客苛待			-0.17**		
R^2	0.21	0.24	0.27	0.17	0.36
调整后的R^2	0.20	0.23	0.25	0.15	0.35
ΔR^2	0.15	0.03	0.02	0.07	0.20
F	17.48***	17.57***	17.07***	12.90***	30.33***
ΔF	63.87	14.42	10.86	28.64	98.28

注：*表示$p<0.05$；**表示$p<0.01$；***表示$p<0.001$；R^2为未经调整的值；系数为标准化后的值。

6.4.3.3　顾客苛待的调节作用检验

由表6-4中模型3可知，员工正念与顾客苛待的交互项对员工积极情绪有显著负向影响（$\beta=-0.17$，$p<0.01$），即顾客苛待在员工正念和积极情绪之间起负向调节作用，假设H6-3成立。本研究采用SPSS 26.0中的Process插件进一步检验顾客苛待的调节效应，将抽样设为5000次，构造95%的置信区间，结果显示，员工正念与顾客苛待交互项的系数为-0.20，置信区间为[-0.33，-0.08]，不包含0，再一次验证了顾客苛待负向调节员工正念对积极情绪的影响。

为了更直观地理解顾客苛待的调节作用，本研究绘制了调节效应图，调节效果如图6-2所示。可以看出，相较于遭受低水平顾客苛待的员工来说，遭受高水平顾客苛待的员工其正念对积极情绪的促进作用会被削弱。

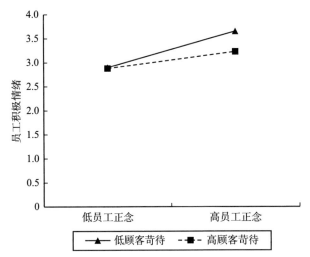

图 6 - 2   顾客苛待对员工正念与积极情绪之间关系的调节效应

6.5   研究结论与讨论

本研究通过对华中地区 50 家服务型企业的 333 名员工及其顾客进行两个阶段的调查，探究了员工正念影响顾客满意度的内在机制，研究结果发现：①员工正念对顾客满意度有显著正向影响。正念促使员工专注于自己的服务对象，进而表现出对顾客足够的重视和关注，可以显著提高顾客满意度。②员工正念通过员工积极情绪影响顾客满意度。正念强调理性地看待当前事件，促使员工关注工作本身而非各种内外部刺激，最大限度地向顾客表达积极情绪，可以促进顾客满意度的提升。③顾客苛待负向调节了员工正念与积极情绪之间的关系。当员工遭受顾客苛待程度较高时，其正念对顾客满意度的促进作用较弱，反之则员工正念对顾客满意度的促进作用较强。本研究所涉及的假设均得到验证，下面具体介绍本研究的理论贡献和实践意义。

6.5.1 理论贡献

首先，本研究深入探讨了员工正念对顾客满意度的影响，进而拓展了员工正念在跨个体间的作用效果。如前文所述，少有文献考察正念的人际后效，本研究也回应了部分学者的呼吁，进一步补充了正念的人际后效研究（Pratscher et al.，2019；Glomb et al.，2013）。这一研究的理论意义在于：第一，已有不少文献关注在工作场合中员工正念对自身的影响效果，如正念对个体创造力（Baas et al.，2014）、工作倦怠（Reb et al.，2014）、幸福感（Bajaj et al.，2016）等因素有积极影响。但是，对于服务型企业员工来说，他们经常与顾客面对面接触交流，所以，员工正念很可能会对顾客行为和评价产生影响，而国内外对员工正念和顾客满意度之间的实证研究还不够充分。本研究关注正念在员工与顾客间的作用效果，实现了对员工正念后效研究的有益补充。第二，以往对顾客满意度的前因研究主要局限于企业环境（Hwa et al.，2019）、产品属性（Jinsoo et al.，2019）、品牌知名度（Tanveer et al.，2016）、员工行为（Surucu et al.，2019）等可以很容易能观察到的因素。与之不同，本研究发现潜在的、不能很容易被观察到的员工特质也会影响顾客满意度，我们将员工正念作为顾客满意度的前因变量，探究两者的关系。这一发现有助于我们进一步了解顾客满意度的前因，丰富了顾客满意度的相关理论。

其次，本研究打开了员工正念与顾客满意度之间的"黑箱"，员工正念对于顾客满意度的影响是以员工积极情绪为中介而产生的。员工正念作为良性的情绪调节策略，会首先改善员工的情绪，使其保持积极的状态为顾客提供服务，进而使顾客感染积极情绪，从而获得良好的消费体验，由此，顾客会表现出更高的满意度。以往研究关注工作领域正念的作用效果，但多数探讨正念在个体内的影响（Reb et al.，

2014；Liang et al.，2016），对于员工如何发挥正念的积极作用从而获得顾客满意这一问题尚未进行细致的考察。本研究回应了"如何"这一研究问题，创造性地使用情绪感染理论，将员工正念和顾客满意度通过员工积极情绪联系起来，很好地解释了员工正念的作用效果以及具体的传导机制，对正念的理论研究有重要贡献，也进一步验证了情绪感染理论在正念研究领域的应用。

最后，顾客苛待作为服务过程中不可避免的因素，是员工主要压力源，也是员工正念对员工积极情绪产生影响的重要条件。即员工正念对积极情绪的正向影响会在高强度的顾客苛待条件下被削弱。有学者建议未来研究应该关注正念的边界条件（Good et al.，2016；Glomb et al.，2013），本研究对此作出回应。现有研究关注员工自身因素和工作因素如何影响正念效果的发挥，大多是可控因素，本研究探讨不能被企业轻易控制的因素对正念效果的影响。以往研究认为负面因素会削弱正念的效果，同样，本研究发现高强度的顾客苛待会削弱员工正念对积极情绪的影响，这一研究结果与已有观点一致（倪丹等，2021）。究其原因可能是，顾客苛待是企业不可控因素，服务型企业员工遭受顾客苛待越来越频繁，若员工仅遭受轻度顾客苛待时，秉承着"顾客就是上帝"的原则，员工不愿与顾客发生冲突，调整自身情绪是最好的方式，故员工会更多地使用正念来调节自身情绪，进而表现出积极情绪为顾客提供服务。然而，当员工遭受高强度顾客苛待时，员工需要投入大量正念才能促进积极情绪，他们会感知到自身正念资源受到威胁，因此，员工会选择保护自己的资源而减少正念的使用，故而员工正念对积极情绪的促进作用会被弱化。本研究的发现进一步阐明了不同情境下正念作用效果的差异，有助于我们更全面、准确地理解正念效果的边界条件。

6.5.2　实践意义

第一，本研究发现员工正念对顾客满意度有积极影响。因此，我们建议企业引入正念训练，将正念训练适当地运用到员工培训环节，提高员工的正念水平。正念水平高的员工能够不假思索地专注当下，将自身的注意力放在服务对象身上，如此，员工可以更好地发现顾客的需求和情绪，及时为顾客提供良好的服务。同时，持续的正念练习可以提升员工的自我调节能力，避免员工在面对压力时陷入沉思、焦虑等负面情绪中，可以帮助员工及时捕捉到自己的负面情绪，进而跳出思维反刍的循环，调整自身情绪，以积极的情绪为顾客提供良好的服务。一方面，企业应该重视员工正念在改善员工情绪和提升顾客满意度方面的重要性，制定合适、有效的正念训练计划，督促、鼓励员工定期进行正念训练。另一方面，员工自身也应该主动进行正念训练，培养自身的正念意识，不仅是为了提供优质的服务，同时正念可以缓解自身消极情绪，对身心健康也大有益处。

　　第二，本研究发现员工的积极情绪对顾客满意度有积极影响。从企业角度来看，企业应该及时追踪员工情绪，将经常表现出负面情绪的员工作为正念训练或培训的重点对象，使员工在服务过程中管理情绪，尽量向顾客传递积极的情感。在员工培训的过程中，企业培训主管应向员工传授在工作场所中保持积极情绪的技巧，提供专业的正念训练和情绪管理课程。同时，企业应该营造良好的企业氛围来促进员工的积极情绪，制定相关的激励政策，适当地激励员工在服务过程中保持积极情绪。从员工的角度来看，员工应该意识到自身情绪会影响顾客情绪，因此，员工应该主动培养自己的沟通技巧、情绪控制能力，运用真诚的微笑、亲切的语气、热忱的服务向顾客表达自己的积极情感，为顾客提供一种舒适的消费环境，从而提高顾客满意度。

　　第三，本研究发现顾客苛待会削弱员工正念对积极情绪的作用效果。顾客苛待现象越来越普遍，企业应该重视顾客苛待可能会为员工带来的负面影响，而顾客苛待对于企业来说是难以控制的因素，因为企业无法轻易约束顾客的行为，因此，我们建议企业可以从员工的角度解决问题。一方面，企业应当及时了解员工遭受顾客苛待的原因，针对不同情况采取不同的策略。大概可分为两种情况：①员工自身态度或行为恶劣导致的顾客苛待。这种情况下，企业应该及时了解员工态度恶劣的原因，若员工因为压力和焦虑而产生恶劣态度和行为，企业应当为其提供心理疏导和正念减压训练；若员工毫无理由地对顾客态度不好，企业应当对其进行一定程度的惩罚，并为其增加工作技能、服务态度方面的培训。②员工本身态度良好，顾客无缘由的苛待。此情境下，员工容易陷入负面情绪，更需要正念调节自身情绪。所以，企业不仅要给予员工适当的关怀和帮助，还应主动为其提供更多针对性的正念训练，帮助员工客观地对待来自顾客的苛待，不去思考当前事件的深层含义，及时调整自身情绪。同时，经常接受正念训练的员工，正念水平会得到提高，即使遭受高水平顾客苛待，员工也会认为自己拥有更多的正念资源，从而不认为自己的资源受到威胁，更愿意投入充足的正念资源来提升自己的积极情绪。另一方面，员工自身也应该意识到，面对顾客苛待，当自己无法与其产生冲突时，需要利用正念来调节自身情绪。因此，员工应该主动进行正念训练，以期能提高自身正念水平，保证在面对顾客苛待时，能更好地发挥正念的效果，保持积极的情绪。

第 **3** 篇

新型消费场景中消费者
隐私披露的影响机制

本部分研究新型消费场景中的消费者隐私披露问题，主要集中于两项研究：一是基于隐私计算和隐私关注理论下的消费者隐私披露意愿的神经机制；二是研究了 App 等应用授权等对消费者隐私信息披露影响的内在神经机制。本篇共分三章讨论：第 7 章介绍隐私披露问题研究的现实背景与理论基础；第 8 章利用脑成像工具，设计神经—行为实验，探究隐私计算和隐私关注之间的关系及二者对隐私披露意愿的影响；第 9 章研究在消费者使用 App 过程中，阶段性授权与应用类型对消费者隐私披露意愿的影响机制，结合行为实验和神经实验最终得到行为与神经层面两方面的数据结论。

用户隐私关注和实际隐私披露行为之间存在的矛盾现象受到了学者们的广泛关注，被称为"隐私悖论"。学者们发现不同隐私关注水平的用户在面对隐私计算时表现出的决策结果存在差异。本章分析了消费者隐私披露问题的研究背景与理论基础。

7.1　研究背景

7.1.1　现实背景

大数据技术为用户提供精准个性化服务的同时也带来了隐私泄露风险。大数据技术已经渗透到我们生活的各个方面，为人们提供前所未有的便利。个性化服务作为互联网经济的鲜明特色，通过收集和分析用户的个人身份、地理位置、搜索记录、购买记录、财务数据、生物信息等隐私数据为用户提供更加贴合其需求的服务。因此，个性化服务的质量取决于企业收集和分析用户信息的能力。然而，用户的隐私数据被大量收集、存储和利用的同时也意味着较高的隐私信息泄露风险，用户对数据的具体使用情况知之甚少导致用户对隐私保护的不信任。例如，过度收集用户信息、超范围索取权限等问题不仅影响用户的个人信息安全，也降低了用户的个性化推荐体验。即使存在隐私政策，但往往是篇幅冗长、用词晦涩，掩盖了实质性内容，用户难以深刻理解其中的权利与义务。

随着国家对用户隐私保护的政策法规陆续出台，用户的隐私保护意识也在逐步提高。尤其是近年来，数据泄露事件屡见不鲜，2018年涉及8700万脸书用户的个人信息被不当使用，2022年滴滴因过度收集用户信息被处以巨额罚款，包括QQ、腾讯新闻、小红书、搜狗输入法等与我们的生活息息相关的App屡屡发生违规收集用户信息造成的隐私泄露事件。为此，我国陆续出台了一系列保护用户隐私信息的法律法规限制App对用户信息的收集与利用。例如，2021年颁布的《中华人民共和国个人信息保护法》第十三条、第十四条中规定："处理个人信息应当取得个人同意"，"基于个人同意处理个人信息的，该同意应当由个人在充分知情的前提下自愿、明确作出"。这些政策法规要求企业在收集和使用用户隐私数据时必须遵守相关规定，确保用户隐私的安全。同时，用户也逐渐意识到隐私保护的重要性，对隐私泄露的担忧使得用户即便在合理授权情景下也会对企业的个性化服务产生不信任甚至是不满意。个性化服务依赖于用户隐私数据实现精准推荐，当用户拒绝隐私披露时，数据量的减少将极大地降低个性化推荐的精准性及服务质量，进而降低对用户的吸引力，以此陷入一种恶性循环的怪圈，最终在市场中失去竞争力和占有率。

大多数个体都是有限理性的，用户的隐私行为与偏好会受到情景因素的影响。用户往往期望通过获取更全面、准确和透明的信息降低与个性化服务提供平台之间的信息不对称，从而作出最优决策。但不可忽视的是，个体的认知能力与认知资源是有限的，复杂的信息环境与信息线索增加了决策的难度，尤其是即时性决策会受到时间和认知资源的限制，隐私决策很大程度上受到情景因素的影响。个人信息的采集与利用均以授权为起点，授权对用户的隐私披露行为具有重要影响。企业收集使用用户信息数据时，向用户索取授权的时间及模式的不同会产生不同的效果。格拉赫（Gerlach，2019）的研究指出提前授权将会导致注册过程中流失客户，贝克（Beke，2018）的研究则表明即时授权索取权限的次数较多，在用户使用过程中请求授权可能会失去 15% 的客户。邹晓玫（2020）的研究发现，相较于概括授权，场景授权具有更高的安全性。已有关于授权的研究结论存在争议，由此，深入探讨隐私授权对用户隐私披露决策的影响变得至关重要。

7.1.2　理论背景

随着互联网的普及和移动应用的广泛使用，用户的个人信息和隐私数据成为重要的资源，用户隐私行为也成为学术研究的热点。首先，已有研究多从隐私侵犯、信息安全、服务过度等角度对用户的在线隐私行为进行研究，旨在理解用户在不同情境下的隐私披露意愿和决策过程。有学者从隐私侵犯角度出发，揭示了其对用户隐私披露意愿的负面影响；另外，从信息安全性视角发现，当平台未经允许擅自收集用户信息时，用户会表现出极高的隐私保护意识，甚至拒绝分享个人信息；针对服务过度现象的研究证实，推荐系统对用户兴趣的持续追踪会引发用户的反感情绪。其次，对隐私决策影响因素的研究主要集中于平台因素、个人感知因素、评估因素等。平台因素包括隐私政策、互动沟通、激励政策等；个人感知因素则涉及感知信息敏感度、感知价值、感知风险、感知信任等；评估因素则是指用户在作出隐私决策时对各种因素的综合考量。事实上用户的隐私决策是可塑的，很大程度上会受到个体的认知方式、特质、情境等影响，现有实证研究却忽略了人格特质、情境因素的作用，且对具体隐私授权情境及其应用场景鲜有关注。

7.2　研究问题

在数字时代，智能手机应用在人们的日常生活中扮演着重要角色，无论是生活、学习、社交还是娱乐，都充斥着智能应用的影子。许多应用在用户使用前需要获取各种权限，包括个人信息、位置、通讯录等，这些权限的获取往往涉及用户的隐私，用户在享受应用提供的便捷服务的同时承担着隐私泄露风险。本研究基于解释水平理论和调节定向理论，综合考虑授权情景和应用场景，采用行为实验与神经实验结合的方法，旨在从更客观的角度解释阶段授权和应用类型对用户隐私披露意愿的影响。本研究主要关注以下问题。

问题一：基于隐私计算和隐私关注理论下的消费者隐私披露意愿的神经机制，具体包括：

（1）在行为层面，收益感知和隐私关注如何影响用户的隐私披露意愿？风险感知与隐私关注如何影响用户的隐私披露意愿？这一过程又是如何进行的？

（2）在神经认知层面，在识别收益感知和风险感知时，用户如何分配注意力资源和认知资源？不同隐私关注水平的用户注意力资源和认知资源分配模式有何差异？

问题二：App等应用授权等对消费者隐私信息披露影响的内在神经机制，具体包括：

（1）在不同应用类型（享乐型与实用型）和阶段授权（场景前授权与场景中授权）的交互作用下，用户的隐私披露意愿将受到什么影响？即在享乐型应用场景下，场景前授权会比场景中授权具有更大的披露意愿吗？在实用型应用场景下，场景中授权会比场景前授权激发更大的披露意愿吗？

（2）不同调节定向的个体在不同条件下隐私披露决策行为是否存在差异？调节定向理论基于决策过程中个体的动机、关注点、决策方式及情感体验将个体分为促进定向型和预防定向型。促进定向型个体主要关注成长、提高和成就的需要，倾向于追求理想和抱负，在目标追求过程中更关注积极结果；相反，预防定向型个体主要关注稳定和安全，倾向于追究责任和义务，对安全需要、消极结果的相关信息更为敏感，在目标追求过程中，倾向于采用警惕—回避的方式努力避免消极结果的出现。因此，本研究将引入调节定向这一个人特质，旨在验证其在不同阶段授权和应用类型下对隐私决策的调节作用。通过收集和分析不同调节定向个体的隐私决策数据，更深入地了解这一人格特质如何影响个体的隐私披露意愿和行为。

（3）探究用户隐私决策过程中的深层反应，并深入挖掘其在神经生理层面的相关证据。本研究旨在通过神经科学实验手段观察用户在面临隐私披露决策时的大脑活动模式，揭示用户在隐私决策过程中的认知加工过程、情感反应及可能的冲突和权衡。通过对比不同应用类型、阶段授权和个人特质下的神经生理数据分析这些因素如何影响用户的隐私决策过程。

7.3 研究意义

7.3.1 理论意义

（1）对于问题一的研究，厘清了隐私计算过程中收益感知和风险感知影响隐私披露意愿的内在逻辑路径，在一定程度上解决了目前普遍认可的隐私计算理论中关于隐私计算过程的模糊不清的问题，同时揭示了二者在隐私计算过程中充当的角色、相对地位和相互作用逻辑。同时，本研究将用户的个人特征——隐私关注水平纳入研究考虑，研究个人特征和外部刺激如何共同影响用户的隐私披露意愿的产生。从已有研究来看，目前综合隐私关注和隐私计算的研究仍然较少，致使学者们很难解释二者如何共同影响用户隐私披露决策。

（2）对于问题二的研究，从解释水平理论视角出发，考虑到不同应用类型场景的影响，通过分析场景前授权与场景中授权在不同应用类型中的差异性，探讨阶段授权与应用类型交互效应的作用机制，为理解和预测用户在不同隐私授权场景中的决策行为提供了新的视角，丰富了解释水平理论在隐私决策领域的应用，扩展了基于情景的隐私偏好研究。同时，在研究模型中纳入调节定向这一个人特质，综合考虑个人特质和情景因素的交互作用对用户隐私披露意愿的影响。个体作为决策主体，其个体差异在决策中起着重要作用。调节定向理论指出不同个体的调节定向会影响其对风险和收益的评估，进而影响决策结果。预防定向型个体倾向于避免潜在的损失，而促进定向型个体则更注重追求收益。两种定向型个体在面对相同情景的隐私决策时会做出截然不同的选择，预防定向型个体倾向于在实用型应用中接受场景中授权方式，促进定向型个体倾向于在享乐型应用中接受场景前授权。这一研究结论有助于隐私政策制定者和 App 开发者更好地理解用户需求，在保护用户隐私的同时有效利用用户数据，实现商业价值与用户利益的双赢。

7.3.2 现实意义

在数据驱动时代背景下，数据如同企业的金矿，如何在合规地收集和利用用户隐私数据的同时赢得用户的信任与满意，已成为企业面临的一项至关重要的挑战。随着用户对隐私信息安全的重视程度的增加，平台要更加平衡个性化服务的力度和用户的隐私担忧问题。本研究从个性化服务的属性和用户的个人特征入手，探索了用户作出隐私披露决策的认知过程，为更好地促进用户合理披露隐私和保证用户黏性提出了合理、科学和可操作的建议。同时，企业应采取更加灵活的授权策略来收集顾客信息以规避潜在的负面影响。本研究对企业选择恰当的隐私授权方式具有一定指导意义。企业在请求隐私授权时，除了考虑请求权限的合理性、相关性、敏感度外，还应注意针对不同类型的应用采取恰当的授权方式。例如，针对享乐型应用，开发者可以考虑在场景前授权阶段提供详细、透明的隐私政策，以增加用户的信任感和披露意愿；而对于实用型应用，开发者可以在场景中授权阶段提供便捷、高效的隐私设置选项，以满足用户对便利性的需求。灵活的隐私授权策略不仅能够有效提升个性化推荐服务的有效性和用户接受度，还可以与用户建立信赖关系，增强用户黏性，提升企业竞争力。

7.4 研究方法

本章采用理论研究和实证分析相结合的方法探讨了隐私计算和隐私关注如何对用户的隐私披露意愿产生影响，具体的研究方法包括以下几种。

7.4.1 问题提出

运用 web of science、中国知网等论文数据库检索相关的文献论文，关键词包含"隐私计算""收益感知""风险感知""隐私关注""态度元认知""事件相关电位""双路径模型""P2""N2"等，并进行阅读、归纳分类和总结。在查阅高质量学术期刊及学位论文的基础上，归纳总结出国内外现有文献的突出研究成果和研究进展，为后续的研究奠定基础。

7.4.2　研究调查方法

（1）问卷调查法。向目标受试群体发放量表，测量目标群体的隐私关注水平，控制不同隐私关注水平的被试保持显著差异。

（2）实验方法。结合行为实验和事件相关电位实验，模拟用户使用 App 过程中所遇到的个性化服务所需权限授予场景，最大程度地还原被试作出隐私披露决策的过程。

（3）数据分析法。利用 SPSS 软件对所得数据进行方差分析，验证假设成立情况。

7.5　理论基础

7.5.1　隐私悖论的相关研究

7.5.1.1　隐私悖论的界定

在已有研究中，学者们从不同视角对"隐私"做出了定义。史密斯等（Smith et al.，2011）从价值视角对隐私做出了定义，认为隐私是一种权利或商品，个体可以对其进行控制和处置。洪和佟（Hong & Thong，2013）、洪等（2021）认为隐私是"个人对自己信息以何种方式，在何时何地公开、分享和扩散给他人的控制能力"。从道德、法律和社会等多个层面来看，在数字经济时代，企业对用户隐私信息的需求与日俱增，隐私问题成为一个重要的问题（Caudill & Murphy，2000；Culnan & Williams，2009）。企业所索取的大多数应用于营销目的的个人隐私信息包括五类，分别为人口统计学特征、生活方式特征、购买习惯、财务信息和个人识别信息（Phelps et al.，2000）。该研究指出，消费者对不同类型信息的关注程度有所不同，消费者一般较为愿意向企业提供人口统计学特征和生活方式特征，对其余信息的关注程度则较高，很少愿意进行披露（Phelps et al.，2000）。

隐私悖论（Privacy Paradox）是指个体在态度上表现出对隐私信息的关注和对隐私泄露的担忧，但出于种种原因，在行为上表现出将自身隐私进行披露的矛盾现象（Zhu et al.，2021；李宝库和郭婷婷，2018；Mohammed & Tejay，2021；孙锐和罗映宇，2021）。隐私悖论的研究最早出现在医学领域，研究人员为了发表一篇论文，需要公开实验中所用到的数据。当研究人员请求患者允许其使用病患的临床病例材料时，遭到了患者不希望自身隐私信息公之于众的强烈抵制，但是当研究人员给出一份权威的解释时，患者们的态度发生了变化，他们很快就同意了公开隐私信息的请求（罗映宇等，2020；孙锐和罗映宇，2021；谢卫红等，2018）。研究人员对此现象解释为，当信息索取者给出合理的解释或个体对信息索取者存在信任时，个体可能会做出一些看起来不太合理的行为，如暴露隐私（Furlong，1998）。

隐私悖论在营销学和消费者行为学中得到关注源自一项关于用户对优惠卡使用的研究。史密斯和斯帕克斯（Smith & Sparks，2003）在对消费者的访谈中发现，尽管消费者对其隐私信息被收集一事表现出担忧，但是他们为了获得消费优惠卡仍然披露了自身隐私信息。同一时期的许多研究也发现了类似的现象。比如，布朗－奇德西等（Brown－Chidsey et al.，2001）先让消费者自述了自己对于隐私披露的态度，随后通过一系列操控观察消费者对于隐私信息的态度。研究发现，即使消费者表达出对自身隐私信息的强烈关注，但是在面对收益时，即使有些信息是高度保密的，消费者仍然选择披露自身的隐私信息换取收益。早期的研究虽然注意到了消费者这一反常行为，但并未对此进行深入研究。

随着越来越多的研究者们发现这一态度与行为的不一致现象，研究者们开始尝试引入理论对这一现象进行解释。阿克奎斯蒂和格罗斯克拉格斯（Acquisti & Grossklags，2004）将有限理性理论方面的研究发现融入自己的研究之中，建立了"即时满足"的行为经济学模型。他们认为，相对于未来的风险，人们更加注意眼前的收益。因此，人们不会因为对未来的收益不明确而采取严格的隐私保护措施。随后，阿克奎斯蒂和格罗斯克拉格斯（2005）又引入了不完全信息、有限理性和心理偏见理论进行了一项实证研究，丰富了对这一现象的研究视角。巴恩斯（Barnes，2006）首次提出了隐私悖论这一名词解释个体对于隐私披露态度和行为不一致的现象，他用"Privacy Paradox"来形容社交网站中年轻人既担心隐私披露带来的风险，又渴望通过披露隐私建立良好形象的矛盾心理。之后，诺伯格等（Norberg et al.，2007）研究发现，人们对于保护自身隐私信息安全并不上心，反而常常主动披露自身隐私信息。他们还对隐私政策进行了初步讨论，探讨了在不可避免的隐私风险下，社会、政府部门和人们如何应对。更多的学者则聚焦于隐私关注（Privacy Concerns）与隐私披露之间的联系，以此来探讨隐私悖论。

近年来，我国学者对国内外隐私悖论研究做出了汇总，并将隐私悖论的研究理论和方法进行了分类，分别为隐私计算理论、有限理性理论、社会理论、解释水平理论，其中隐私计算理论是使用最广泛和认可度最高的理论（罗映宇等，2020；谢卫红等，2018）。

7.5.1.2　隐私披露行为的界定

学者们一般认为，隐私披露是指，用户为了获取企业或平台所提供的产品或服务，提升自身的消费体验，按照企业或平台的信息收集需求，主动将隐私信息提交给企业或平台的行为。学者们认为，国内用户的隐私披露行为一般包括对浏览记录、喜好、个人信息、财务信息等数据的披露。研究表明，影响隐私披露的因素范围较广，涉及隐私关注水平、信息敏感度、性别、受教育程度、社会地位等因素。从学术研究视角来看，学者们一般用隐私计算理论、隐私关注理论、解释水平理论等对用户们所做出的隐私披露行为进行解释，探究用户们做出隐私披露行为的内在机制。

7.5.1.3　隐私悖论研究进展

学者们大多采用实证研究，基于态度和行为，通过问卷、访谈等方法研究隐私悖论的成因。隐私态度是指，个体对自身隐私信息被他人收集、保存和使用中一系列风险的感知和意识，是个体在特定情境下的主观感受（刘婷和邓胜利，2018），包括对隐私信息的非法收集、错误使用、不当保存等风险的感知和对隐私政策、隐私披露程度的关注。隐私行为是指，个体经过谨慎思考，理性权衡潜在收益和潜在风险之后，作出的隐私披露决策。目前隐私悖论的研究主要集中于三个领域，分别是社交需要和自我呈现与个性化服务两个方面（刘婷和邓胜利，2018）。社交需要和自我呈现中的隐私悖论研究主要集中在2015 年之前，是较为早期的隐私悖论研究领域；个性化服务中的隐私悖论研究则是近年来主要关注的研究领域。本部分将从这两个方面对近 10 年来国内外隐私悖论的研究进展进行阐述。

（1）隐私悖论在社交需要和自我呈现中的研究进展。

自我呈现是指，个体为了建立或维护自己在他人心中的形象，为此而做出的努力，是个体自觉主动的印象控制过程（Goffman，1959）。在数字经济时代，以微信为代表的社交网络平台成为了生活中不可或缺的一部分，用户常常会在朋友圈等平台中发布自己的动态以维持自身的社交需求，塑造良好的个人形象（Chen & Marcus，2012）。为了满足社交需求，用户有时会忽视自身的隐私安全和隐私担忧（Barnes，2006；Seidman，2013；Taddicken，2014）。虽然一些用户在使用社交平台时表达了对隐私泄露的担忧，但是因为社交平台已经成为不可或缺的工具，他们还是会选择继续使用（Taddicken，2014；Chen & Marcus，2012）。戴巴廷等（Debatin et al.，2009）认为，像微信等社交媒体是当下社会中，用户与其他人进行沟通交流的必备工具，如果拒绝使用此类工具，则意味着用户被社会孤立，陷入社会性死亡的境地。用户在社交媒体上发布自己的生活状态，也浏览别人的生活状态，并进行相应的互动和交流，通过不断的隐私披露和信息沟通加强个体间的社会关系（McGee et al.，2013）。用户在使用社交网络的各种服务时也存在态度和行为之间的不一致。比如用户在使用位置信息服务时，分享位置信息可以保持和朋友的亲密互动，但也会导致自己的隐私信息被不法之徒获取，存在一定的风险（Lee & Rha，2016；Xu et al.，2011）。

（2）隐私悖论在个性化服务中的研究进展。

个性化服务是数字经济时代基于大数据和数据挖掘而产生的新型服务模式，其运转模式为，用户向个性化服务提供企业提供隐私信息，企业向用户提供用户隐私信息的个性化服务（曾伏娥等，2018）。个性化服务有效解决了信息过载和信息碎片化等问题，提高了服务质量、服务满意度和资源利用率，但是这一挖掘用户隐私信息的行为与用户的隐私态度有悖，从而导致了个性化服务中的隐私悖论。有研究表明，54%的用户会因为隐私问题而拒绝下载某些应用程序，30%的用户会删除过度索要隐私信息的应用程序（刘婷和邓胜利，2018）。产生这一现象的原因在于，用户认为自己隐私信息被企业收集、保存和使用之后，自己丧失了对隐私的控制权，同时自身的隐私信息安全得不到保障，容易被不法分子窃取和利用（Xu et al.，2011）。然而，在个性化服务使用过程中，学者们关于隐私关注和隐私披露之间的关系还没有统一的共识。部分学者认为，个性化服务使用过程中，隐私关注很少甚至根本不会对隐私披露决策产生影响（Lee & Yuan，2020；Liyanaarachchi，2021；李宝库和郭婷婷，2018；Pentina et al.，2016；Lee & Kwon，2015；Chen & Marcus，2012）。与之相反，另一部分学者则认为隐私关注对隐私披露决策会产生较大的影响，甚至会主导隐私披露决策（Zhu et al.，2021；Acquisti et al.，2020；Marwick & Hargittai，2019；Veltri & Ivchenko，2017；Li et al.，2017；Hallam & Zanella，2017；曾伏娥等，2018；郭飞鹏和琚春华，2018）。随着研究的深入，越来越多的研究表明，隐私关注能够对隐私披露产生一定的影响，尤其是在移动医疗应用中。研究表明，如果用户察觉到企业会滥用和不妥善保存他们的医疗信息或是其他隐私数据后，用户会撤销隐私授权并拒绝使用该服务（Zhu et al.，2021；Lee & Kwon，2015）。从已有研究中可以发现，目前研究还较多地集中于单一的隐私计算和隐私关注的角度，并未将二者联系起来进行研究。

（3）神经实验方法在隐私悖论研究中的应用。

由于传统实证方法的局限性，学者们无法深入分析个体在作出隐私披露决策过程中态度的变化和思考认知过程，因此一些学者开始借助于神经科学仪器，开展行为科学实验，记录和分析用户在作出隐私披露决策过程中的神经活动，以此解释隐私悖论的形成。比如，穆罕默德和泰杰（Mohammed & Tejay，2021）通过脑电记录仪（EEG）分析了用户隐私计算过程中大脑的活跃区域，将隐私计算分解为识别、认知、冲突和决策几部分，并找到了对应的大脑区域。孙锐和罗映宇（2021）基于解释水平理论，通过脑电记录仪探究了用户隐私决策时的神经活动，解释了隐私关注对隐私决策的影响。孙锐等（2022）基于态度元认知视角，通过脑电记录仪解释了隐私悖论的形成路径。因此，前人的研究为神经科学工具应用于隐私悖论研究的可行性做出了示范，证明了本书的合理性。

7.5.2　隐私披露的相关研究

7.5.2.1　隐私披露的内涵

隐私作为一个复杂且多面的概念，其定义随着社会和技术的发展而不断演变。隐私一词最早出现在法学领域，沃伦（Warren）将其定义为不受干涉的权利，强调了个人隐私不受外界侵扰的权利属性。然而，随着信息社会的发展，隐私的定义逐渐聚焦于个人信息的处理和传播。社会学家威斯汀（Westin）首次提出了"信息隐私"的概念，强调了个人有权自主决定其私人信息何时、以何种方式及在何种程度上被传播，突出了个人对信息流动的积极控制权。在后续的研究中，隐私的定义进一步发展到复杂的个人信息控制权，不仅涉及信息的披露和使用，还包括信息何时、何地及以何种方式被公开、分享和扩散。

隐私披露，即个体自愿向第三方（如企业、平台）提供个人信息的行为，这不仅关乎个人权益，也涉及商业利益和社会信任。一方面，消费者期望通过披露个人信息以获得更精准的服务，从而提升消费体验；另一方面，商家则期望通过收集用户隐私信息来优化产品和服务，实现经济收益，互利共赢的模式推动了隐私披露的发生。隐私披露的信息内容包含甚广，包括用户的身份信息、消费习惯、生活方式、人际关系等，用户通常更愿意分享一些较为表面的信息，而对于财务数据、购物记录和身份识别等敏感信息更加谨慎。

7.5.2.2　隐私披露意愿相关研究

隐私披露意愿研究的基础理论已经跨越了多个学科领域，包括心理学、社会学、信息系统、计算机科学、新闻传播学及法学等，为隐私披露研究提供了丰富的理论支撑和视角。其中较为经典的基础理论包括隐私计算理论、详尽可能性模型和计划行为理论等，也有研究采用沟通隐私管理理论、社会交换理论、APCO 理论、多维发展理论等解释用户隐私披露意愿或行为。

隐私计算理论是隐私披露意愿研究领域内的重要理论之一，其核心观点是用户在选择披露隐私信息前会理性地评估潜在成本和预期收益，只有当收益感知大于风险感知时，用户才愿意披露隐私。这里收益感知与风险感知的权衡不仅仅基于实际的经济收益，还包括个性化服务、安全保障及情绪体验等。然而这种基于完全理性人假设的隐私计算模型与现实人并不相符，个体通常会受认知偏差及启发式思维的影响，导致用户无法准确权衡隐私决策中的收益与风险以选择最优的决策。例如，一方面，情感式启发指出，人们在面对选择时会受到他们对特定事物情感上的喜爱或厌恶的驱动，可能高估喜爱事物的收益或厌恶事物的风险。另一方面，外部环境和情境因素，如隐私政策、社交压力、技术安全等也会对用户的隐私决策产生影响。

详尽可能性模型又被称为精细加工可能性模型，该模型强调个体会根据个人动机、信息重要性及信息加工时的涉入度，决定信息处理时选择需要付出较多认知努力的中心路径，还是付出较少努力的边缘路径。中心路径与个体的高动机和强大的思维能力相关，需要分配大量的认知资源，通过中心路径处理的信息往往对态度产生更强烈的影响。但是很多用户是认知的"吝啬鬼"，更可能选择通过边缘路径快速直观地处理不重要或者相对确定的信息，边缘路径对态度的影响通常较弱，且较为短暂。孙锐等（2022）将该模型与态度元认知理论结合研究了信息敏感度在用户隐私披露意愿中的重要地位。邦萨尔用它来解释隐私保证机制如何增强用户信任。

计划行为理论是由艾森于 1991 年提出的一个行为决策模型，该理论主张人的行为是由行为态度、主观规范和感知行为控制三个主要因素共同决定的。行为态度指个体对某一特定行为的正面或负面评价，当用户认为披露隐私会带来某种利益或好处时，更加倾向于披露隐私。主观规范是指个体在决策时受到的来自社会或群体的影响，当某个社交网站中的大多数用户都选择披露隐私时，这种行为就会形成一种隐形的行为规范，进而促进其他个体披露自己的隐私。感知行为控制是个体对自己能够成功执行某一行为的信念，它不仅与行为态度、主观规范共同影响实际行为，也可以直接影响实际行为。吴茜（2022）发现个人对信息的感知控制能力正向促进用户隐私披露意愿。

7.5.2.3　隐私披露意愿影响因素

隐私披露意愿的影响因素纷繁复杂，涉及多个层面和维度。根据现有文献，影响隐私披露意愿的因素大致可分为个体因素、平台因素和社会因素三类。

在个体因素中，性别是个体因素中最基本的差异。有些学者发现相较于男性，女性群体隐私信息披露意愿更强烈。也有学者提出不同的观点，臧国全等（2022）认为男性更希望通过社交网络来结识陌生人（尤其是异性）建立新的关系，相较于女性更愿意在社交网络中自我披露。而张（2017）的研究表明，男性和女性在个人信息披露意愿上没有显著差异，性别因素在隐私披露意愿的影响研究中存在争议。除了性别外，学历水平也是一个重要考量，高学历用户因其知识储备相较于低学历用户具有更强的隐私保护意识，隐私披露意愿相对较低。此外，个人的认知状态和心理特征也会影响隐私披露行为。具有社交意识的人更愿意分享个人信息以获取社交认可，并且社交经验越丰富，越愿意进行隐私披露。

平台是用户隐私信息的接收方和使用者，其数据处理的方式和信息安全保障措施，都直接关联着消费者的隐私披露意愿。有研究发现，当社交媒体平台实施激励措施时，用户往往会产生更高的隐私焦虑。当用户在平台上的点赞数过高时，平台通常会利用算法进行内容推送，使更多用户能够浏览到该内容，会引发用户对个人隐私保护的警觉，导致他们减少个人信息的披露行为。信任是个体的主观态度，当用户对平台产生较高的信任感时，他们更倾向于披露隐私信息。然而，平台在收集个人信息时的不透明性和算法运作的"黑箱"现象，会增加用户的隐私担忧，减少信息披露。

社会因素同样不容忽视。社会年龄较小的个体容易受到从众心理的影响进而产生隐私披露的倾向。安全的社交环境和隐私保护措施会增大人们的隐私披露意愿。

在隐私研究领域，关于隐私披露意愿的理论探索及影响因素的实证研究已经相当丰富。研究者们从多个角度出发，对影响隐私披露意愿的各类因素进行了深入探讨，但关于授权形式和应用类型对用户隐私披露意愿的影响的研究仍相对较少，本研究将探讨不同应用类型和不同授权形式下用户隐私披露意愿的差异。

7.5.3　隐私授权对隐私披露的影响相关研究

7.5.3.1　阶段授权的内涵

企业常借助相关信息与潜在客户进行沟通，这一沟通需求与用户的隐私保护相冲突，如何平衡企业沟通需求与用户隐私保护是企业面临的一大挑战。我国在 2021 年颁布的《中华人民共和国个人信息保护法》第十三、十四条中规定："处理个人信息应当取得个人同意"，这意味着，企业要想收集消费者的信息必须先向消费者请求授权。如果你认真回想，就会回忆起这样一个熟悉的场景，当我们在手机应用商店下载 App 时，或者下载完成进行安装时，或者在使用个性化服务、推荐、定位、拍照等功能时，App 就会弹出隐私权限请求窗口，只有选择同意才能继续享受应用提供的服务，这种权限请求可能是一个权限也可能是多个权限，可能有具体的使用解释，也可能没有。例如企业通过 GPS 获取用户的精确位置或者请求读取用户的通信信息。

多年来，互联网中的消费者隐私控制和授权一直是人们广泛讨论的议题。隐私授权被认为是一种心理建构，与个人对自己识别信息的分布和使用程度的感知密切相关。更广义的来说，隐私授权体现消费者对个人信息的敏感度及预防与信息使用相关的不期望结果的能力。已经有学者研究了授权信息的隐私信息敏感度及授权信息与平台所需信息的相关性等对消费者隐私信息披露的影响。然而，消费者的隐私决策是可塑的，具有情境性，是动态变化的，一些学者对授权形式按照时间或者情景划分，以探究不同授权模式在影响用户隐私披露上存在的差异。顾（2008）等从时间维度出发，将授权方式划分为下载时、安装时和运行时三个不同阶段。而巴莱巴科等（2013）在实验中采用了更为细致的时间划分，包括在应用商店中、启动时、使用期间和使用后四个阶段。潘定（2020）根据使用时间的不同，将授权方式划分为使用前授权与使用中授权两种。除了按时间划分，也有学者基于情景对授权进行分类，包括概括授权和场景授权。具体而言，概括授权是对个体信息进行集中授权，简化了授权流程；场景授权在具体使用场景下对相关信息进行授权，更为精确。如上所述，本研究聚焦于场景，结合时间变量和情景变量，应用在从下载、安装到使用中向用户请求权限的过程可以划分为两个阶段：第一个阶段是场景前授权阶段，主要发生在用户首次接触应用或服务时，这一阶段应用会向用户展示一系列与基本功能和服务相关的必要权限请求，确保后续功能的正常运行；第二个阶段是场景中授权，这一阶段则发生在用户实际使用应用或服务的具体场景中，用户会根据自己的需求和操作行为触发相应的权限请求，更具动态性。表 7-1 总结了两种阶段授权的差异。按照阶段进行授权方式划分，便于清晰地理解它们在用户与应用的交互过程中的作用和价值。本研究从消费者心理需求视角探索不同阶段授权方式对隐私偏好的影响，厘清隐私授权的内在机制，为企业的隐私策略和授权流程提供指导。

表 7 –1　　　　　　　　　　　场景前授权和场景中授权的区别

场景前授权	场景中授权
使用场景前	使用场景中
信息使用前授权	信息使用中授权
多个权限批量授权	一个权限单次授权
授权请求频次低	授权请求频次高
不易分散用户注意力	中断用户体验
高不确定性	低不确定性

注：本表由作者根据相关资料整理。

7.5.3.2　隐私授权与隐私披露

顾名思义，场景前授权发生在用户实际使用产品或服务的具体场景前，一般是在首次安装或启动应用程序时，更广泛的含义指用户未进行任何实质性操作之前，应用程序会向用户请求未来需要访问的敏感信息等一系列权限。场景前授权的优势在于它为用户提供了一个清晰的预览，有助于用户在安装或开始使用应用程序之前作出更明智的决策，在后续使用过程中不再频繁地向用户请求权限，提升应用使用流畅度。然而，由于场景前授权请求发生在具体使用场景之前，用户难以准确评估每个权限的实际需求和潜在风险，并且一次性请求多个授权可能激发用户的风险感知，加剧用户的不确定性感知，使得个体在进行隐私决策时面临困境，难以判断应该披露多少信息是合适的。

与场景前授权不同，场景中授权发生在用户实际使用产品或服务的具体场景中。由于有上下文情境，用户更容易理解为什么需要这些权限及它们如何影响自己的体验，可以提高用户的满意度和信任度。但是，频繁的权限请求可能会打断用户的使用流程，降低用户体验。

邦内等（Bonné et al.，2017）发现，每授权一次，消费者的数量就会减少10%，在具体的场景中请求授权会增加权限请求的频率，进而可能引发用户对风险的关注度，拒绝信息披露。

如上所述，在对授权方式的相关研究中，研究结论并不一致，每种授权方式都有其优势和短板。潘定（2020）同时考察了时间情境下授权时间与授权信息表达方式对隐私决策的影响发现，提前授权情境下损失框架授权信息会促进隐私披露，及时授权情境下收益框架会促进信息披露。而王永贵（2023）则考察了授权模式与信息敏感的交互作用，认为敏感度低的隐私适合概括授权模式，高敏感度信息采取场景授权模式效果更好。但影响消费者隐私披露意愿的情境因素还有很多，在消费领域中，消费者在不同消费情景表现出不同的偏好和动机，享乐和实用是两种尤为常见的类型，两者在产品特征和消费动机方面存在明显差异。同样地，在应用中也可以按照应用特征和使用动机将应用划分为享乐型应用和实用型应用。已有的隐私决策研究中对应用类型的研究较少，本研究将结合应用类型探究不同阶段授权对用户隐私披露的影响。

7.5.4　相关理论

7.5.4.1　隐私关注理论

（1）隐私关注的界定。

关于隐私关注（Privacy Concern），学者们大多基于人们的感知角度对其进行界定。在早期，隐私关注被定义为"人们对隐私是否受到了公正待遇的主观感知"（Smith et al.，1996）。在数字经济时代，学者们对隐私关注的研究逐渐增多。目前广为学者们接受的定义为：用户对企业收集、存储和使用个人隐私信息行为的忧虑，反映了个体对企业对待其个人隐私信息的期望和网站实际行动之间的感知差异（Hong et al.，2021）。目前，有两个广为接受的模型解释了隐私关注组成维度，分别为信息隐私关注模型（CFIP）和网络用户隐私关注模型（IUIPC）。

史密斯等（1996）提出了信息隐私关注模型，他们从企业行为的视角将用户的隐私关注概括为企业在收集、二次使用和不当访问方面导致的忧虑。收集维度是指，由于企业大量收集和存储用户的隐私信息，用户因为担心隐私而产生的担忧。错误维度是指对个人数据出现故意或偶然的错误时，企业不作为或少作为导致个人隐私信息泄露而产生的担忧。二次使用维度是指用户对企业将针对某个特定目的而收集的信息用作他用而产生的担忧。不当访问维度是指用户对隐私信息被未授权的人查看或使用的担忧。

马尔霍特拉等（Malhotra et al.，2004）提出了网络用户隐私关注模型，他们引入社会契约理论，将隐私关注分为收集、控制和知晓三个维度。该模型认为，收集维度是指用户认为企业收集的数据量和提供的收益不匹配而产生的担忧。控制维度是指用户对无法控制隐私信息如何被企业使用而产生的担忧。知晓维度是指用户对企业如何使用自己的隐私信息知晓程度不高而产生的担忧。

网络用户隐私关注模型在简洁性和适用性上具有优势，得到了广泛的应用。我国学者也对这两个模型进行了比较，发现网络用户隐私关注模型量表更适合测量我国用户在数字经济时代对隐私的关注程度（谢毅等，2020），二者的比较如表 7－2 所示。

表 7－2　　　信息隐私关注模型和网络用户隐私关注模型的对比

模型名称	研究者	测量维度	维度含义
信息隐私关注模型（CFIP）	Smith 等	收集	用户对个人隐私信息被企业收集、存储和使用而产生的担忧
		错误	用户对企业不作为或少作为而导致个人隐私信息泄露而产生的担忧

续表

模型名称	研究者	测量维度	维度含义
信息隐私关注模型（CFIP）	Smith 等	二次使用	用户对企业将出于某个特定目的而收集的信息用作他用而产生的担忧
		不当访问	用户对其个人隐私信息被未经授权的人查看或使用的担忧
网络用户隐私关注模型（IUIPC）	Malhotra 等	收集	用户认为企业收集的数据量和提供的收益不匹配而产生的担忧
		控制	用户在现有条件下对自己隐私信息如何被企业使用控制权不足而产生的担忧
		知晓	用户对企业如何使用自己的隐私信息知晓程度不高而产生的担忧

注：本表是作者根据相关文献整理。

（2）影响隐私关注的因素。

研究发现，影响隐私关注的因素较多，大致可分为用户的人口统计学特征、用户的心理特征、用户的经历和体验（谢毅等，2020）。有研究提出，用户的隐私关注水平会受到性别、年龄和收入水平等因素的影响（Benamati et al.，2017）。比如女性的隐私关注水平相对更高（Benamati et al.，2017），年长的人的隐私关注水平更高，高收入用户的隐私关注水平更高，受教育程度较高的用户的隐私关注水平更高（Miltgen & Peyrat – Guillard，2014）。

用户的心理特征包括个性特质和文化背景两个方面。有研究发现，情绪不稳定性、宜人性特质的用户的隐私关注水平更高，聪慧性特质用户的隐私关注水平更低，其余人格特质的用户则并没有表现出显著的差异（Bansal et al.，2010；Bansal et al.，2016）。还有研究发现，文化背景同样对隐私关注水平存在影响。例如，个人/集体主义和 IUIPC 量表中的错误维度存在负相关关系，而男性/女性主义与 IUIPC 量表中的错误维度之间则存在正相关关系；不确定性规避与 IUIPC 量表中的收集维度之间存在负相关关系（Bellman et al.，2004）。

用户的经历和体验同样会对其隐私关注水平产生影响，负面的体验能够提高其隐私关注水平（Phelps et al.，2000；Miltgen & Peyrat - Guillard，2014；Mosteller & Poddar，2017），如经历了隐私泄露的用户会更加关注自身的隐私。一些关于互联网的信念也会对隐私关注水平产生影响，如丰富的互联网知识会降低隐私关注水平。对信息透明度和对隐私控制权的需求会提高隐私关注水平（Hong et al.，2021；Awad & Krishnan，2006），企业提高信息透明度和隐私控制程度有助于降低用户的隐私关注水平，而频繁索要用户隐私信息则会显著提高用户的隐私关注水平（Wright & Xie，2019）。

（3）隐私关注对用户隐私行为的影响。

有研究发现，隐私关注能够提升用户的风险信念（Malhotra et al.，2004；Miltgen et al.，2016），削弱他们对企业的信任感（Sheehan & Hoy，2000；Bansal et al.，2016；Miltgen et al.，2016）和公平性感知（Krishen et al.，2017）。增强其风险感知程度。然而，也有一些学者持不同看法，他们认为用户对企业的信任感不是隐私关注所产生的结果，而是隐私关注的前提，并不能够对隐私披露意愿产生影响（Mothersbaugh et al.，2012；Miltgen et al.，2016；Bansal et al.，2016）。还有一些学者认为，信任和隐私关注之间不存在相关关系，二者对隐私披露的作用过程相互独立，互不影响（Dinev & Hart，2006；Wright & Xie，2019；Lwin et al.，2016）。

从用户的行为来看，隐私关注的最直接结果是降低用户的隐私披露意愿，增加用户的隐私保护行为（Janakiraman et al.，2018；Phelps et al.，2000；Mothersbaugh et al.，2012；Bansal et al.，2016）。同时，隐私关注还会对用户产品或服务购买意愿（杨姝等 2008；Zhou，2017）、产品服务使用率（Park et al.，2015）、广告排斥（Krafft et al.，2017）、风险应对行为（Youn，2009）、购物效率（Hoehle et al.，

2019）和溢价支付（Tsai et al.，2011）等方面产生影响。

7.5.4.2　隐私计算理论

隐私计算理论是隐私悖论研究领域最常用的解释模型。该理论认为，用户会对决策对象的潜在收益和可能遭受的风险进行衡量，当获得的收益大于风险带来的损失时，用户会选择披露隐私获取收益（Lee & Yuan，2020；Acquisti et al.，2020；Lee & Rha，2016）。该理论强调用户会理性地追求最大化收益，选择最大的收益。当用户决策是否披露隐私时，出于对收益的关注，用户会弱化隐私风险所带来的损失，淡化隐私关注，从而产生了隐私悖论这一现象（高山川和王心怡，2019；李宝库和郭婷婷，2018；曾伏娥等，2018；郭飞鹏和琚春华，2018）。

随着研究的发展，隐私计算理论逐渐发展为两个有所区别的研究范式，包括基于完全理性的隐私计算和基于认知偏差的隐私计算。基于完全理性的隐私计算是早期研究中采用的研究范式，基于认知偏差的隐私计算理论则为目前常用的研究范式，二者的内涵如表7-3所示。

表7-3　　　　　　　　　　隐私计算理论的内涵

研究视角	相关理论	代表观点
基于完全理性	资源交换	个体对目标的收益和可能风险结果进行衡量，旨在实现利益最大化和风险最小化
基于认知偏差	启发式	个体会低估某些事项的威胁，同时会高估某些事项的威胁
	即时满足	个体通常选择能够在短期内就能获得的收益，面对即刻的收益，个体乐于披露隐私换取收益
	乐观偏见	个体会低估自己遭遇风险的可能性，同时会高估他人遭遇风险的可能性
	控制错觉	个体可能会错误认为自己能够控制某些东西

完全理性视角主要基于"理性人"假设。理论认为，个体理性的

追求收益最大化，决策时会理性衡量目标收益和潜在风险，并在进行收益—风险权衡后采取行动。感知收益包括经济效益和个性化等因素对个体带来的经济价值或情绪体验（Wilson & Valacich，2012；Debatin et al.，2009；Eastin et al.，2016）。感知风险包括隐私侵犯和网络暴力等负面因素对个体带来经济损失或情感胁迫（Martin，2015；Markus，2015）。

认知偏差视角主要基于有限理性假设。理论认为，个体的思想和行为受到经验、潜意识和环境等因素的影响，决策时会产生个体意识不到却能影响行为的认知偏差，包括启发式、即时满足、乐观偏见和控制错觉。

（1）启发式。启发式是一条经验法则，个体基于自己经验、知识和直觉做出快速判断（Tversky & Kahneman，1974），包括可获得性启发式、情感性启发式、利益启发式和模糊边界启发式。可获得性启发式认为，易于想起的事件更有价值，人们会高估常见事项的价值（Howley，2010）。情感性启发式认为，人们基于他们的情感印象进行判断，对于喜爱的事物，个体通常会低估其潜在的风险和高估其带来的收益；对于厌恶的事物，个体通常会高估其潜在的风险，低估其带来的收益（Wakefield，2013）。模糊边界启发式和利益启发式恰好相反，模糊边界启发式不太可能披露个人信息，而利益启发式则倾向于披露更多的个人信息（Massara et al.，2021）。

（2）即时满足。即时满足是指人们倾向于立即获取可获得即时收益而忽视了未来风险这一选择（Acquisti & Grossklags，2005；Acquisti & Grossklags，2004）。人们在决策时，为了获取眼前的收益，人们倾向于淡化对风险的认知（Deuker，2009）。在隐私计算中，个体通常认为隐私披露所获收益大于未来潜在的风险，此时个体通常表现出较低的隐私担忧，较少采用隐私保护措施。

（3）乐观偏见。乐观偏见认为，个体会低估自身遭遇隐私风险的可能性，高估他人遭遇隐私风险的可能性（Tversky & Kahneman，1974）。研究发现，乐观偏见会降低风险感知，从而导致个体淡化甚至忽视隐私披露潜在的风险，更多地披露隐私信息；此外，乐观偏见还会促使个体低估风险发生概率、高估带来的好处，最终导致披露更多的隐私信息（Flender & Müller，2012）。

（4）控制错觉。控制错觉是指人们会高估自己对事情的控制程度（Waldman，2019）。研究表明，当个体认为隐私安全可控时，其更加倾向于披露自身隐私（Song et al.，2016；Christin et al.，2013）；但是当个体感知隐私安全不可控时，个体将不愿意披露自己的隐私信息。

7.5.4.3　态度元认知理论

元认知（Meta-Cognition）是个体对自己心理和认知活动的认知，是个体对自己活动的自我意识、调节和监控（Fleur et al.，2021；姜英杰，2007；汪玲和郭德俊，2000）。这一概念首次出现在弗拉维尔（1979）研究中，其认为元认知由四个认知成分构成，分别是元认知知识、元认知体验、元认知目的和元认知行为。后续研究进一步推动了元认知的发展，逐渐发展为一个共识，即元认知包含元认知知识、元认知体验和元认知监控三个部分（李锋盈等，2017；Alter & Oppenheimer，2009；Alter et al.，2007）。目前，各研究领域已经逐渐将元认知纳入认知范围，比如心理学、教育学等。

态度对认知和行为有着重要的影响，能够改变个体的认知和行为（Marquart & Naderer，2016）。然而，并非所有的态度都会对人们的行为产生影响，比如一些态度很容易受到外界的影响，很难影响人们的行为。态度的强度越强，持续的时间越长，就越能抵抗外界的影响，就越能影响人们的行为（Briñol & Petty，2015）。学者们提出了多种指标衡量态度的强度，其中态度元认知被视为衡量态度强度的重要维度（Luttrell et al.，2016b）。态度元认知是指个体对自己所持态度的主观判断或信念，如态度是否端正，是否重要等的判断（Briñol & Petty，2012；Briñol & Petty，2015）。态度的元认知可以调节态度影响认知和行为的程度，包括态度重要性和态度确定性（Luttrell et al.，2016a）。

态度重要性是指个体对自己所持态度的重要程度的认知，与个人利益、社会认同和价值卷入有关（Petty，2006；Petty et al.，2007）。态度重要性能够调节态度元认知各成分之间的关系，影响着个体态度的表达。当个体察觉态度源与自身利益或社会认同相关时，该对象对个体的重要程度会升高，即当态度对象影响到个体利益时，该对象对个体来说比较重要（Visser & Holbrook，2012）。此外，涉及价值观等问题时，态度对象对个体重要性也会提升（Visser & Holbrook，2012）。态度重要性能够调节个体被说服的程度，态度重要性越高，个体对外界说服的抵抗程度越高，态度也就能够持续地影响个体认知和行为（孙锐等，2022）。

态度确定性是衡量个体对其所持态度的信心程度的指标（Tormala et al.，2006）。态度的确定性越高，个体的态度越稳固，越能抵抗外界的说服，从而增加态度和行为的一致性（Tormala，2016）。态度确定性的影响因素较多，如经历、态度来源或个体认知的加工程度。研究表明，基于直接来源信息所形成的态度，其确定性大于基于间接信息形成的态度（Smith et al.，2008）。此外，形成态度所需的信息量越大、信息结构越复杂，信息处理的时间越长、处理越精确，个体所形成的态度确定性就越强（Smith et al.，2008）。最后，态度表达的次数、成功抵抗说服的次数也会影响态度确定性（Holl et al.，2003）。

7.5.4.4　解释水平理论

解释水平理论是关注人们对现实世界认知处理方式的一种心理理论，该理论的核心内容是心理距离（时间距离、空间距离、社会距离、假设性）对解释水平及个体行为的影响。解释水平描述的是人们对认知客体的心理表征的抽象水平，高解释水平个体倾向于以抽象的方式思考问题，关注事件的意义、目标和可能的结果，而低解释水平个体则倾向于以具体的、细节化的方式处理信息。其中，时间距离是指以当前时刻为基准，个体对于事件发生时间远近的主观感受；空间距离指个体对事件在空间上发生远近程度的认知；社会距离指以自我为衡量尺度，个体对他人与自身差异程度的主观评价；而假设性则是以现实状态为基础，个体对事件可能发生的概率进行的感知判断。解释水平与个体对事件的心理距离感知密切相关，人们倾向于对那些发生在未来、发生在远处、发生在他人身上、发生概率小的事件采用高解释水平；对发生在现在、发生在近处、发生在自己身上、发生概率大的事件采用低解释水平。

心理距离不是单向影响解释水平，两者是相互作用的关系，心理距离的远近会触发不同层次的解释水平，而高层次的解释又进一步加深了个体与事物之间的心理距离。一方面，随着心理距离的变化，个体对事物的解释水平也会做出相应调整，进而直接影响个体的判断和评估等认知活动。另一方面，不仅心理距离影响解释水平，解释水平也会反过来影响人们对与事物之间心理距离的感受。研究指出，时间、空间、社会和假设性任一维度距离的变化均会对解释水平产生影响，而这种解释水平反过来又会指导个体的预测、评估和行为决策。一般来说，高解释水平有助于扩宽个体的心理视野，人们得以关注较为长远的目标；而解释水平较低则会使个体收缩自己的心理视野，关注眼前的、具体的需求。

（1）解释水平理论与消费者行为。

解释水平理论在营销及消费者行为研究中的应用广泛而深入，对消费者知觉、态度评价及选择等多个方面均有所涉猎。在消费者知觉层面，研究者发现解释水平的高低直接影响消费者对信息属性的感知。当解释水平较低时，消费者更容易受到与"损失"相关的信息的影响；

而在高解释水平状态下，有关"收益"的信息则更能打动消费者。在消费者态度评价方面，远时间距离的消费者倾向于选择强调产品主要属性的选项，而近时间距离的消费者则更偏爱强调次要属性的产品。自我损耗等心理状态也会降低消费者的解释水平，进而增加其冲动购买的可能性。社会距离的影响也备受学者关注，杨颖（2022）的研究表明，社会距离可以激发不同解释水平的心理表征方式，并与口碑形成"解释水平匹配效应"影响用户购买意愿。个体在微博、知乎等社会距离远的"陌生"平台上更偏好文字等高解释水平评论，在朋友圈等"熟人"平台中，感知社会距离较近，偏好图片等低解释水平评论。在消费者选择方面，心理距离远的被试倾向于认为价格高的产品往往具备更好的质量，心理距离近的被试则更多地关注价格的实际支付成本，将价格感知视为一种经济负担。同时，不同解释水平的消费者在面对实用和享乐产品时，对产品可比属性的关注也会有所不同。值得一提的是，在二手交易领域，扩大消费者与二手商品个人所有者之间的心理距离也被证实是提升购买意愿的有效策略。

（2）解释水平理论与隐私披露。

除了营销和消费领域，近年来，解释水平理论已经被广泛应用于解释隐私行为和相关决策。班达拉（2017）将隐私行为定义为一个受心理距离影响的决策过程，会影响个体对隐私信息披露的成本效益分析。哈勒姆（2017）研究发现随着用户对隐私风险和隐私收益的心理距离感知不同，用户表征的解释水平不同，两者对隐私披露的影响效果也不同。根据解释水平理论，隐私关注的心理距离感知较远，在用户心里处于高解释水平，用户对这些隐私关注进行抽象和概括的理解，主要影响用户的远期披露意愿；而感知收益通常是具体的、即时的，低解释水平的即时感知收益主要影响用户的近期披露意愿，近期与远期意愿对行为的影响差异造成用户的披露意愿与披露行为之间的差异，也就是常说的隐私悖论。柳薇（2021）的研究也证明了这一点，感知风险作为一种远心理距离事件，处于高解释水平，这种高解释水平心理表征对于远期决策来说更具价值，因此感知风险对远期披露意愿具有显著的负向影响，然而对近期披露意愿的影响却并不明显。尽管大部分消费者可能担忧个人隐私的泄露，但当他们感受到高心理距离时，可能并不会立即采取防御行动。班达拉（2020）又深入探讨了高解释性和心理疏远的价值是如何受到低解释性、即时和近距离价值的干扰和破坏。

7.5.4.5　调节定向理论

希金斯（Higgins）首次在 1997 年提出调节定向这一概念，将其分为促进定向和预防定向两类，二者在个体心理过程中具有不同的表现方式和倾向性。促进定向的个体倾向于关注过程中的积极因素，以及目标的最终完成情况，更关心结果是否会有收益，并在追求目标时展现出强烈的进取心和收益导向。此类个体多采用趋近或热切策略，愿意为了获得更大的收益而承担风险。相反，预防定向的个体则更加关注过程中的消极因素和目标的安全性，往往将个人的安全需求置于首位，决策时进行周密的考虑和权衡，最大程度减少潜在的风险。预防定向个体在行动时更为谨慎，倾向于采用警惕或回避策略，甚至在必要时放弃更大的收益以避免潜在的损失。

此外，调节定向还可分为特质性和情境性两种。特质性调节定向是指个体内在的稳定倾向，反映了个体一贯的动机和行为风格，这种个人特质是相对稳定的，可以通过心理量表等测量工具进行评估。情境性调节定向则是指在特定情境下，个体为了应对特定挑战或需求而采取的暂时性策略选择。与特质性调节定向不同，情境性调节定向更加灵活多变，可以根据外部条件的变化进行调整。个体的应对方式受到多种外部条件的制约，会使不同调节定向类型的个体展现出不同的应对方式。促进定向型个体对积极结果保持着高度的敏感性，渴望进步和收益，不断寻求新的机会和挑战，一旦感知到可能带来收益的机会，便会迅速采取行动。相比之下，预防定向型个体更加关注可能产生消极结果的因素，对风险较为警觉，会尽可能避免冒险，减少损失。

（1）调节定向与消费决策。

调节定向作为一种普遍的动机原则，在个体的认知评估、决策权衡和行为策略中发挥着重要作用。自提出以来，调节定向理论已成为解释人类行为意图、情感态度和决策动机的重要工具，并被广泛应用于心理学、营销学等多个学科领域。

在探讨调节定向对信息检索的影响作用时，学者们发现调节定向表现出一种"过滤器"的效应，影响着个体对信息的筛选和关注，导致不同定向类型的个体在信息检索过程中表现出对与自身定向类型相契合的产品信息和属性的强烈关注。具体而言，促进定向型个体更加倾向于全局搜索，会基于选项与代替方案对产品进行全面评估，而预防定向型个体则更加偏向于局部搜索，专注于产品的具体属性。这种检索方式的差异在促销活动中尤为明显，例如，相较于预防定向型个体而言，促进定向型个体往往会在购物车中放置更多产品。此外，还有营销领域的研究表明，产品评价信息能够激发不同类型个体产生不同的思维认知模式，而这种思维模式的差异进一步影响个体对产品有用性和独特性的感知，最终影响其消费决策。具体来说，促进定向型个体倾向于选择能够带来新颖体验和潜在增长机会的产品，而预防定向型个体则会选择那些经过验证、风险较小的产品。

（2）调节定向与隐私披露。

近年来，随着信息网络技术的快速发展，调节定向理论开始被应用到用户的社交媒体使用和隐私保护行为研究中。一般而言，相较于预防定向型用户，促进定向型用户在个人信息保护方面表现出更强的意识，他们倾向于主动采取措施来保护自己的隐私。这是因为促进定向型个体更多依赖于独立型自我建构，倾向于采取主动的策略来维护自己的利益；而预防定向型个体则更多依赖于依存型自我建构，关注人际关系，愿意通过让渡部分个人隐私以获取人际交往的扩展。然而，当隐私侵犯达到极其严重的程度时，两种调节定向的个体行为会发生改变。预防定向用户在面临极度严重的隐私侵犯时，对潜在的负面后果更为敏感，可能更加警觉并采取积极的措施来保护自己的隐私。也有学者提出了不同的看法，沈旺等（2020）将结交好友视为通过社交网络而获取到的社会资本，是获取利益和积极结果的一种表征形式，促进定向的用户愿意为了获取这种利益而选择披露自己的个人信息；然而对于预防定向的用户而言，通过逃避社交和拒绝隐私披露可以避免负面结果的出现，从而满足其安全需要。因此在社交网络上，促进定向型个体具有更强的近期披露信息意愿，且愿意通过披露更多的个人信息换取更多的社交支持和认同感；相比之下，预防定向型个体在社交媒体上的信息披露行为更为审慎，更倾向于选择性地分享信息或保持一定的隐私设置。

随着数字化时代的迅猛发展，隐私信息在消费活动中的重要性日益凸显。有关用户个人因素如何影响隐私相关行为和意愿的研究层出不穷，特别是调节定向理论在隐私披露领域的研究已经取得了丰富的成果。本研究旨在结合调节定向理论探讨稳定调节定向的个体在授权和应用类型作用于用户隐私披露过程中存在什么差异化影响。

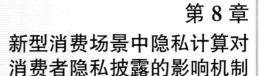

第 8 章
新型消费场景中隐私计算对消费者隐私披露的影响机制

在数字化浪潮下，新型消费场景不断涌现，新型消费场景深度融合了大数据、人工智能等先进技术，为消费者带来前所未有的便捷体验。然而，伴随而来的隐私泄露风险也日益凸显，成为制约消费健康发展的关键因素。本章聚焦于新型消费场景中隐私计算对消费者隐私披露的影响机制，旨在深入探讨隐私计算技术如何作为一把"双刃剑"，在保护消费者隐私与促进数据合理利用之间寻找平衡点。从个人对隐私信息披露的风险感知和收益感知角度出发衡量隐私计算对消费者隐私披露行为的具体影响路径，本章力求为构建安全可信的新型消费生态提供理论支撑与实践指导。

8.1 研究假设与理论模型

8.1.1 研究假设

8.1.1.1 行为假设

（1）隐私计算对隐私披露意愿影响。

在数字经济时代的今天，各大互联网公司所推出的 App 应用提供的个性化服务是基于大数据对用户进行画像建模的基础上得到的，这一服务需要得到用户的个人隐私信息。对用户而言，个人隐私信息分为敏感信息和不敏感信息。敏感信息一般包括财务收入、身体健康程度、聊天记录等，不敏感信息一般包括受教育程度、地理位置、家庭住址等（孙锐等，2022；朱慧等，2013）。在进行隐私披露决策时，个体会对不同敏感程度的隐私信息产生不同的风险感知，从而对决策产生不同程度的影响。有学者研究表明，与敏感度较低的隐私信息相比，披露敏感度较高的隐私信息时，用户会产生更高的隐私泄露担忧，即当 App 请求用户授权披露的信息越敏感，用户所产生的风险感知越高（Mohammed & Tejay，2021；Hong et al.，2021；孙锐和罗映宇，2021；Lee and Yuan，2020）。有研究指出，在面对较高风险时，个体会倾向于回避风险，对风险做出抵制或对冲行为（Kahneman and Tversky，1979）。本章认为，当面对敏感信息授权带来的风险感知时，用户会根据风险感知程度作出接受或回避风险的决策。

收益感知是指个体对不同刺激源特征和价值的主观判断，受到个体经历、情绪等因素的影响（Cloarec，2020）。在数字经济时代，各大互联网公司提供了数不胜数的 App，每个 App 提供了各具特色的个性化服务，例如淘宝、拼多多、京东等购物应用，QQ 音乐、网易云音乐、爱奇艺等视听应用等。在面对诸多互联网 App 时，用户会依据自身经历、需求和情绪等因素对各类 App 所提供的服务做出价值判断，形成自身主观的收益感知。古典经济学认为，人都是理性的经济人，人的行为活动始终如一地追求利益最大化（谢卫红等，2018；刘婷，邓胜利，2018）。面对不同的价值组合时，人们往往会在经过理性思考后做出能够使自身收益最大化的选择。虽然后续经济学家针对假设提出了许多不同的观点和理论，但经济学家一致认为，人们会在综合考虑各种相关因素的基础上，作出能够使个人收益最大化的决策。

在使用数字化服务时，考虑到对个人隐私信息披露的风险感知，不同程度的收益感知会对用户的行为决策产生不同程度的影响。大量研究发现，风险感知对用户隐私披露决策的影响并不十分显著，用户在隐私计算时更多关注隐私披露所带来的服务的价值收益（李宝库，郭婷婷，2018；郭飞鹏，琚春华，2018；曾伏娥等，2018；Mosteller & Poddar，2017）。也就是说，在隐私计算过程中，对用户群体而言，收益感知的重要程度大于风险感知的重要程度，即收益感知在隐私计算中占主导地位。由态度元认知理论可知，在决定个人态度时，态度重要性的权重占主导地位（Briñol & Petty，2012）。因此，我们认为，价值感知在用户对隐私披露的态度中充当态度重要性角色。前景理论指出，在面对确定收益时，人们往往是规避风险的（Kahneman & Tversky，1979）。已有研究表明，只有当用户认为个性化服务的价值大于隐私披露的风险时，用户才会选择披露隐私（李宝库和郭婷婷，2018；高山川和王心怡，2019）。在面对低收益感知 App 服务时，用户会认为其收益不足以对冲风险带来的损失，从而拒绝披露隐私信息获取服务。反之，当面对高收益感知 App 服务时，用户依据风险感知作出风险接受或风险规避决策。因此，我们提出假设：

H8-1：只有当收益感知较高时，风险感知才对隐私披露意愿有显著影响。

有研究表明，个体的决策时间和当前任务的复杂性、难易程度密切相关，任务复杂性越高，难度越大，决策所需时间越长（孙锐等，2022）。认知冲突是一种认知状态，是指个体认知结构与环境或个体认知结构内部不同部分之间不一致的状态（Parnamets et al.，2020），如喝水解渴与海水越喝越渴之间的冲突。个体认知结构越固定、与环境差异越大，或认知结构内部各部分之间不一致程度越强，个体所感受到的认知冲突越大。用户在面对隐私披露决策时，其认知过程的复杂性、认知冲突的强烈程度会受到隐私计算过程中收益感知和风险感知权衡的影响，在行为上表现为认知时间的增长，即作出隐私披露决策的时间变长。

据已有研究得知，面对不同收益感知的 App 时，用户会首先对 App 的价值收益做出主观评测，根据 App 的收益感知决定是否进行后续决策（Liyanaarachchi，2021；Wright & Xie，2019）。即在隐私披露决策中，只有收益感知大于风险感知时，用户才会进行隐私计算（Janakiraman et al.，2018；Zhou，2017；Veltri & Ivchenko，2017）。在收益确定时，个体对风险呈回避态度。风险感知越高，个体认知结构与环境差异越大，个体所产生的认知冲突就越强。因此，对于低敏感度信息，用户产生的风险感知较小，决策时产生的隐私担忧较小，反应时间较短；对于高敏感度信息，用户产生的风险感知较大，决策时产生的隐私担忧较大，反应时间较长。因此，我们提出如下假设：

H8 - 2：只有当收益感知较高时，风险感知才对决策反应时间有显著影响。

（2）隐私关注对隐私披露意愿的影响。

隐私关注是人们对自己信息隐私是否受到了公正对待的主观感知，即用户对服务提供方收集和使用他们个人信息的行为的忧虑，反映了个体对服务提供方对待其个人信息的期望和网站实际行为之间的差异感知（谢毅等，2020；郭飞鹏，琚春华，2018；朱慧等，2013；杨姝等，2008）。高隐私关注用户在决策是否进行隐私披露时更多考虑的是自己的隐私信息是否能够被妥善对待，能否保证隐私的安全。相反，低隐私关注用户在决策是否进行隐私披露时更多考虑的是自己用隐私信息能够交换到服务的价值和收益，对自己的隐私安全关注程度较低。在数字经济时代，用户对自身隐私信息的关注主要表现在对隐私信息安全程度的担忧，如隐私信息是否会被妥善保管、是否会被泄露于其他组织等。随着隐私泄露事件的不断发生，用户的隐私关注程度不断提高，对服务提供方逐渐丧失了信任。已有研究表明，信任是用户进行隐私披露的影响因素（Mosteller & Poddar，2017；Li et al.，2017）。面对值得信任的企业，用户更加倾向于披露自身隐私换取企业提供的服务。反之，面对不值得信任的企业，用户更倾向于拒绝披露隐私换取服务，以保护自身隐私信息安全。已有研究表明，从认知反应上看，较高水平的隐私关注会提升用户的风险信念（Hong & Thong，2013；Norberg et al.，2007；Loewenstein et al.，2001）。同等条件下，风险信念越高，用户在隐私披露时的风险感知越高（Loewenstein et al.，2001）。低隐私关注用户风险信念较高，对隐私信息的敏感性较低，面对不同类型的信息授权要求，表现出的风险感知水平较低；高隐私关注用户风险信念较高，对隐私信息更加敏感，对不同敏感度的隐私信息表现出的风险感知不同。因此，我们提出如下假设：

H8-3：隐私关注负向影响隐私披露。用户的隐私关注水平越高，其隐私披露意愿越低。

H8-4：只有隐私关注水平较高的用户才会表现出风险感知对隐私披露的负向影响。

行为一致性是指个体进行决策时，其态度和行为倾向于同过去的态度和行为保持一致（孙锐等，2022）。受以往经验影响，高隐私关注用户更倾向于认为服务提供方会泄露自己的隐私信息，不值得信任，从而拒绝披露自身隐私信息。而低隐私关注用户对自身隐私信息安全关注较少，企业过往隐私泄露行为对其影响较低。在进行隐私披露决策时，高隐私关注用户察觉到自身隐私信息披露会带来风险后，更多地会受到自身过往态度和行为的影响，更倾向于同过去保持一致，从而决策时间较短。与高隐私关注用户不同，低隐私关注用户更加关注隐私披露所交换到服务的价值。无论感知风险的高低，低隐私关注用户在进行隐私披露决策时都会进行完整的隐私计算过程，从而决策时间不会表现出明显差异。因此，本研究提出如下假设：

H8-5：高隐私关注用户随着感知风险的提高，会表现出更短的隐私披露决策反应时间。

8.1.1.2　脑神经假设

（1）P2：双路径假设。

P2 又被称作 P200，是出现在刺激呈现后 200ms 左右的正向波峰，潜伏期一般为 150ms～230ms，属于认知的早期成分，是一种半自动化、低级认知成分（孙锐和罗映宇，2021；陈艳等，2020；Steven J，2019）。P2 广泛分布于大脑前侧区域，如额区、顶区，其最大反应出现在前额区范围内（Steven J，2019）。P2 在认知科学中被视为一种认知资源分配指标。一般认为，P2 的振幅越大，个体所分配的认知资源就越多（Yang et al.，2007）。比如，研究发现，当个体对刺激表现出更高的注意时，其 P2 振幅得到了显著的提高（Yang et al.，2007）。同时，作为一种低级认知过程指标，P2 也被认为是刺激分类的代表指标。在相同情况下，某一刺激所诱发的 P2 振幅越大，个体对刺激的重视程度就越高。

由态度元认知理论可知，充当态度重要性的收益感知在个体态度形成的过程中占据了较大的决定权。在认知过程中，个体将收益感知的高低作为是否投入认知资源进行隐私披露决策的评价标准，当收益感知低于个体的预估收益阈值时，个体会放弃投入认知资源进行隐私披露决策，而当收益感知高于预估收益阈值时，个体则对刺激源分配相应的认知资源，权衡收益与损失，决策是否进行隐私披露（Briñol and Petty，2012）。与之相反，充当态度确定性的风险感知则在个体态度形成过程中充当调节态度强度的作用，态度确定性越强，表现出的态度就越强（Tormala，2016）。当个体决定对某种刺激源进行评估和决策时，个体会根据态度确定性对刺激源进行权衡和评估，最终决定表现出的态度强度。在双路径模型中，通过中心通道影响个体态度形成的因素会消耗个体较高的认知资源进行刺激认知，在其神经上表现出 P2 振幅出现显著的波动；而通过边缘通道影响个体态度形成的因素对个体的认知资源消耗较少，并不会表现出 P2 振幅的明显波动。因此，本研究提出如下假设：

H8 - 6：收益感知通过中心通道影响个体隐私披露意愿的形成，表现为收益感知对 P2 振幅存在显著的影响。

H8 - 7：风险感知通过边缘通道影响个体隐私披露意愿的形成，表现为风险感知对 P2 振幅不存在显著的影响。

隐私关注是个体对隐私信息安全担忧意识的反应，高隐私关注个体通常会表现出对其隐私信息安全高度关注，而低隐私关注个体则不会表现出对自身隐私信息安全的过分关注，甚至不关注。已有研究表明，隐私关注水平越高，其风险意识就越高，从而其对风险的关注程度就越高。也就是说，相对于低隐私关注个体，高隐私关注个体在隐私披露决策过程中会更加关注其隐私信息面临的各种风险，比如隐私泄露、隐私不当应用等风险。而 P2 成分是代表个体对外在刺激关注程度的 ERP 成分，个体对刺激的关注程度越高，投入的认知资源就越多，表现出的 P2 振幅就越高。因此，本研究提出如下假设：

H8 - 8：相对于隐私关注水平较低的用户，隐私关注水平较高的用户对边缘通道表现出了更高的关注程度，投入了更高的认知资源，表现为高隐私关注用户对风险感知表现出更高的 P2 振幅。

（2）N2：认知权衡过程。

N2 也被称作 N200，是出现在刺激呈现后 250ms 左右的负向波峰，潜伏期一般为 200 ~ 280ms，是认知冲突的指标。N2 广泛分布于大脑前、中侧区域，如额区、顶区、额顶联合区等区域，其最大反应出现在额顶联合区（Steven J，2019）。认知冲突是指不同认知对象因为其结构、来源、认知结果等存在差异，在认知过程中出现的不协调、不相容的情形。比如，喝水解渴和海水越喝越渴之间的冲突。一般认为，个体所经历的认知冲突程度越大，个体所表现出的 N2 成分振幅越大。

例如，研究发现，当个体面对字的颜色和含义相反时，其表现出的 N2 振幅显著高于字的颜色和含义相同时表现出的 N2 振幅（Luttrell et al.，2016b）。

充当态度重要性的收益感知在态度形成过程中起主导作用，决定着态度是否生成。而充当态度确定性的风险感知在态度形成过程中起调节作用，决定着已经生成的态度的强烈程度。隐私计算是个体对个性化服务所带来的收益和所需要隐私信息带来的风险之间的权衡，涉及收益和风险之间的计算，同时激活了个体的中心通道和边缘通道。已有研究表明，个体的中心通道会对个体的态度强度起主导作用。因此，本研究提出如下假设：

H8 - 9：仅当收益感知较高时，风险感知才会对个体表现出的 N2 振幅产生显著影响。

在进行隐私披露决策时，当面对风险感知较高的提醒时，隐私关注水平较高的用户通常会表现出行为一致性，根据已有经验和做法快速作出自己的反应和决策。而隐私关注水平较低的用户则不会表现出这种行为，他们更倾向于根据自身需求，权衡收益和风险作出合适的决策。已有研究表明，与正常决策相比，当个体根据已有经验和做法快速作出决策时，个体所经历的认知冲突程度会较低。隐私关注水平较高的用户面对隐私风险较高的情形会根据行为一致性作出快速决策，隐私关注水平较低的用户因为对隐私风险的评估程度较低，并不会作出快速决策。因此，本研究提出如下假设：

H8 - 10：对于高隐私关注用户，感知风险越高，其认知过程经历的认知冲突越小，N2 振幅越小。

8.1.2　理论模型

基于理论框架和研究假设，提出本章的研究模型，如图 8 - 1 所示。

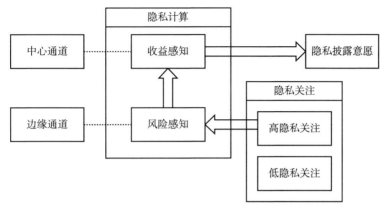

图 8 - 1　研究的理论模型

8.2　研究设计

8.2.1　实验目的

本章模拟数字经济背景下用户对基于隐私信息的个性化服务的隐私授权情景，结合消费者行为学、认知心理学和神经营销学，通过行为实验和事件相关电位（ERPs）实验，研究基于收益感知、风险感知的隐私计算和隐私关注度对用户隐私披露决策和认知神经机制的影响，通过脑电信号从更客观、科学的角度对隐私悖论这一现象的成因进行解释。研究结合态度元认知理论"元态度—认知过程—行为结果"框架，从基于收益感知、风险感知的隐私计算，以及隐私关注度双视角综合剖析了用户面对基于隐私信息的个性化服务时的认知过程和决策过程，并对它们之间的交互作用及影响做出了分析和探讨。

实验目的的主要有：

（1）解释隐私计算过程中收益感知和风险感知如何影响隐私披露决策和决策形成的认知过程；

（2）解释隐私关注如何影响隐私披露决策和决策形成的认知过程；

（3）提出关于隐私计算和隐私关注的认知加工双路径模型；

（4）根据研究结论提出针对性的建议供企业进行营销实践。

在实验 1 中，本章针对隐私计算过程中收益感知和风险感知如何影响隐私披露意愿和认知过程展开研究，公开招募被试，记录并分析他们的行为和神经数据。在实验 2 中，本章针对隐私关注如何影响隐私披露意愿和认知过程展开研究，公开招募被试，记录并分析他们的行为和神经数据。最终，结合实验 1 和实验 2 的研究结果，提出关于隐私计算和隐私关注的认知加工双路径模型，并针对营销实践提出可操作的关于提高用户隐私披露意愿的建议。

8.2.2　实验被试

实验 1：本次实验在郑州轻工业大学招募了 40 名被试自愿参加本次实验，其中男性 20 人，女性 20 人，平均年龄 22.45 岁。本次实验招募的被试均为右利手，视力或矫正视力正常，无神经系统疾病，实验开始前三天无饮酒、熬夜等影响认知的行为。在数据分析环节发现，有 2 名被试脑电数据伪迹过多，从而剔除这两名被试，最终本次实验共得到 38 份脑电数据。被试在充分熟悉本次实验后签署了《行为科学实验室实验知情同意书》，并在实验结束后依据数据情况获得了相应的实验报酬。

实验 2：本次实验在郑州轻工业大学重新招募 40 名被试自愿参加本次实验，其中男性 19 人，女性 21 人，平均年龄 23.13 岁。本次实验招募的被试均为右利手，视力或矫正视力正常，无神经系统疾病，实验开始前三天无饮酒、熬夜等影响认知的行为。在实验开始前，对本次实验被试发放了国际通用的隐私关注量表——IUIPC 量表（见表 8 - 1 ~ 表 8 - 3），并根据被试分数进行分组，其中分数较高被试被分至高隐私关注组，分数较低被试被分至低隐私关注组。在数据分析环节，1 名高隐私关注组被试的脑电数据因为伪迹过多而被剔除。为了平衡两组实验的脑电数据，故在低隐私关注组剔除了 1 名脑电数据质量最差的被试，最终共得到脑电数据 38 份。被试在充分熟悉本次实验后签署了《行为科学实验室实验知情同意书》，并在实验结束后依据数据情况获得了相应的实验报酬。测量隐私关注程度的 IUIPC 量表如表 8 - 1 所示。

表 8 - 1 IUIPC 量表

模块	问题内容	评分（不重要→重要）
控制	用户的个人隐私是用户对个人信息如何被收集、使用和共享行使控制权和自主权的权利	1，2，3，4，5
	用户对个人信息控制是用户隐私的核心	1，2，3，4，5
	我认为，当个性化服务导致隐私控制权丧失或减少时，我的隐私被侵犯了	1，2，3，4，5
意识	收集隐私信息的企业应该披露数据的收集、处理和使用方式	1，2，3，4，5
	一个好的隐私政策应该有醒目的披露	1，2，3，4，5
	对我来说，了解我的隐私信息如何被使用非常重要	1，2，3，4，5
收集	当企业向我索取隐私信息时，我感到很困扰	1，2，3，4，5
	当企业要求我提供隐私信息时，我会三思而后行	1，2，3，4，5
	把隐私信息提供给太多企业让我很烦恼	1，2，3，4，5
	我担心企业收集太多我的隐私信息	1，2，3，4，5
错误	无论花费多少钱，企业保存的隐私信息都应该确保万无一失	1，2，3，4，5
	企业应该采取更多措施保护隐私信息	1，2，3，4，5
	企业应该有更好的流程保护隐私信息	1，2，3，4，5
	企业应该投入更多的时间和精力保护个人信息	1，2，3，4，5
未经授权的二次利用	企业不得将隐私信息用于任何目的，除非得到用户授权	1，2，3，4，5
	当用户出于某种原因向企业提供隐私信息时，企业不得以任何理由将信息用于其他用途	1，2，3，4，5
	企业不得将隐私信息出售给其他企业	1，2，3，4，5
	企业不得与其他企业共享隐私信息，除非获得授权	1，2，3，4，5

续表

模块	问题内容	评分 （不重要→重要）
不当访问	企业应当花费更多时间和精力防止未经授权的隐私信息访问发生	1, 2, 3, 4, 5
	无论花费多少钱，都应保护隐私信息不受到未经授权的访问	1, 2, 3, 4, 5
	企业应该采取更多的措施，阻止无授权的人访问隐私信息	1, 2, 3, 4, 5
场景1	您正在访问获取折扣的网站。网站向会员提供消费品的折扣，年费为50元。要获得免费会员资格，您需要填写个人购买偏好信息	1, 2, 3, 4, 5
场景2	您正在访问获取折扣的网站。网站向会员提供消费品的折扣，年费为50元。要获得免费会员资格，您需要填写您的个人财务信息	1, 2, 3, 4, 5
信任	企业在处理隐私信息方面是值得信赖的	1, 2, 3, 4, 5
	企业会对我的隐私信息承担责任，我相信企业会为我的利益最大化考虑	1, 2, 3, 4, 5
	企业对隐私信息的使用是可以预测和一致的	1, 2, 3, 4, 5
	企业在使用我的信息时总是对客户诚实	1, 2, 3, 4, 5
风险	把隐私信息提供给企业是有风险的	1, 2, 3, 4, 5
	把隐私信息提供给企业有很大的潜在损失	1, 2, 3, 4, 5
	把隐私信息提供给企业有很多不确定性	1, 2, 3, 4, 5
	把隐私信息提供给企业会产生很多意想不到的问题	1, 2, 3, 4, 5
	我认为把信息提供给企业是安全的	1, 2, 3, 4, 5
隐私披露	您通过互联网披露隐私的程度	1, 2, 3, 4, 5

表8-2　　　　　　　　　　个性化服务的价值感知量

个性化服务	评分（重要→不重要）
可能喜欢的音乐	1, 2, 3, 4, 5
可能喜欢的短视频	1, 2, 3, 4, 5
可能认识的人	1, 2, 3, 4, 5
可能喜欢的商品	1, 2, 3, 4, 5

个性化服务	评分（重要→不重要）
可能喜欢的美食	1，2，3，4，5
可能感兴趣的新闻	1，2，3，4，5

表 8 - 3 　　　　　　　　　　隐私信息风险感知量

权限信息	评分（低风险→高风险）
读取地理位置	1，2，3，4，5
读取浏览记录	1，2，3，4，5
提供财务情况	1，2，3，4，5
读取联系人	1，2，3，4，5
获取存储权限	1，2，3，4，5
获取录音权限	1，2，3，4，5
提供学习信息	1，2，3，4，5
读取购买历史	1，2，3，4，5
访问文档和照片	1，2，3，4，5

8.2.3　实验过程

被试进入实验室后，实验引导人员会向被试介绍实验相关信息和实验仪器原理，消除被试的疑惑，减少被试的抗拒心理。随后，被试签订实验知情同意书，进入卫生间使用沙宣牌洗发水清洗头发和头皮并吹干，随后进入隔光隔音的实验室舒服地就座。

实验室中播放实验程序的屏幕为 24 寸惠普牌显示器，显示器偏差角度为 5 度，被试座椅离显示器距离为 1 米，被试手边放置有小键盘，方便被试进行决策选择并减少被试的身体移动。

被试首先通过预实验程序进行一场模拟实验，时长为 5 分钟，目的是让被试熟悉实验流程，减少实验数据中的系统误差，最大化被试实验数据可用性。随后被试开始通过实验程序进行实验。

（1）显示实验指导语，持续时间直到被试按 0 键：

实验 1：欢迎您参与本次实验，实验数据严格保密，仅用作本次研究。现在请您设想以下场景：您新买了一部手机，并下载了一些软件，部分软件为您常用的软件，如微信，部分软件为您不常用的软件，如地图。在您使用软件时，软件弹出窗口推荐您使用个性化服务，并提出了使用个性化服务所需要披露的隐私信息。例如，高德地图需要您的位置信息以便提供周边商店信息推荐，微信需要您的联系人信息以推荐可能认识的人。请您根据自身的喜好选择是否披露自身隐私信息获取个性化推荐服务，如同意请按 1，不同意请按 3。

实验 2：欢迎您参与本次实验，实验数据严格保密，仅用作本次研究。现在请您设想以下场景：您新买了一部手机，并下载了一些常用的软件。在您使用软件时，软件弹出窗口推荐您使用个性化服务，并提出了使用个性化服务所需要披露的隐私信息。例如，高德地图需要您的位置信息以提供周边商店信息推荐，微信需要您的联系人信息以推荐可能认识的人。请您根据自身的喜好选择是否披露自身隐私信息获取个性化推荐服务，如同意请按 1，不同意请按 3。

（2）指导语环节结束后出现一段持续 2000 毫秒的空屏，目的是为了平复被试认知神经活动。

（3）空屏环节结束后出现一段持续时间为 400～600 毫秒包含注视点的空屏，目的是为了提示被试刺激出现的位置。

（4）注视点环节结束后出现一张持续 1500 毫秒的刺激图片，并在此时记录被试的认知神经活动数据。

（5）刺激图片结束后出现一段持续 500 毫秒的空屏，目的是提示被试准备做出选择。

（6）空屏结束后出现决策环节，持续时间直到被试做出选择。

（7）选择环节结束后出现一段持续 1500 毫秒的包含注视点的空屏，随后从步骤 3 开始循环，共循环 120 次，每 40 次休息 1 分钟。

实验流程如图 8 – 2 所示。

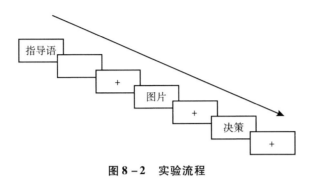

图 8 – 2　实验流程

8.2.4　实验材料

为选择本次实验所用个性化推荐服务和所需隐私信息，我们下载安装了 Apple Store 中下载榜单前 20 名的 App，记录所有 App 共 20 种个性化推荐服务和对应需求的隐私信息，通过 Photoshop 进行图片编辑创作，隐去所有 App 的信息，统一称为系统应用。每张刺激图片均采用 16 色阶，分辨率为 400 × 400，背景颜色为灰白色，保证图片中所呈现的内容一致，防止因为刺激图片差别而产生系统误差，图片如图 8 – 3 所示。实验 1 和实验 2 所采用的刺激图片相同，每次实验随机选择刺激图片，但每张图片均会出现 6 次。

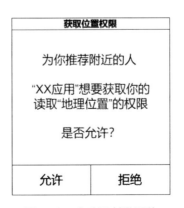

图 8 – 3　实验用刺激图片

注：本图片为作者研究团队设计。

8.3　假设检验

8.3.1　数据处理

实验中使用 E-Prime 3.0 作为实验程序编程软件，博睿康 64 导脑电采集仪器（NeuroScan W64）作为脑电数据采集工具。实验结束后，将 E-Prime 3.0 中记录的被试行为决策数据导出至 Excel 中进行分类汇总，将 NeuroScan W64 中记录的脑电数据通过 Matlab 转码为 EEGlab 文件。随后通过 EEGlab 对脑电数据进行预处理，数据处理流程如下：

（1）电极定位。将 NeuroScan W64 的电极位置分布图导入 EEGlab，生成 2D 电极地图，方便生成峰值分布图。

（2）数据重采样。将所收集到的脑电数据的采样率从 1000Hz 降至 500Hz，降低数据总量大小，提高数据处理效率。

（3）去除数据伪迹。首先使用 0.1Hz ~ 100Hz 的带通滤波对脑电数据进行带通滤波，然后使用 ICA 方法对数据进行分析，手动去除眼动、肌动等数据伪迹。

（4）数据分段。将数据中的 Mark 标记作为分段基本点，取标记点前 200ms 至标记点后 800ms 作为数据分析单元。

（5）去峰值。去除数据中偏离数据均值过多的峰值数据。

（6）叠加平均。将分段后的数据分析单元通过 ERPlab 进行数据的叠加平均，得到单个被试的数据均值。

（7）总平均。将每个被试的数据均值进行叠加平均，得出所有被试的平均数据。

（8）数据导出。将总平均数据导出至 Excel 文档中，留作后续分析。

8.3.2　数据分析

8.3.2.1　隐私计算对隐私披露的影响

对实验 1 中行为数据进行梳理，其统计学指标如表 8 - 4 所示。

表 8 - 4　　　　　　　　　　　　实验 1 的统计数据

影响因素		试次 1		试次 2		试次 3	
		披露意愿	反应时间	披露意愿	反应时间	披露意愿	反应时间
高收益感知	高风险感知	0.462 ± 0.180	1.709 ± 0.382	0.477 ± 0.174	1.689 ± 0.248	0.492 ± 0.157	1.582 ± 0.193
	低风险感知	0.520 ± 0.157	1.426 ± 0.350	0.619 ± 0.193	1.524 ± 0.219	0.649 ± 0.113	1.451 ± 0.482
低收益感知	高风险感知	0.439 ± 0.105	1.440 ± 0.213	0.453 ± 0.132	1.402 ± 0.261	0.510 ± 0.123	1.287 ± 0.253
	低风险感知	0.379 ± 0.153	1.525 ± 0.187	0.476 ± 0.103	1.550 ± 0.315	0.460 ± 0.198	1.361 ± 0.312

对实验 1 中关于隐私披露意愿的行为数据进行重复测量的 2（收益感知：高、低）×2（风险感知：高、低）双因素方差分析，结果表明，收益感知主效应显著（$F = 7.392$，$p = 0.010$），当收益感知较高时，被试的隐私披露意愿（$M = 0.536$）显著高于收益感知较低时的隐私披露意愿（$M = 0.453$）；风险感知主效应不显著（$F = 2.142$，$p = 0.152$），当风险感知较高时，被试的隐私披露意愿（$M = 0.472$）与风险感知较低时的隐私披露意愿（$M = 0.517$）没有显著差异；收益感知与风险感知交互作用显著（$F = 5.810$，$p = 0.021$），如表 8 - 5 所示。这表明，收益感知的差异对被试的隐私披露意愿的差异产生了显著的影响，当被试的收益感知较高时，其隐私披露意愿较高，当其收益感

知较低时，隐私披露意愿则较低；风险感知的差异对被试的隐私披露意愿的差异没有显著影响，不论被试的风险感知高低如何，其披露意愿的差异并不显著。同时，收益感知和风险感知的交互作用对被试的隐私披露意愿存在显著影响。

表 8-5　　　　　　隐私计算对披露意愿影响的方差分析表

影响因素	均值差（高-低）	F	p	η^2
收益感知	0.083	7.392	0.010	0.754
风险感知	-0.045	2.142	0.152	0.297
收益×风险	—	5.810	0.021	0.650

对风险感知与收益感知的交互作用做简单效应分析，结果表明，当收益感知较高时，风险感知对隐私披露意愿存在显著的负向影响，风险感知较高时被试的隐私披露意愿（$M=0.477$）显著低于风险感知较低时的隐私披露意愿（$M=0.596$，$p=0.010$）；而收益感知较低时，高感知风险（$M=0.467$）和低感知风险（$M=0.438$）下的隐私披露意愿差异并不显著，$p=0.507$，如表 8-6 所示。这表明，只有当隐私披露收益较高时，风险感知对隐私披露的负向影响才显著。因此，假设 H8-1 得证。

表 8-6　　　收益感知与风险感知交互作用对披露意愿影响的简单效应分析

收益	高风险（I）	低风险（J）	均值差（$I-J$）	p
高收益	0.477	0.596	-0.119	0.010
低收益	0.467	0.438	-0.029	0.507

对实验 1 中关于反应时间的行为数据进行重复测量的 2（收益感

知：高、低）×2（风险感知：高、低）双因素方差分析，结果表明，收益感知主效应显著（$F = 5.622$，$p = 0.023$），收益感知较高时，被试的决策反应时间（$M = 1.563$）显著高于收益感知较低时被试的决策反应时间（$M = 1.427$）；风险感知主效应不显著（$F = 0.622$，$p = 0.435$），风险感知较高时被试的决策反应时间（$M = 1.518$）与风险感知较低时被试的决策反应时间（$M = 1.473$）没有显著差异；收益感知和风险感知的交互作用显著（$F = 6.599$，$p = 0.014$），如表 8 - 7 所示。这表明，收益感知对被试的决策反应时间影响显著，当感知收益较高时，被试的反应时间较长，当感知收益较低时，被试的反应时间较短；风险感知对反应时间没有显著影响，无论风险感知差异如何，被试的决策反应时间差异并不显著；收益感知和风险感知的交互作用对反应时间影响显著。

表 8 - 7　　　　　　　　隐私计算对反应时间影响的方差分析

影响因素	均值差（高 - 低）	F	p	η^2
收益感知	0.136	5.622	0.023	0.636
风险感知	0.045	0.622	0.435	0.120
收益 × 风险	—	6.599	0.014	0.705

对收益感知和风险感知的交互作用进行简单效应分析，结果发现，当收益感知较高时，高风险感知诱发的反应时间（$M = 1.660$）显著长于低风险感知诱发的反应时间（$M = 1.467$，$p = 0.023$）；而当收益感知较低时，高风险感知诱发的反应时间（$M = 1.376$）与低风险感知诱发的反应时间（$M = 1.478$）不存在显著的差异，如表 8 - 8 所示。这表明，只有在收益感知较高时，风险感知才会对反应时间产生显著的影响，即只有在收益感知较高时，才会表现出风险感知越高，反应时间越长。因此，假设 H8 - 2 得证。

表 8 – 8　　收益感知和风险感知交互作用对反应时间影响的简单效应分析

收益	高风险（I）	低风险（J）	均值差（$I-J$）	p
高收益	1.660	1.467	0.193	0.023
低收益	1.376	1.478	−0.102	0.216

8.3.2.2　隐私关注对隐私披露的影响

对实验 2 中的行为数据进行梳理，其统计学指标如表 8 – 9 所示。

表 8 – 9　　　　　　　　　　实验 2 统计数据

影响因素		试次 1		试次 2		试次 3	
		披露意愿	反应时间	披露意愿	反应时间	披露意愿	反应时间
高隐私关注	高风险感知	0.390 ± 0.087	1.459 ± 0.163	0.376 ± 0.114	1.372 ± 0.135	0.384 ± 0.128	1.494 ± 0.114
	低风险感知	0.485 ± 0.106	1.572 ± 0.228	0.528 ± 0.178	1.679 ± 0.311	0.500 ± 0.102	1.722 ± 0.346
低隐私关注	高风险感知	0.463 ± 0.100	1.547 ± 0.126	0.527 ± 0.130	1.615 ± 0.126	0.491 ± 0.084	1.601 ± 0.306
	低风险感知	0.566 ± 0.072	1.585 ± 0.193	0.482 ± 0.123	1.634 ± 0.110	0.497 ± 0.081	1.594 ± 0.228

对实验 2 中有关隐私披露意愿的行为数据进行重复测量的 2（隐私关注水平：高、低）×2（风险感知：高、低）双因素方差分析，结果表明，隐私关注水平主效应显著（$F = 6.602$，$p = 0.014$），对于高隐私关注被试，其隐私披露意愿（$M = 0.444$）显著低于低隐私关注被试（$M = 0.504$）；风险感知主效应显著（$F = 9.267$，$p = 0.004$），当风险感知较高时，被试的隐私披露意愿（$M = 0.438$）显著低于风险感知较低时的隐私披露意愿（$M = 0.510$）；隐私关注水平和风险感知交互效应显著（$F = 4.527$，$p = 0.040$），如表 8 – 10 所示。这表明，隐私关注对被试的隐私披露意愿存在显著影响，高隐私关注被试的隐私披露意

愿显著低于低隐私关注被试；风险感知对隐私披露存在显著影响，当风险感知较高时，被试的隐私披露意愿较低；当风险感知较低时，被试的隐私披露意愿较高。

表 8 - 10　　隐私关注与风险感知对披露意愿影响的方差分析

影响因素	均值差（高 - 低）	F	p	η^2
隐私关注	- 0.060	6.602	0.014	0.706
风险感知	- 0.071	9.267	0.004	0.842
隐私关注 × 风险感知	—	4.527	0.040	0.544

对隐私关注水平和风险感知的交互作用做简单效应分析，结果显示，对于高隐私关注被试，低风险感知时的隐私披露意愿（$M = 0.504$）显著高于高风险感知时的隐私披露意愿（$M = 0.383$）；而对于低隐私关注被试，低风险感知时的隐私披露意愿（$M = 0.515$）和高风险感知时的隐私披露意愿（$M = 0.493$）并没有显著差异，如表 8 - 11 所示。这表明，只有高隐私关注被试才会表现出风险感知对隐私披露意愿产生显著影响。因此，假设 H8 - 4 得证。

表 8 - 11　　隐私关注与风险感知交互作用对披露意愿影响的简单效应分析

影响因素	高风险（I）	低风险（J）	均值差（$I - J$）	p
高隐私关注	0.383	0.504	- 1.121	0.001
低隐私关注	0.493	0.515	- 0.021	0.521

对实验 2 中有关反应时间的行为数据进行重复测量的 2（隐私关注水平：高、低）× 2（风险感知：高、低）双因素方差分析，结果显示，隐私关注水平主效应不显著（$F = 1.192$，$p = 0.282$），高隐私关注用户（$M = 1.550$）和低隐私关注用户（$M = 1.596$）的决策反应时间差

异并不显著；风险感知主效应显著（$F = 7.561$，$p = 0.010$），高风险感知时，被试的决策反应时间（$M = 1.515$）显著高于低风险感知时的决策反应时间（$M = 1.631$）；隐私关注水平和风险感知主效应显著（$F = 5.510$，$p = 0.025$），如表 8 – 12 所示。这表明，隐私关注水平对被试的决策反应时间不存在显著影响，即高隐私关注用户和低隐私关注用户的决策反应时间不存在显著差异；风险感知对被试的决策时间存在显著影响，当风险感知较高时，被试的决策反应时间较低，当风险感知较低时，被试的决策反应时间较长。同时，隐私关注水平和风险感知的交互作用对决策的反应时间存在显著影响。

表 8 – 12　　隐私关注和风险感知对反应时间影响的方差分析

影响因素	均值差（高 – 低）	F	p	η^2
隐私关注	– 0.046	1.192	0.282	0.186
风险感知	– 1.117	7.561	0.010	0.763
隐私关注 × 风险感知		5.510	0.025	0.627

对隐私关注水平和风险感知的交互效应做简单效应分析，结果显示，对于隐私关注水平较高的被试，高风险感知时的决策反应时间（$M = 1.442$）显著低于低风险感知时的决策反应时间（$M = 1.658$，$p = 0.001$）；而对于隐私关注水平较低的被试而言，高风险感知时的决策反应时间（$M = 1.588$）和低风险感知时的反应时间（$M = 1.605$）不存在显著的差异，如表 8 – 13 所示。即关注用户随着感知风险的提高，会表现出更短的隐私披露决策反应时间。因此，假设 H8 – 5 得证。

表 8 – 13　　隐私关注和风险感知交互作用对反应时间影响的简单效应分析

隐私关注	高风险（I）	低风险（J）	均差值（$I – J$）	p
高隐私关注	1.442	1.658	– 0.216	0.001
低隐私关注	1.588	1.605	– 0.017	0.778

8.3.2.3　P2：认知的双路径假设

对实验1的关于P2振幅的脑电神经数据进行梳理，其统计学指标如表8-14所示。

表8-14　　　　　　　　　　　实验1 P2统计数据

影响因素		Fz	F1	F2	FCz
高收益感知	高风险感知	1.680 ± 0.353	1.639 ± 0.484	1.645 ± 0.167	1.832 ± 0.419
	低风险感知	1.498 ± 0.337	1.549 ± 0.392	1.267 ± 0.437	1.665 ± 0.602
低收益感知	高风险感知	1.489 ± 0.336	1.165 ± 0.550	1.501 ± 0.570	1.367 ± 0.403
	低风险感知	1.428 ± 0.387	1.528 ± 0.327	1.472 ± 0.310	1.425 ± 0.299

对实验1中关于隐私计算的神经数据进行重复测量的2（收益感知：高、低）×2（风险感知：高、低）×4（电极位置：Fz、F1、F2、FCz）多因素方差分析，结果显示，收益感知主效应显著（$F = 7.252$，$p = 0.011$），收益感知较高时，被试的P2振幅（$M = 1.596$）显著大于收益感知较低时的P2振幅（$M = 1.422$）；风险感知主效应不显著，$F = 0.847$，$p = 0.364$，风险感知较高时和风险感知较低时，被试的P2振幅不存在显著差异；电极位置主效应不显著（$F = 0.509$，$p = 0.677$），被试各脑区的P2振幅不存在显著差异；收益感知和风险感知的交互作用显著（$F = 4.845$，$p = 0.035$）；收益感知和电极位置的交互作用、风险感知和电极位置的交互作用、收益感知、风险感知和电极位置的交互作用均不显著，如表8-15所示，P2振幅如图8-4所示。这表明，收益感知对P2振幅存在显著影响，收益感知较高时，P2振幅较高，收益感知较低时，P2振幅较低；风险感知对P2振幅不存在显著影响，风险感知较高时和风险感知较低时的P2振幅不存在显著差异；电极位置对P2振幅不存在显著影响，各脑区所表现出的P2振

幅不存在显著差异。因此，假设 H8-6、H8-7 得证。

表 8-15　　　　　　隐私计算对 P2 振幅影响的方差分析

影响因素	均值差（高 - 低）	F	p	η^2
收益感知	0.174	7.252	0.011	0.744
风险感知	0.060	0.847	0.364	0.146
电极位置	—	0.509	0.677	0.151
收益×风险	—	4.845	0.035	0.571
收益×电极	—	1.471	0.227	0.371
风险×电极	—	1.163	0.328	0.305
收益×风险×电极	—	0.296	0.828	0.105

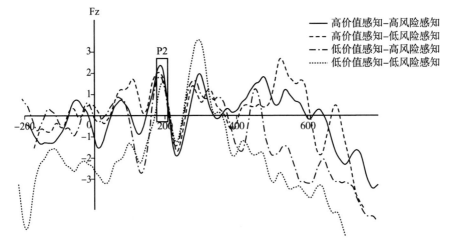

图 8-4　隐私计算对 P2 振幅的影响

对收益感知和风险感知的交互作用做简单效应分析，结果显示，当收益感知较高时，高风险感知所诱发的 P2 振幅（$M = 1.697$）显著高于低风险感知所诱发的 P2 振幅（$M = 1.495$）；而当收益感知较低时，高风险感知（$M = 1.380$）和低风险感知（$M = 1.463$）所诱发的 P2 振幅不存在显著差异，如表 8-16 所示。

表 8 - 16　　　　收益感知和风险感知交互作用对 P2 振幅影响的简单效应分析

收益感知	高风险（I）	低风险（J）	均值差（$I-J$）	p
高收益	1.697	1.495	0.202	0.038
低收益	1.380	1.463	-0.083	0.360

对实验 2 的脑电神经数据进行梳理，其统计学指标如表 8 - 17 所示。

表 8 - 17　　　　　　　　实验 2 P2 振幅统计数据

影响因素		Fz	F1	F2	FCz
高隐私关注	高风险感知	1.679 ± 0.469	1.563 ± 0.432	1.700 ± 0.248	1.676 ± 0.372
	低风险感知	1.552 ± 0.488	1.219 ± 0.236	1.390 ± 0.270	1.414 ± 0.334
低隐私关注	高风险感知	1.534 ± 0.481	1.438 ± 0.269	1.409 ± 0.254	1.458 ± 0.345
	低风险感知	1.511 ± 0.446	1.401 ± 0.396	1.570 ± 0.422	1.410 ± 0.486

　　对实验 2 中关于隐私关注的神经数据进行重复测量的 2（收益感知：高、低）×2（风险感知：高、低）×4（电极位置：Fz、F1、F2、FCz）多因素方差分析，结果显示，隐私关注主效应不显著（F = 0.305，p = 0.558），隐私关注水平较高的被试（M = 1.524）和隐私关注水平较低（M = 1.485）的被试表现出的 P2 振幅不存在显著差异；风险感知主效应不显著（F = 2.508，p = 0.123），风险感知较高时（M = 1.557）和风险感知较低（M = 1.452）时，被试所表现出的 P2 振幅不存在显著差异；电极位置主效应不显著（F = 0.249，p = 0.621），各脑区所表现出的 P2 振幅不存在显著差异；隐私关注和风险感知的交互作用显著（F = 5.513，p = 0.025）；隐私关注和电极位置的交互作用、风险感知和电极位置的交互作用、隐私关注、风险感知和电极位置的交互作用均不显著，如表 8 - 18 所示，P2 振幅如图 8 - 5 所示。这表明，隐私关注对 P2 振幅不存在显著影响，隐私关注水平较高的被试和隐私关注水平较低的被试所表现出的 P2 振幅不存在显著差

异；风险感知对 P2 振幅不存在显著影响，高风险感知时和低风险感知时被试的 P2 振幅不存在显著差异；电极位置对 P2 振幅影响不显著，被试各脑区所表现出的 P2 振幅不存在显著差异；隐私关注和风险感知的交互作用对 P2 振幅影响显著。

表 8 - 18　　　　　　隐私关注与风险感知对 P2 振幅影响的方差分析

影响因素	均值差（高 - 低）	F	p	η^2
隐私关注	0.039	0.305	0.558	0.089
风险感知	0.105	2.508	0.123	0.337
电极位置	—	0.249	0.621	0.077
关注 × 风险	—	5.513	0.025	0.626
关注 × 电极	—	0.103	0.750	0.061
风险 × 电极	—	0.091	0.765	0.060
关注 × 风险 × 电极	—	0.067	0.797	0.057

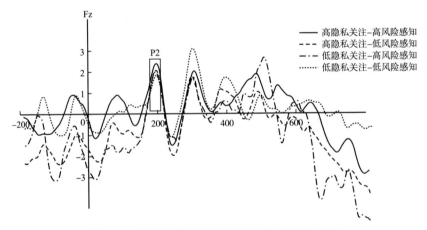

图 8 - 5　隐私关注和风险感知对 P2 振幅的影响

对隐私关注和风险感知的交互作用做简单效应分析，结果显示，对高隐私关注被试，高风险感知所诱发的 P2 振幅（$M = 1.654$）显著高于低风险感知所诱发的 P2 振幅（$M = 1.394$）；而对于低隐私关注被试，高风险感知所诱发的 P2 振幅（$M = 1.460$）和低风险感知所诱发的 P2 振幅（$M = 1.510$）不存在显著差异，如表 8 - 19 所示。这表明，只有高隐私关注被试会表现出风险感知对 P2 振幅的显著影响。因此，假设 H8 - 8 得证。

表 8 - 19 隐私关注和风险感知交互作用对 P2 振幅影响的简单效应分析

隐私关注	高风险感知（I）	低风险感知（J）	均值差（$I-J$）	p
高隐私关注	1.654	1.394	0.261	0.010
低隐私关注	1.460	1.510	- 0.051	0.583

8.3.2.4 N2：认知冲突假设

对实验 1 的关于 N2 振幅的脑电神经数据进行梳理，其统计学指标如表 8 - 20 所示。

表 8 - 20 实验 1 N2 振幅统计数据

影响因素		Fz	FCz	FC1	FC2
高收益感知	高风险感知	- 1.594 ±0.245	- 1.462 ±0.308	- 1.596 ±0.283	- 1.505 ±0.282
	低风险感知	- 1.545 ±0.214	- 1.346 ±0.148	- 1.445 ±0.241	- 1.425 ±0.376
低收益感知	高风险感知	- 1.442 ±0.237	- 1.358 ±0.263	- 1.403 ±0.100	- 1.393 ±0.255
	低风险感知	- 1.422 ±0.254	- 1.361 ±0.309	- 1.309 ±0.153	- 1.435 ±0.158

对实验 1 中关于隐私计算的神经数据进行重复测量的 2（收益感知：高、低）× 2（风险感知：高、低）× 4（电极位置：Fz、FCz、FC1、FC2）多因素方差分析，结果发现，收益感知主效应显著（$F = 5.770$，$p = 0.022$），当收益感知较高时，被试表现出的 N2 振幅（$M = -1.490$）显著负于收益感知较低时的 N2 振幅（$M = -1.390$）；风险

感知主效应不显著（$F = 1.986$，$p = 0.168$），风险感知较高时（$M = -1.469$）和风险感知较低时（$M = -1.411$），被试表现出的 N2 振幅不存在显著差异；电极位置主效应不显著（$F = 1.509$，$p = 0.217$），被试各脑区所表现出的 N2 振幅不存在显著差异；各个交互作用主效应均不显著，如表 8 – 21 所示，N2 振幅如图 8 – 6 所示。这表明，在隐私计算过程中，只有收益感知会对 N2 振幅产生显著影响，而风险感知则对 N2 振幅没有显著影响。因此，假设 H8 – 9 不成立。

表 8 – 21　　　　　　　　　隐私计算对 N2 振幅影响的方差分析

影响因素	均值差（高 – 低）	F	p	η^2
收益感知	– 0.100	5.770	0.022	0.646
风险感知	– 0.058	1.986	0.168	0.278
电极位置	—	1.509	0.217	0.388
收益 × 风险	—	0.973	0.331	0.160
收益 × 电极	—	0.584	0.527	0.167
风险 × 电极	—	0.330	0.804	0.112
收益 × 风险 × 电极	—	0.083	0.969	0.054

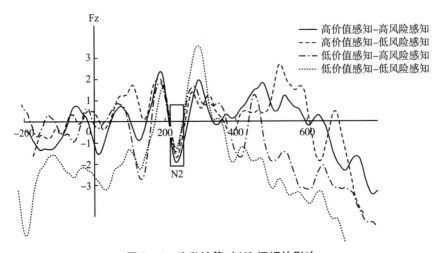

图 8 – 6　隐私计算对 N2 振幅的影响

对实验 2 的关于 N2 振幅的脑神经数据进行梳理，其统计指标如表 8 - 22 所示。

表 8 - 22　　　　　　　　　　实验 2 N2 振幅统计数据

影响因素		Fz	FCz	FC1	FC2
高隐私关注	高风险感知	− 1.376 ± 0.274	− 1.420 ± 0.245	− 1.314 ± 0.175	− 1.482 ± 0.275
	低风险感知	− 1.5528 ± 0.253	− 1.561 ± 0.156	− 1.464 ± 0.255	− 1.602 ± 0.237
低隐私关注	高风险感知	− 1.388 ± 0.245	− 1.412 ± 0.150	− 1.413 ± 0.314	− 1.488 ± 0.297
	低风险感知	− 1.280 ± 0.238	− 1.429 ± 0.365	− 1.341 ± 0.240	− 1.255 ± 0.223

对实验 2 中关于隐私关注的神经数据进行重复测量的 2（隐私关注：高、低）× 2（风险感知：高、低）× 4（电极位置：Fz、FCz、FC1、FC2）多因素方差分析，结果显示，隐私关注主效应显著（$F = 4.490$，$p = 0.041$），隐私关注水平较高的被试表现出的 N2 振幅（$M = -1.471$）显著负于隐私关注水平较低的被试表现出的 N2 振幅（$M = -1.376$）；风险感知主效应不显著（$F = 0.277$，$p = 0.602$），风险感知较高时（$M = -1.412$）和风险感知较低时（$M = -1.435$），被试表现出的 N2 振幅没有显著差异；电极位置主效应不显著（$F = 0.894$，$p = 0.447$），不同脑区表现出的 N2 振幅不存在显著差异；隐私关注和风险感知的交互作用的主效应显著（$F = 7.412$，$p = 0.010$）；隐私关注和电极位置的交互作用、风险感知和电极位置的交互作用、隐私关注、风险感知和电极位置的交互作用均不显著，如表 8 - 23 所示，其振幅如图 8 - 7 所示。这表明，被试的隐私关注水平对其 N2 振幅存在显著影响，隐私关注水平较高的被试表现出的 N2 振幅负性更大，隐私关注水平较低的被试表现出的 N2 振幅负性相对较小；风险感知对被试表现出的 N2 振幅不存在显著影响，高风险感知和低风险感知所诱发的 N2 振幅相差无几；电极位置对被试表现出的 N2 振幅不存在显著影响，各个脑区所表现出的 N2 振幅差异不明显。

表 8 - 23　　　　隐私关注和风险感知对 N2 振幅影响的方差分析

影响因素	均值差（高 - 低）	F	p	η^2
隐私关注	- 0.096	4.490	0.041	0.539
风险感知	0.024	0.277	0.602	0.081
电极位置	—	0.894	0.447	0.240
关注 × 风险	—	7.412	0.010	0.753
关注 × 电极	—	0.742	0.529	0.204
风险 × 电极	—	0.509	0.677	0.151
关注 × 风险 × 电极	—	0.363	0.780	0.119

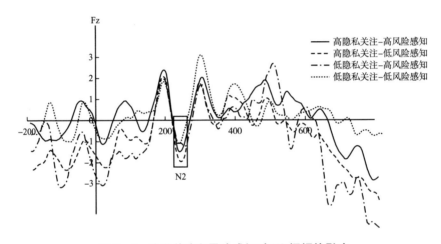

图 8 - 7　隐私关注和风险感知对 N2 振幅的影响

对隐私关注和风险感知的交互作用做简单效应分析，结果发现，对于隐私关注水平较高的被试而言，较低的风险感知诱发的 N2 振幅（$M = -1.545$）显著负于较高的风险感知诱发的 N2 振幅（$M = -1.398$，$p = 0.031$）；而对于隐私关注水平较低的被试，高风险感知（$M = -1.425$）和低风险感知（$M = -1.326$）所诱发的 N2 振幅不存在显著的差异（$p = 0.121$），如表 8 - 24 所示。这表明，高隐私关注用户会表现出随着风险感知的提高，其 N2 振幅显著降低的趋势。因此，假设 H8 - 10

得证。

表 8 - 24　　　　隐私关注和风险感知交互作用对 N2 振幅影响的简单效应分析

隐私关注	高风险感知（I）	低风险感知（J）	均值差（$I-J$）	p
高隐私关注	-1.398	-1.545	0.147	0.031
低隐私关注	-1.425	-1.326	-0.099	0.121

综上所述，行为假设和神经假设的成立情况如表 8 - 25 所示。

表 8 - 25　　　　　　　　　假设成立情况

假设	假设内容	是否成立
H1	只有当收益感知较高时，风险感知才对隐私披露意愿有显著影响	成立
H2	只有当收益感知较高时，风险感知才对决策反应时间有显著影响	成立
H3	隐私关注负向影响隐私披露。用户的隐私关注水平越高，其隐私披露意愿越低	成立
H4	只有隐私关注水平较高的用户才会表现出风险感知对隐私披露的负向影响	成立
H5	高隐私关注用户随着风险感知的提高，会表现出更短的隐私披露决策反应时间	成立
H6	收益感知通过中心通道影响个体隐私披露意愿的形成，表现为收益感知对 P2 振幅存在显著的影响	成立
H7	风险感知通过边缘通道影响个体隐私披露意愿的形成，表现为风险感知对 P2 振幅不存在显著的影响	成立
H8	相对于隐私关注水平较低的用户，隐私关注水平较高的用户对边缘通道表现出了更高的关注程度，投入了更高的认知资源，表现为高隐私关注用户对风险感知表现出更高的 P2 振幅	成立
H9	仅当收益感知较高时，风险感知才会对个体表现出的 N2 振幅产生显著影响	不成立
H10	对于高隐私关注用户，风险感知越高，其认知过程经历的认知冲突越小，表现为风险感知越高，N2 振幅越小	成立

8.4 结 论

8.4.1 讨论

隐私悖论是互联网营销领域广泛关注的研究问题，其成因及消解方式至今还未有一个得到广泛认同的解释。已有研究大多从用户的自我汇报入手，通过问卷调查、访谈等方式获取经过用户二次加工的数据，从而解释隐私悖论的成因。然而这种数据获取方式存在一定的局限性，经过用户二次加工的信息，往往会受到时间流逝的影响，从而出现一些偏差或错误，不能完全正确地反映用户真实的所思所想。而通过神经科学工具直接收集用户决策时的神经活动数据则能更加客观地反映用户在决策时的真实所思所想。本章通过脑电记录仪收集了用户在面对不同收益和不同风险的隐私决策过程中的神经活动，旨在通过分析这些神经活动为隐私悖论的成因提供一个更客观、更科学的解释。

从认知心理学角度来看，隐私披露意愿是一种个体对隐私披露行为的态度。态度元认知理论认为，态度由态度重要性和态度确定性组成，态度重要性决定了态度是否生成，态度确定性则决定了态度生成的强度。本章通过分析实验 1 行为数据发现，收益感知决定了隐私披露意愿的表达，只有在被试感知到较高的收益感知时，风险感知才会对被试的隐私披露意愿产生显著的影响。这说明了收益感知在隐私披露意愿产生的过程中充当了态度重要性的角色，决定着用户是否愿意通过披露隐私换取 App 应用所提供的个性化服务。当被试愿意通过披露隐私信息换取个性化服务时，用户才会对隐私信息披露所带来的风险进行评估，从而进行下一步决策过程。这一结论由被试在决策过程中的神经活动进行了印证。在决策过程中，收益感知表现出了对被试所表现出的 P2 振幅的显著影响，这表明用户对个性化服务所带来的收益投入了更多的认知资源，分配了更多的注意力资源；与之不同，风险感知则表现出了相反的结果。认知的精细加工模型认为，通过中心通道影响态度生成的刺激源会耗费大量的注意力资源和认知资源，而通过边缘通道影响态度生成的刺激源，则消耗较少的注意力资源和认知资源。实验 1 神经数据的分析结果表明，收益感知通过中心渠道影响用户的态度生成，风险感知通过边缘渠道影响用户的态度生成，与实验 1 的行为数据分析结果互相对应。

决策过程持续的时间反映了个体决策时所经历的认知冲突程度，决策过程持续的时间越长，个体所经历的认知冲突程度就越高。实验 1 行为数据的分析结果表明，只有当收益感知较高时，风险感知才会影响被试的决策时间。同时，当收益感知较高时，被试的决策反应时间显著高于收益感知较低的情况。这说明了收益感知的高低决定了用户是否会进行下一步的认知过程，只有当收益感知较高时，用户才会对风险感知进行评估。但在实验 1 神经数据的分析结果中，只发现了收益感知对 N2 振幅的显著影响，并未发现收益感知和风险感知的交互作用对 N2 振幅的显著影响。因此，存在其他可能，还存在其他因素会影响用户对风险感知的认知。因此，本章开展了实验 2，引入了隐私关注水平这一影响因素。

隐私关注是互联网用户对自己的隐私信息是否收到公平、公正待遇的认知。已有研究认为，相对于隐私关注水平较低的用户而言，隐私关注水平较高的用户对隐私风险更加敏感。通过分析实验 2 的行为数据发现，隐私关注显著影响被试的隐私披露意愿，隐私关注水平越高，其隐私披露意愿就越低。同时，隐私关注水平较高的被试表现出了风险感知对隐私披露意愿的负向影响，而隐私关注水平较低的被试则并未表现出这种倾向。分析神经数据发现，隐私关注水平较高的被试表现出了风险感知对 P2 振幅的显著影响。这说明，相较于隐私关注水平较低的用户，对于隐私关注水平较高的用户而言，他们对隐私披露风险投入了更多的认知资源，更加关注隐私披露可能带来的风险。也就是说，高隐私关注用户会对边缘通道投入更多的认知资源和注意力资源，从而影响中心通道所分配的认知资源和注意力资源。

在认知决策过程中，个体往往会受到历史经验的影响，倾向于同历史选择保持一致性。一般而言，高隐私关注个体在遇到较高的隐私风险时会拒绝披露隐私。实验 2 的行为数据分析结果验证了这一观点。实验 2 发现，隐私关注水平较高的被试，面对较高的风险感知时，其决策的反应时间更短，即其所经历的认知冲突程度更轻。其神经数据中出现的 N2 振幅差异同样验证了这一结论。这说明高隐私关注用户一般来说会下意识地拒绝高风险隐私披露行为。

8.4.2　研究结论

8.4.2.1　隐私计算各成分的作用

在隐私计算过程中：（1）收益感知决定隐私披露意愿的产生，其通过中心通道影响用户的隐私披露意愿；（2）风险感知通过边缘通道影响隐私披露意愿的产生，只有当收益感知较高时，风险感知才对隐私披露意愿产生影响。在实验 1 的行为结果中，当被试认为个性化服务的价值感知较低时，无论风险感知大小如何，被试都倾向于不披露隐私交换服务；相反，当被试认为个性化服务的价值感知较高时，则会进一步考虑风险带来的潜在损失，当风险感知较低时，被试倾向于披露隐私获取个性化服务，而当风险感知较高时，被试则倾向于不披露隐私交换个性化服务。被试们的决策反应时间得到了同样的结论。当收益感知较低时，被试们面对的风险感知无论高或低，其反应时间并没有显著的差异；而当收益感知较高时，高风险感知下的反应时间就显著长于低风险感知下的反应时间，表明被试经历了不同程度认知冲突。因此，本部分认为收益感知会决定隐私披露意愿的形成。

神经结果则反映了隐私计算的认知加工模式。在神经结果中，被试们面对不同收益感知时表现出了不同的 P2 振幅，这说明被试对于收益投入了显著差异的认知资源，即被试对收益投入了大量的认知资源；而面对不同的风险感知时，被试们并没有表现出很明显差异的 P2 振幅，说明被试对风险并没有投入过多的认知资源。因此，本研究认为收益感知通过中心通道影响隐私披露意愿的形成，而风险感知通过边缘通道影响隐私披露意愿的形成。

8.4.2.2　隐私关注和隐私计算的联系

当隐私关注水平较高时，用户会对风险感知投入更高的认知资源和注意力资源，影响用户识别收益感知，从而影响隐私计算，而隐私关注较低时则不会。在实验 2 的行为结果中发现，隐私关注水平会对隐私披露意愿造成显著的影响，隐私关注水平越高，隐私披露意愿就越低。通过进一步的分析发现，只有隐私关注水平较高的被试表现出了风险感知对隐私披露意愿的负向影响，而隐私关注水平较低的被试面对不同风险时，其隐私披露意愿并没有显著的差异。同样，反应时间数据也有相同的结果。只有隐私关注水平较高的被试表现出了风险感知对反应时间的显著影响，隐私关注水平较低的被试对不同风险下的决策反应时间不存在显著差异。从神经结果来看，高隐私关注用户面对高风险感知时，表现出了比低风险感知更高的 P2 峰值，表明其对风险感知投入了更大的注意力资源，而低隐私关注用户则没有表现出该现象。从 N2 振幅能够进一步确定该结论。高隐私关注被试面对不同的风险感知时，其 N2 峰值表现出显著的差异，而低风险感知被试则不然。因此，本研究认为，高隐私关注会对风险感知的认知资源分配产生影响。

8.4.3　贡献

8.4.3.1　理论贡献

首先，从研究视角来看，本章从隐私计算和隐私关注两个视角出发，结合行为实验和神经实验，研究了外部刺激和内在个人特征如何影响用户作出隐私披露决策。研究延续了前人的研究结果，对前人的假设大胆开展实验，更进一步研究隐私计算和隐私关注之间的关系，探究二者如何影响隐私披露意愿。

其次，从研究结论来看，研究结论揭示了隐私计算对用户隐私披露意愿产生影响的路径，并揭示了隐私关注如何影响用户隐私计算过程，为隐私悖论领域的研究提供了隐私计算和隐私关注共同作用于隐私披露意愿的较为科学和客观的解释，为相关研究提供了一个新的思路和研究方向。

最后，从研究方法上看，本章采用了行为实验和神经实验结合的方法，从微观层面在时间维度上剖析了用户作出隐私披露决策的全过程，研究得到了用户做出隐私披露决策的认知过程，证明了方法的科学性和可行性，为后续研究提供了一种更科学和客观的新方法。

8.4.3.2　管理启示

第一，企业要认识到自己服务的目标群体，推出能够提高用户价值感知的细节服务，从而提高用户的隐私披露意愿。本章表明，收益感知能够决定用户的隐私披露意愿，收益感知越高，用户的隐私披露意愿就越高。不同用户对个性化服务的需求不同，比如一些用户喜爱听音乐，一些用户喜爱看电视，而企业所提供的个性化服务一般只适用于一种服务，因此就需要企业找准自己服务的定位，找到合适的目标群体，做好这部分群体的服务，让他们感受到较高的价值感知，从而提高其隐私披露意愿，推动其披露隐私。此外，企业还可以针对需求有相似之处的用户推出相似的个性化服务，扩展其服务类型，扩大服务范围。

第二，针对隐私关注水平较高的用户，企业要降低用户的风险感知，如提高隐私透明度、增加隐私控制度等。由于其经历不同、知识范围不同、社会阶层不同，不同用户的隐私关注水平参差不齐，这就造就了企业收集用户隐私信息时的困难。针对这个问题，企业可以在用户使用个性化服务时推出体验问卷测量用户的隐私关注水平或根据用户的日常行为推测用户的隐私关注水平。然后，根据用户的隐私关注水平，定制不同的隐私控制方式。比如，针对高隐私关注用户，提高隐私透明度和控制程度，从而提高其隐私披露意愿；而针对低隐私关注用户，则不必要过多在意隐私控制程度。

第 9 章
新型消费场景中阶段授权对消费者隐私披露的影响机制

随着大数据技术的广泛应用，个性化服务已成为现代生活的重要组成部分，与个性化服务相伴而生的是严重的隐私泄露的风险。国家法律法规陆续出台要求企业在收集和使用用户隐私数据时要先获取用户授权，因此授权作为收集用户隐私信息的起点，在用户隐私披露决策中占据着重要地位。事实上，隐私请求授权的效果与情景和场景高度相关，因此本章节结合解释水平理论和调节定向理论，采用事件相关电位法，公开招募被试参与实验，通过两个脑电实验探究阶段授权与应用类型对用户隐私披露意愿的影响，以及不同调节定向个体在相同条件下的差异。

9.1　概念模型与研究假设

9.1.1　概念模型

本研究综合考虑阶段授权与应用类型的交互效应对用户隐私披露意愿的影响，探索场景前授权与场景中授权在不同类型的应用情景中存在的差异。本研究实验情景为用户在下载并使用 App 时必须经历的隐私授权决策场景，即场景前授权与场景中授权，从解释水平理论视角出发，探究不同阶段的授权在不同类型的应用场景中对用户隐私披露决策的影响，结合调节定向理论，探讨个人因素、不同具体特征的调节定向用户，在相同的实验刺激条件下，个体隐私披露决策行为上的差别，并利用事件相关电位技术揭示其中的用户认知反应过程。本研究的概念模型如图 9 – 1 所示。

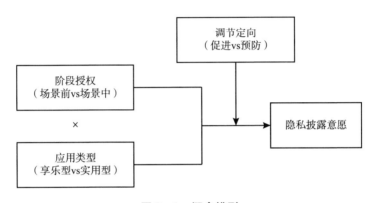

图 9 – 1　概念模型

9.1.2　研究假设

9.1.2.1　行为假设

（1）阶段授权和应用类型对用户隐私披露意愿的影响。

根据解释水平理论，人们对同一事件的理解和表述方式呈现出不同的抽象水平，高抽象水平即高解释水平，低抽象水平即低解释水平。解释水平与心理距离紧密相关，心理距离包括时间距离、空间距离、社会距离和假设性四个维度。对于心理距离远的事物，个体倾向于使用抽象的、高解释水平来表征，这种表征关注事物的核心和本质特征，通常是简单的、结构化的、连贯的、去背景化的，如钱表征为文字；

相反，对于心理距离近的事物，人们则倾向于使用具体的、低解释水平来表征，这些表征往往是复杂的、无组织的、不连贯的，并且包含更多的背景信息和非本质的特征，如钱表征为图片。在用户隐私授权决策情境中，场景前授权情况下，应用在用户真正使用服务前请求授权，尚未进入具体的使用场景，不了解权限对应的具体功能和服务。由于应用同时请求的权限及隐私信息较多，范围涵盖广泛，使得用户无法清楚了解平台所收集的权限，用户此时感知风险程度较高，对此事件的心理感知距离较远，因此，用户在面对场景前授权时倾向于用高解释水平表征。而在场景中授权情况下，应用会根据用户的具体使用场景动态请求权限，权限请求时间与数据使用时间一致，用户对应用索权的功能和服务有较深的理解，对当下即将发生的事情采用低解释水平来表征。

而在消费领域中，消费者对不同类型的产品有不同的偏好，其中按照产品特征和消费动机可以将产品分为享乐型产品和实用型产品。享乐型产品给人带来"幻想和乐趣的情感体验"，满足消费者的上层需求，提供象征价值，是一种感性主导的行为，容易受到情绪影响；而实用型产品则强调产品的工具性和功能，具备较高的认知价值，旨在满足消费者的基本需求，附带的情绪体验较弱，是一种理性主导的行为。应用程序作为为了满足用户特定需求而设计和生产的产物，具备特定的功能和价值，是一种特殊的产品。综合消费产品定义，本研究将应用类型按照应用特征和使用动机划分为享乐型应用和实用型应用。享乐型应用和实用型应用同样具备上述产品特性，享乐型应用更注重用户的情感体验和感受，而实用型应用则更注重解决实际问题和提供高效服务。

根据手段－目的链理论，低层次的消费目标让人易于联想到产品的具体特征或产品的使用过程；而高层次的消费目标通常与更为抽象的价值相关。就应用场景而言，享乐型应用注重用户的情感体验和感官享受，为用户提供了幻想和乐趣。用户评估产品享乐属性时更关注消费对自己的意义，将抽象的自我价值与产品相联系，与高解释水平的特征相吻合。相比之下，用户都是基于特定的任务和目标使用实用型应用，使用过程中用户需要关注具体的操作步骤、功能细节及与实际问题的对应关系等具体问题，更符合低解释水平特征。人们在进行评估和决策时，根据的是对目标事物所形成的心理表征，而非目标事物本身，因此会更偏好于与心理表征解释水平一致的信息，这种"匹配效应"的影响力甚至超过信息本身的内容特点、来源、呈现方式等，且一般是在无意识情况下发生的。基于上述分析，阶段授权可以激发不同解释水平的心理表征方式，并与应用类型形成"解释水平匹配效应"，将导致消费者加工信息的流程体验，并最终导致用户对隐私信息披露的积极态度。因此，本研究提出以下假设：

H9 - 1：对于享乐型应用，相较于场景中授权，场景前授权下用户更愿意披露隐私。

H9 - 2：对于实用型应用，相较于场景前授权，场景中授权下用户更愿意披露隐私。

（2）调节定向的调节作用。

在决策过程中，从参与因素来看，决策偏好的影响因素主要包括三个方面：即决策者本身、决策情景和决策对象（任务）。在决策者自身层面上，有学者发现个体的情绪、人格特性对其决策偏好具有一定的影响。调节定向理论指出人在面对同一刺激时，因个体存在两种不同的自我行为指导方式而做出趋利或避害两种行为，对应两种调节方式：促进定向与预防定向。促进定向型个体追求最终的理想状态，渴望进步和收益，需求以生长与发展为主，对于积极结果是否产生十分敏感，更关注期望和实现；预防定向型个体的安全需求占主导地位，更倾向于避免现实与期望状态不匹配，以确保安全、不遭受损失，最终目的是要避免发生对它们有明显影响的消极结果。用户隐私授权决策场景不同于常规的实物购买决策，而是服务"购买"决策，服务

"购买"的无形性、隐私权限使用的不确定性给个体带来很大的感知威胁。用户对实用型应用的消费是由对关键性能效益的期望驱动的，通常与用户的日常生活和工作息息相关，需要对信息来源有更多的信任，因此对安全性和功能性有更高的要求。场景中授权方式因其在具体的场景中请求权限，用户能深刻感受隐私交换的风险与收益，对隐私的控制感较强，相应地风险感知较弱。促进定向型个体倾向于追求成长和实现理想状态，关注积极结果和收益；而预防定向型个体则更关注避免损失和维持安全状态。在实用型应用场景中，无论是促进定向型还是预防定向型个体，都将隐私披露视为实现应用功能或获取服务的一种必要条件。促进定向型个体希望通过场景中授权更精确地控制个人信息的使用，以实现更高效的工作或生活体验；而预防定向型个体则可能更加关注隐私保护和安全性，场景中授权能够满足他们对个人信息精细控制的需求，减少隐私泄露的风险。

而对于享乐型应用，消费获得的更多是感官上的乐趣和快乐，会将注意力更多地集中于促进目标上，最终创造一种令人兴奋和愉快的体验，更符合促进定向型消费者追求积极体验和成长的动机。因此，在享乐型应用场景中，促进定向型个体更倾向于采取启发式策略，简化评估过程，在行为策略上具有明显的冒险倾向。场景前授权能够减少用户在使用过程中的干预和决策，使他们能够更快速、便捷地享受应用带来的乐趣和满足感，更符合促进定向型个体强调速度、探索性的信息加工方式。相反，预防定向型个体虽然在使用享乐型应用时也可能追求快乐，但由于其具有明显的保守倾向，偏好采用警惕策略，会更加审慎地评估场景前授权可能带来的隐私风险，甚至倾向于避免使用这类应用或减少使用频率。因此，预防定向型个体可能倾向于选择场景中授权方式。

基于上述讨论，本研究提出以下假设：

H9-3：对于实用型应用，无论是促进定向型个体还是预防定向型个体，用户在场景中授权下更愿意披露隐私。

H9-4：对于享乐型应用，相较于场景中授权，促进定向型个体在场景前授权下更愿意披露隐私。

H9-5：对于享乐型应用，相较于场景前授权，预防定向型个体在场景中授权下更愿意披露隐私。

9.1.2.2　脑电成分假设

P2 是出现在刺激呈现后的第二个正向波峰，又因为其一般出现在刺激后 200ms 左右而得名 P200，其潜伏期主要在 180 到 270ms 之间，常常在前额部脑区被发现，是一种半自动化的早期成分，与个体的注意力资源分配和风险感知密切相关。近年来，随着神经科学工具的不断发展，越来越多的学者开始采用高时间分辨率的 ERP 技术来深入探究决策过程的神经机制。佩因特等（2009）学者认为，当个体分配的注意力资源增加时，P2 波幅也会相应增大。除了反映注意力资源的分配，P2 成分还可以敏锐地反映个体的风险感知变化。秦军刚（2009）的实验结果表明 P2 波幅与被试对不确定性问题的风险感知程度密切相关。换句话说，当被试感知到的风险程度越高时，P2 成分的振幅也会越大，这一观点在环境危险评估任务中得到了进一步验证。黄宇霞（2004）的研究发现，风险环境事件下的 P2 波幅显著大于安全环境事件下的波幅。马庆国等（2014）在一项词汇危险程度评估实验中发现，与高危险词语相比，低危险词语刺激被试产生的 P2 波幅明显较低，说明高危险词语能够引发更强烈的 P2 反应。以上研究的实验结果充分说明，P2 成分能够反映个体对感知风险的认知水平，可以视作感知威胁程度的重要信号，感知风险的程度越高，诱发的 P2 成分也就越高。

晚期正电位（late positive potential，LPP）是 P300 家族中的晚期正成分，常常在刺激呈现后的 300 毫秒才会出现，并持续贯穿于整个认知加工过程。一些研究认为 LPP 与注意力资源的分配有密切的关系，

能够反映个体对信息的精细加工程度和动机唤醒程度。也有研究认为
LPP反映了情绪效价，相较于中性刺激，正性刺激和负性刺激诱发更
大的LPP波幅。

（1）阶段授权和应用类型对用户隐私披露意愿的影响。

根据上述内容，P2可以代表风险感知，风险感知的程度越高，诱
发的P2成分也就越高。在隐私披露决策情境中，场景前授权需要用户
在实际使用应用之前就作出关于隐私披露的决策，出于对未来可能发
生的事情的不确定性，用户认为在这种情况进行隐私披露会带来更高
的风险，引发更大的风险感知。相比之下，场景中授权发生在用户实
际使用应用的过程中，用户可以根据应用的实际功能和使用体验来逐
步决定是否披露隐私，为用户提供了更多的控制和感知空间，降低了
风险感知的水平。因此，本研究推测场景前授权会诱发更大的P2成
分。进一步，在实用型应用中，实用型应用通常强调的是功能性和实
用性，而非娱乐性或享乐性，是一种长期使用的过程，使用频率较高，
涉及的隐私及产生的数据敏感度相对较高。因此，在场景前授权下，
用户需要更早地权衡隐私披露与功能使用之间的利弊，导致更高的风
险感知，进而诱发更大的P2波幅。基于上述讨论，提出以下假设：

H9-6：相较于场景中授权，场景前授权下用户隐私披露决策诱发
更大的P2波幅。

H9-7：对于实用型应用，相较于场景中授权，场景前授权下用户
隐私决策诱发更大的P2波幅。

LPP波幅在一定程度上可以表达情绪效价，情绪起伏越大，LPP波
幅越大。相较于注重功能性和实用性的实用型应用，用户往往是基于
对快乐的追求使用享乐型应用。享乐型应用着重关注用户的情感体验
和感官享受，例如游戏、音乐、视频等，通常利用丰富的感官刺激和
互动设计吸引用户，更容易激发用户的积极情绪，在大脑中表现为
LPP波幅的增大。积极情绪状态下的个体会为了维持积极情绪、倾向

于保守从而降低自己的风险感知。因此，在场景前授权情景下，一方面，在开始使用享乐型应用之前就给予用户更多的自主权和选择权进行隐私披露决策，用户可以根据自己的意愿来决定是否分享个人信息，这种自主权可能增强了用户的积极情绪体验；另一方面，场景中授权要求用户在享受服务的同时处理隐私相关问题，积极情绪可能会被打断。因此，享乐型应用中场景前授权诱发的 LPP 波幅可能要大于场景中授权。基于以上讨论，提出如下假设：

H9-8：相较于实用型应用，享乐型应用场景下用户隐私披露决策诱发更大的 LPP 波幅。

H9-9：对于享乐型应用，相较于场景中授权，场景前授权下用户隐私决策诱发更大的 LPP 波幅。

（2）调节定向的调节作用。

根据调节定向理论，预防定向型个体更加关注风险和损失，在决策过程中会注意细节信息以规避风险，在隐私决策中则表现为对隐私泄露的风险关注。在实用型应用中，用户主要关注应用的实用性和功能性，决策往往与完成任务或解决问题相关。对于预防定向型个体来说，场景前授权使得权限请求时间和数据使用时间脱离，导致预防定向型个体对风险的敏感度更高，会更加仔细地评估潜在的风险，诱发较大的 P2 成分。而促进定向型个体对收益和积极结果更加敏感，风险并不是其第一参考标准，对风险分配的注意力资源较少，P2 波幅较小。促进定向型个体在享乐型应用中基于对进步、收益和积极结果的偏好更加关注用户体验和积极情绪感受，场景前授权方式能给用户带来更流畅的用户体验，引发更大的 LPP 波幅。基于此，提出以下假设：

H9-10：预防定向型个体在实用型应用中使用场景前授权诱发更大的 P2 波幅。

H9-11：促进定向型个体在享乐型应用中使用场景前授权诱发更大的 LPP 波幅。

9.2　研 究 设 计

9.2.1　实验概述

基于上述概念模型概述与研究假设，本研究将通过两个实验来验证假设。

实验一的目的在于检验阶段授权与应用类型的交互效应对用户隐私披露意愿的影响。本实验采用 2（阶段授权：场景前 vs 场景中）×2（应用类型：享乐型 vs 实用型）双因素组间实验设计验证在不同的应用场景中，是否不同阶段授权会对用户隐私披露意愿产生不同影响效果。

实验二的目的在于检验调节定向在实验一条件下的调节作用，本实验采用 2（阶段授权：场景前 vs 场景中）×2（应用类型：享乐型 vs 应用型）×2（调节定向：促进 vs 预防）的三因素组间实验设计验证具有不同特征调节定向的个体在实验一的情景条件下的隐私披露决策。

9.2.2　实验被试

实验一在郑州某高校共招募了 25 名学生被试自愿参与实验，剔除一名伪迹过多的被试，最终有效数据为 24 份，其中包括 13 名男生及 11 名女生，平均年龄为 21.3 岁。所有被试均是右利手，非色盲，视力或矫正视力正常，无心理疾病或神经系统病史，实验前三天没有饮酒行为。实验前均会让被试回忆其以前的应用下载及使用经历，在正式实验前，会向被试详细介绍具体的实验流程，确保他们对即将进行的任务有充分的理解，向被试说明脑电工具的无创性特点，被试签署实验知情同意书以表明其是自愿参与实验，并在试验结束后获取 50 元报酬。

实验二通过问卷星发放中文版调节定向问卷（Regulatory Focus Questionnaire，RFQ）进行筛选，最终共招募了 34 名被试自愿参与实验，其中促进定向组与预防定向组各 17 人，保持性别比例在 1∶1 左右。由于促进定向组一名被试无效次较多应予以剔除，为保持两组统计数量一致，将预防定向组一名数据损失较多的被试予以剔除。最终有效数据为 32 份，促进定向组与预防定向组各 16 人，其中男生 18 人，女生 14 人，平均年龄为 22.5 岁。其他条件同实验一。测量调节定向量表如表 9 – 1、表 9 – 2 所示。

表 9 – 1　　　　　　　　　　调节定向问卷题目

测量维度	测量题项	变量赋值
促进定向	我总是无法得到生活中想要的	1 ~ 7 完全不符合——完全符合
	我总是没有兴趣爱好	
	我总是感觉已朝着成功迈进了	
	我看重的事情总是做得不理想	
	对于想做的事我总是做得很好	
	成功总是让我更努力	
预防定向	我总是让父母无法忍受	1 ~ 7 完全不符合——完全符合
	我总是以父母认为不对的方式行事	
	我总是让父母烦心	
	我总是遵守父母定的规矩	

表 9 - 2　　　　　　　　　　　应用类型分类问卷题目

变量维度	题项	变量赋值
享乐型应用	你觉得这个应用是好玩的	1 ~ 7 完全不符合——完全符合
	你觉得这个应用是有趣的	
	你觉得使用这个应用是令人享受的	
实用型应用	你觉得这个应用是实用的	1 ~ 7 完全不符合——完全符合
	这个应用对你有所帮助	
	你觉得这个应用是好用的	

9.2.3　实验材料

实验一为了尽可能确定用户认同的享乐型应用和实用型应用，本研究从手机市场占有率最高的苹果应用商店中选取 50 个使用频率高的应用，邀请了郑州某高校的 60 名在校生作为前测实验的被试（男生 34 人，女生 26 人）。采用沃思等的 7 分量表对目标应用进行分类。应用类型分类量表问卷题目如附录 2 所示。最终确定享乐型应用的实验材料包括抖音、爱奇艺、网易云音乐、番茄小说等共 20 个，实用型应用的实验材料包括企业微信、百度网盘、WPS、腾讯会议、支付宝等共 20 个。

个体对应用程序权限请求的风险感知与企业收集数据的目的紧密相连，这种感知在很大程度上决定了用户对应用程序整体可信性的评估。根据贝斯默（2009）的研究，用户在面对在线社交软件时，更愿意分享与其功能紧密相关的信息。然而，如果请求的个人信息与应用程序的功能关联度不高，那么即使涉及的信息看似风险较低，如年龄等，也会引起用户的隐私顾虑，并可能削弱他们对该产品及其企业的信任。因此，本研究选择以权限相关性作为评价标准。以拍照软件为例，其主要功能依赖于访问摄像头和相册信息，从而辅助用户进行拍照和图片编辑，因此，对相机的访问请求具有高度的相关性。相反，如果该拍照软件试图获取用户的通讯录信息，那么这种权限请求就显示出较低的相关性。

本研究对选定的应用程序所请求的隐私权限进行了汇总，从中筛选出七种最常被请求的隐私信息类别，包括地理位置、通讯录、相机、麦克风、短信、日历和存储等。为了在正式实验中选取合适的隐私权限，我们邀请了郑州某高校 214 名在校学生参与前测实验，其中包括101 名男生和 113 名女生，要求被试对每种应用所需的七种隐私权限相关性进行评估。回答以下问题："在 XX 应用中，你认为哪一项权限与该应用的核心功能最为紧密相关？"。随后对相同类型应用的权限按照选择率进行排序。

鉴于消费者倾向于偏好那些对他们有实际利益和价值的信息，信息的感知相关性对消费者的决策具有显著影响。为了减少权限相关性在极端情况下可能对消费者风险感知产生的负面影响，避免对因变量的干扰，本实验在七种权限中挑选了排名第三、第四、第五的权限作为研究对象。

实验授权请求界面的设计模拟应用在场景前和场景中请求授权的真实界面，力图还原用户真实的使用情境。每张图片均保持实验材料亮度与对比度相同，尺寸统一。示例如图 9 - 2 至图 9 - 5 所示。

实验二为了控制用户对已有 App 的熟悉度及品牌对实验效果的影响，实验二在实验一的基础上，所有的应用名称均采用与原有名称相似的虚拟名称代替。例如，易搜浏览器、千度地图、简信、开心音乐、趣味短视频、快乐购物等。其他条件同实验一。

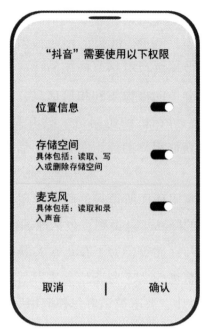

图9-2   享乐型—场景前授权隐私权限请求

图9-3   享乐型—场景中授权隐私权限请求

注：图片均来自抖音公开应用截图。

图 9 - 4　实用型—场景前授权隐私权限请求

图 9 - 5　实用型—场景中授权隐私权限请求

注：图片来自腾讯会议应用截图。

9.2.4　实验流程

本研究的实验程序均通过 E-Prime3.0 软件进行编写与呈现。实验开始前，被试均要事先经过头发清洁降低数据采集过程中的阻抗，佩戴 64 导电极帽，所有相关通道的电阻均在 10kΩ 以下。被试舒适地坐在 24 寸显示屏前，显示器偏差角度为 5 度，被试距离显示屏大约 80 厘米。被试在实验过程中尽可能避免身体扭动、按键时眨眼等动作，提高数据采集效率，减少伪迹。在正式实验开始前，被试均要经过 10 次的预实验以熟悉实验流程。

在实验中，被试首先认真阅读实验指导语，在明白实验任务后按下"空格"键进入正式实验。实验指导语结束后进入一段随机持续时间为 500～800 毫秒的空屏平息被试的认知神经活动。空屏结束后，电脑屏幕中心会呈现一段持续时间为 800 毫秒的注视点，意在提醒被试集中注意力。紧接着就是呈现刺激图片，呈现时间持续为 2000 毫秒。刺激图片结束后，会出现一段持续时间为 800 毫秒的注视点以提示被试即将进入决策阶段。被试需要在决策阶段做出是否愿意披露隐私信息的决策，同意披露隐私按下"F"键，拒绝披露隐私则按下"J"键，作出决策后自动进入下一个实验。如果被试在 3000 毫秒的有效时间内没有作出决策，则直接进入下一个实验，该实验视为无效。若一个被试出现多次无效实验，则将该被试的数据剔除。本研究将实验程序分为场景前授权与场景中授权两个阶段，每个被试在每个阶段实验进行 60 次 trail，每个被试在整个实验过程中要进行 $2 \times 60 = 120$ 次 trail，单个试次流程如图 9-6 所示。

场景前授权情景下的实验指导语：欢迎您参与本次实验，本次实验数据仅用于学术研究。请您设想以下情景：您下载了某应用后打开该软件，此时向您弹出以下隐私信息授权界面。请结合您的实际情况选择是否同意权限请求，完成以上选择，您就可以正式使用该应用。同意权限请求请按"F"键，拒绝权限请求请按"J"键，明白实验流程后请按"空格"键正式进入实验。任何不能清楚理解的地方请咨询实验助手。

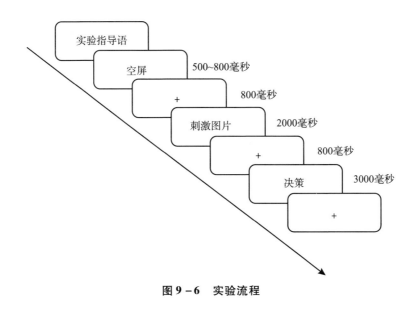

图 9 - 6　实验流程

场景中授权情景下的实验指导语：欢迎您参与本次实验，本次实验数据仅用于学术研究。请您设想以下情景：您正在使用某应用的某项功能，此时向您弹出以下隐私信息授权界面。请结合您的实际情况选择是否同意权限请求。同意权限请求请按"F"键，拒绝权限请求请按"J"键，明白实验流程后请按"空格"键正式进入实验。任何不能清楚理解的地方请咨询实验助手。

9.3　假设检验

9.3.1　行为数据分析

本研究使用 E-Prime3.0 软件实现刺激材料呈现和行为数据收集，

它可以准确、锁时地记录不同条件下被试的决策选项与决策耗费的时间，也即隐私披露率与决策反应时长，本研究中只关注了隐私披露率这一指标，隐私披露率＝选择"F"键的次数／全部有效决策的次数（不包括在决策阶段超时未作出决策的情况）。

9.3.1.1　实验一阶段授权和应用类型对用户隐私披露意愿的影响

以隐私披露率为因变量进行 2（阶段授权：场景前授权 vs 场景中授权）×2（应用类型：享乐型应用 vs 实用型应用）的双因素方差分析。结果表明，阶段授权的主效应不显著（$F = 1.134$，$p = 0.293$），场景前授权时被试的隐私披露率（$M_{场景前} = 0.561$）与场景中授权时被试的隐私披露率（$M_{场景中} = 0.608$）没有显著差异；应用类型的主效应不显著（$F = 0.057$，$p = 0.452$），在享乐型应用场景中被试的隐私披露率（$M_{享乐型} = 0.568$）与实用型应用场景中被试的隐私披露率（$M_{实用型} = 0.601$）没有显著差异；阶段授权与应用类型的交互效应显著（$F = 25.238$，$p < 0.01$），如表 9-3 所示。也就是说，阶段授权要结合应用类型场景对用户的隐私信息披露决策发挥作用。

表 9-3　　　阶段授权与应用类型对隐私披露意愿的方差分析

项目		平均值	标准差	F	P 值	η^2
场景前授权	享乐型应用	0.655	0.18	1.134	0.293	0.026
	实用型应用	0.469	0.15			
场景中授权	享乐型应用	0.482	0.15	0.057	0.452	0.013
	实用型应用	0.735	0.12			
阶段授权×应用类型		—	—	25.238	<0.01	0.579

进一步对阶段授权与应用类型的交互作用做简单效应分析，结果表明，在享乐型应用场景中，场景前授权对用户隐私披露意愿有显著的正向影响，场景前授权情境下被试的隐私披露率（$M_{场景前} = 0.655$）

要明显大于场景中授权情境下的用户隐私披露率（$M_{场景中} = 0.482$），$p = 0.04$，假设 H1 得以验证。而在实用型应用场景中，相较于场景前授权（$M_{场景前} = 0.469$），被试在场景中授权情境下（$M_{场景中} = 0.735$）更愿意披露隐私信息，$p < 0.01$，假设 H2 得到验证。如表 9 - 4 所示。

表 9 - 4　阶段授权和应用类型交互效应对用户隐私披露意愿的简单效应分析

应用类型	场景前授权（I）	场景中授权（J）	平均值差值（$I - J$）	p
享乐型应用	0.655	0.482	0.173	0.04
实用型应用	0.469	0.735	- 0.266	< 0.01

9.3.1.2　实验二 调节定向的调节作用

实验二在实验一的基础上将实验应用场景更换为虚拟的品牌，排除平台声誉、平台熟悉度对研究结果的影响。调节定向、阶段授权与应用类型对用户隐私披露意愿的影响以调节定向、阶段授权和应用类型为自变量，隐私披露率为因变量进行三因素方差分析。结果表明，阶段授权的主效应不显著（$F = 1.291$，$p = 0.261$），应用类型的主效应不显著（$F = 0.061$，$p = 0.806$），调节定向的主效应不显著（$F = 0.056$，$p = 0.813$），阶段授权和应用类型的交互效应显著（$F = 8.202$，$p = 0.006$），三者的交互效应显著（$F = 4.766$，$p = 0.033 < 0.05$）。如表 9 - 5 所示。

表 9 - 5　隐私披露率的主体间效应检验

项目	η^2	均方	F	p
阶段授权	0.031	0.031	1.291	0.261
应用类型	0.001	0.001	0.061	0.806
调节定向	0.001	0.001	0.056	0.813
阶段授权×应用类型	0.199	0.199	8.202	0.006

续表

项目	η^2	均方	F	p
阶段授权×调节定向	0.277	0.277	11.427	0.001
应用类型×调节定向	0.020	0.020	0.830	0.366
阶段授权×应用类型×调节定向	0.115	0.115	4.766	0.033

由此，我们进一步进行简单效应分析，做成对比较，如表 9-6 所示。结果发现，调节定向在场景前授权—实用型应用组中的调节效应不显著，具体而言，在实用型应用场景中，促进定向型个体和预防定向型个体在场景前授权情境下的隐私披露率没有显著差异（$M_{促进}$ = 0.583，SD = 0.135；$M_{预防}$ = 0.581，SD = 0.115；F = 0.001，p = 0.981 > 0.05）；调节定向在场景中授权—实用型应用组中的调节效应不显著，具体而言，在实用型应用场景中，促进定向型个体和预防定向型个体在场景中授权情境下的隐私披露率没有显著差异（$M_{促进}$ = 0.604，SD = 0.253；$M_{预防}$ = 0.694，SD = 0.139；F = 1.376，p = 0.246 > 0.05）；明显可以看出，在实用型应用中，无论是促进定向型个体还是预防定向型个体，均在场景中授权情境下更加愿意披露隐私，由此假设 H3 得以验证。

表 9-6 调节效应的成对比较

应用类型	阶段授权	调节定向	平均值	标准差	F	p
享乐型应用	场景前授权	促进定向	0.805	0.148	9.726	0.003
		预防定向	0.563	0.160		
	场景中授权	促进定向	0.433	0.141	5.977	0.018
		预防定向	0.623	0.106		
实用型应用	场景前授权	促进定向	0.583	0.135	0.001	0.981
		预防定向	0.581	0.115		
	场景中授权	促进定向	0.604	0.253	1.376	0.246
		预防定向	0.694	0.139		

而在场景前授权—享乐型应用组和场景中授权—享乐型应用组中，调节定向的调节作用均显著。成对比较结果如表 9 - 6 所示，促进定向型个体在场景前授权—享乐型应用组的隐私披露意愿（$M_{促进} = 0.805$，$SD = 0.148$）要远大于预防定向型个体在相同情境下的隐私披露意愿（$M_{预防} = 0.563$，$SD = 0.160$），$F = 9.726$，$p = 0.003 < 0.01$。而预防定向型个体在场景中授权—享乐型应用组的隐私披露意愿大于促进定向型个体（$M_{预防} = 0.623$，$SD = 0.106$；$M_{促进} = 0.433$，$SD = 0.141$；$F = 5.977$，$p = 0.018 < 0.05$）。表明在享乐型应用中，促进定向型个体在场景前授权情境下更愿意披露隐私，假设 H4 得以验证；预防定向型个体在场景中授权情境下更愿意披露隐私，由此假设 H9 - 5 得以验证。

9.3.2 脑电成分分析

9.3.2.1 脑电数据预处理

实验中采用 E-Prime3.0 软件进行实验程序编写与行为数据收集，采用博睿康 NeuroScan W64 64 导电极帽系统收集脑电数据。头皮各电极的电阻值降到 $10k\Omega$ 以下，保证原始数据采集的准确性，电极位置采用国际 10 - 20 系统。具体脑电数据处理过程如下：

（1）预览数据。预先观察原始数据，剔除漂移严重和伪迹过多的数据片段。

（2）电极定位。在 EEGLAB 中导入脑电通道位置文件，确定采集数据与脑电通道正确对应。

（3）降低采样率。将脑电数据采样率从 1000 赫兹降低为 500 赫兹，减小文件存储大小，加快后续步骤的处理速度。

（4）滤波。采用 0.1 ~ 30 赫兹的带通滤波使原始脑电数据线条变得更加平滑。

（5）重参考。将参考电极设置为双侧乳突即双耳突起位置 M1、M2。

（6）去除噪声。使用 ICA 方法对数据进行独立成分分析，手动去除眼电与肌电等伪迹。

（7）分段。以数据中的刺激类型 Mark 标记作为零时刻点，选取零时刻点前 200ms 到零时刻点后 800ms 的数据作为一个数据分析单元。

（8）基线校正。将刺激后 800ms 的脑电信号值减去刺激前的 200ms 的脑电信号的平均值。

（9）剔除极端值。剔除 ±100 微伏的脑电信号。

（10）叠加平均。将每个被试保留的 trail 数据值进行平均，得到单个被试的数据均值。

本研究主要考察的 ERP 成分是反映风险感知的 P2 成分，以及反应个体情绪的 LPP 成分。借鉴前人文献，确定本研究中 P2 和 LPP 的时间窗与电极点。P2 成分选取时间窗口为 180ms ~ 270ms，电极点采用 P3、Pz、P4 进行分析。LPP 成分选取时间窗为 500ms ~ 700ms，电极点采用 CP1、CP2、CP3 进行分析。

9.3.2.2　实验一 阶段授权和应用类型对用户隐私披露意愿的影响

（1）对 P2 成分进行分析。

对实验一中经过处理得到的 P2 成分进行 2（阶段授权：场景前授权 vs 场景中授权）×2（应用类型：享乐型 vs 实用型）× 电极点（P3、Pz、P4）进行多因素方差分析。结果如表 9 - 7 所示，阶段授权的主效应显著（$F = 13.87$，$p < 0.01$），在隐私披露决策中，场景前授权诱发的 P2 波幅（$M_{场景前} = 6.181$，$SD = 3.262$）要显著大于场景中授权诱发的 P2 波幅（$M_{场景中} = 4.456$，$SD = 2.922$）；应用类型的主效应不显著（$M_{享乐型} = 5.276$，$SD = 3.437$；$M_{实用型} = 5.360$，$SD = 3.437$；$F = 0.032$，$p = 0.858 > 0.01$），电极点主效应显著（$F = 3.701$，$p = 0.027 < 0.05$）；阶段授权和应用类型的交互效应显著（$F = 14.175$，$p <$

0.01）；阶段授权和电极点的交互效应显著（$F = 3.749$，$p = 0.026 <$ 0.05）；应用类型和电极点的主效应显著（$F = 7.452$，$p < 0.01$）；阶段授权、应用类型和电极点的交互效应不显著（$F = 0.134$，$p = 0.875 >$ 0.05）。这表明，不同的阶段授权方式诱发了不同的 P2 波幅。场景前授权情境下，P2 波幅较高；场景中授权情境下，P2 波幅较低，场景前授权使被试感知到较大的风险；应用类型对 P2 波幅不存在显著影响，人们在使用享乐型应用和实用型应用时的 P2 波幅没有明显差异。由此假设 H9 - 6 得以验证。

表 9 - 7　　　　　　　　　　　P2 波幅主体间效应检验

项目	η^2	均方	F	p
阶段授权	107. 165	107. 165	13. 87	0
应用类型	0. 249	0. 249	0. 032	0. 858
电极点	57. 185	28. 593	3. 701	0. 027
阶段授权 × 应用类型	109. 521	109. 521	14. 175	0
阶段授权 × 电极点	57. 934	28. 967	3. 749	0. 026
应用类型 × 电极点	115. 156	57. 578	7. 452	0. 001
阶段授权 × 应用类型 × 电极点	2. 073	1. 037	0. 134	0. 875

进一步对阶段授权和应用类型的交互效应做简单效应分析。结果如表 9 - 8 所示，在实用型应用中，场景前授权诱发的 P2 波幅（$M_{场景前} = 7.094$）要显著大于场景中授权诱发的 P2 波幅（$M_{场景中} = 3.625$，$F = 28.044$，$p < 0.010$）；而在享乐型应用中，场景前授权（$M_{场景前} = 5.267$）和场景中授权（$M_{场景中} = 5.286$）诱发的 P2 波幅没有显著差异（$F = 0.001$，$p = 0.977 > 0.050$）。由此假设 H9 - 7 得以验证。P2 成分脑电波形图如图 9 - 7 所示。

表 9 - 8　　　　　　阶段授权和应用类型对 P2 波幅的简单效应分析

应用类型	场景前授权（I）	场景中授权（J）	平均值差值（$I-J$）	F	p
享乐型应用	5.267	5.286	-0.019	0.010	0.097
实用型应用	7.094	3.625	3.469	28.044	<0.010

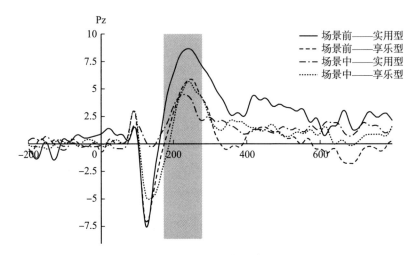

图 9 - 7　实验一 P2 成分波幅对比

（2）对 LPP 成分进行分析。

对实验一中经过预处理收集到的 LPP 数据进行 2（阶段授权：场景前授权 vs 场景中授权）×2（应用类型：享乐型应用 vs 实用型应用）×电极点（CP1、CP2、CP3）多因素方差分析，主体间效应如表 9 - 9 所示。阶段授权的主效应不显著（$M_{场景前}=3.044$，$SD=1.966$；$M_{场景中}=2.937$，$SD=1.456$；$F=0.168$，$p=0.682>0.050$）；应用类型的主效应显著（$F=8.716$，$p=0.004<0.010$），具体而言，享乐型应用场景中被试诱发的 LPP 波幅（$M_{享乐型}=3.378$，$SD=1.761$）明显大于实用型应用场景中的 LPP 波幅（$M_{实用型}=2.605$，$SD=1.608$）；电极点的主效应不显著（$F=0.310$，$p=0.734>0.050$）；阶段授权和应用类型的交互效应显著（$F=6.990$，$p=0.009<0.010$）；阶段授权和电极点的

主效应显著（$F = 6.334$，$p = 0.002 < 0.010$）；阶段授权、应用类型和电极点的交互效应不显著（$F = 0.747$，$p = 0.476$）。这表明，阶段授权的不同对 LPP 波幅没有显著影响；应用类型会影响 LPP 波幅，相较于实用型应用，享乐型应用可以诱发更大的 LPP 波幅；电极位置对 LPP 波幅不存在显著影响，各电极点所表现出的 P2 波幅不存在显著差异。由此假设 H9 – 8 得以验证。

表 9 – 9　　　　　　　　　　　　　LPP 波幅主体间效应检验

项目	η^2	均方	F	p
阶段授权	0.415	0.415	0.168	0.682
应用类型	21.507	21.507	8.716	0.004
电极点	1.528	0.764	0.310	0.734
阶段授权×应用类型	17.249	17.249	6.990	0.009
阶段授权×电极点	31.261	15.630	6.334	0.002
应用类型×电极点	23.886	11.943	4.840	0.009
阶段授权×应用类型×电极点	3.686	1.843	0.747	0.476

对阶段授权和应用类型的交互作用进一步做简单效应分析，结果如表 9 – 10 所示。在享乐型应用场景中，场景前授权诱发的 LPP 波幅与场景中授权有显著差异（$F = 4.664$，$p = 0.033 < 0.050$），被试在享乐型—场景前授权组中诱发的 LPP 波幅（$M_{场景前} = 3.778$，$SD = 2.097$）要显著大于享乐型—场景中授权组（$M_{场景中} = 2.978$，$SD = 1.250$）；而在实用型场景中，场景前授权诱发的 LPP 波幅（$M_{场景前} = 2.312$，$SD = 1.529$）与场景中授权（$M_{场景中} = 2.90$，$SD = 1.653$）没有显著差异（$F = 2.495$，$p = 0.117 > 0.050$）。由此假设 H9 – 9 得以验证。LPP 波幅对比如图 9 – 8 所示。

表9-10　　　　　阶段授权和应用类型对 LPP 波幅的简单效应分析

应用类型	场景前授权（I）	场景中授权（J）	平均值差值（$I-J$）	F	p
享乐型应用	3.778	2.978	-0.800	4.664	0.033
实用型应用	2.312	2.900	-0.585	2.495	0.117

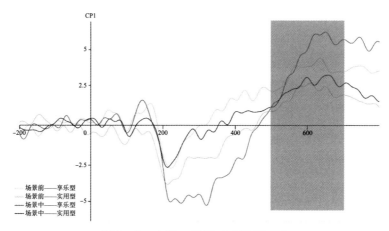

图9-8　实验一 LPP 成分波幅对比

9.3.2.3　实验二 调节定向的调节作用

（1）对 P2 成分进行分析。

以 P2 成分的平均波幅（在 P3、Pz、P4 三个电极点的 P2 波幅的平均值）因变量，进行 2（阶段授权：场景前 vs 场景中）×2（应用类型：享乐型 vs 实用型）×2（调节定向：促进定向 vs 预防定向）的多因素方差分析。结果表明，阶段授权主效应不显著（$F = 1.736$，$p = 0.193 > 0.050$）；应用类型主效应不显著（$F = 0.598$，$p = 0.443 > 0.050$）；调节定向的主效应不显著（$F = 0.112$，$p = 0.739 > 0.050$）；阶段授权和应用类型的主效应显著（$F = 5.913$，$p = 0.018 < 0.050$）；阶段授权和调节定向的交互效应显著（$F = 4.49$，$p = 0.039 < 0.050$）；应用类型和调节定向的交互效应显著（$F = 4.679$，$p = 0.035$）；阶段授权、应用类型和调节定向的交互效应显著（$F = 5.757$，$p = 0.020 <$

0.050）。主体间效应检验结果如表9–11所示。

表9–11   **P2波幅调节效应的主体间效应检验**

项目	η^2	自由度	均方	F	p
阶段授权	10.875	1	10.875	1.736	0.193
应用类型	3.748	1	3.748	0.598	0.443
调节定向	0.701	1	0.701	0.112	0.739
阶段授权×应用类型	37.051	1	37.051	5.913	0.018
阶段授权×调节定向	28.138	1	28.138	4.490	0.039
应用类型×调节定向	29.318	1	29.318	4.679	0.035
阶段授权×应用类型×调节定向	36.074	1	36.074	5.757	0.020

进一步对阶段授权、应用类型和调节定向的交互作用做简单效应分析，成对比较结果如表9–12所示，在实用型场景中，相较于促进定向组（$M_{促进}=6.000$，$SD=3.800$），预防定向组（$M_{预防}=10.390$，$SD=3.587$）个体在面对场景前授权情境下产生更大的P2波幅（$F=12.306$，$p<0.010$）。假设H9–10得以验证。调节定向的P2成分波幅对比见图9–9。

表9–12   **P2波幅的成对比较分析**

应用类型	阶段授权	调节定向	平均值	标准差	F	p
享乐型应用	场景前授权	促进定向	6.849	1.521	0.461	0.500
		预防定向	5.529	2.056		
	场景中授权	促进定向	7.371	1.434	0.505	0.480
		预防定向	6.402	1.814		
实用型应用	场景前授权	促进定向	6.000	3.800	12.306	<0.010
		预防定向	10.390	3.587		
	场景中授权	促进定向	6.481	3.139	0.897	0.348
		预防定向	5.217	1.040		

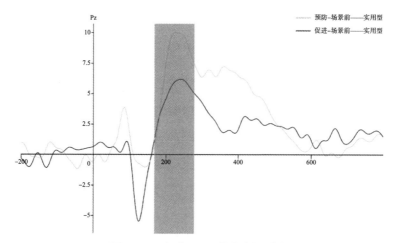

图9-9   实验二 P2 成分波幅对比

（2）对 LPP 成分进行分析。

以 LPP 成分的平均波幅（在 CP1、CP2、CP3 三个电极点的 LPP 波幅的平均值）为因变量，进行 2（阶段授权：场景前 vs 场景中）×2（应用类型：享乐型 vs 实用型）×2（调节定向：促进定向 vs 预防定向）的多因素方差分析。主体间效应检验结果如表 9-13 所示，阶段授权的主效应不显著（$F = 0.695$，$p = 0.408 > 0.050$）；应用类型的主效应不显著（$F = 3.090$，$p = 0.084 > 0.050$）；调节定向的主效应不显著（$F = 0.388$，$p = 0.536 > 0.050$）；阶段授权和应用类型的交互效应不显著（$F = 0.026$，$p = 0.871 > 0.050$）；阶段授权和调节定向的交互效应不显著（$F = 2.861$，$p = 0.096 > 0.050$）；应用类型和调节定向的交互效应不显著（$F = 0.093$，$p = 0.762 > 0.050$）；阶段授权、应用类型和调节定向的交互效应显著（$F = 5.822$，$p = 0.019 < 0.050$）。

表 9-13   LPP 波幅调节效应的主体间效应检验

项目	η^2	自由度	均方	F	p
阶段授权	1.552	1	1.552	0.695	0.408
应用类型	6.901	1	6.901	3.090	0.084

续表

项目	η^2	自由度	均方	F	p
调节定向	0.866	1	0.866	0.388	0.536
阶段授权×应用类型	0.059	1	0.059	0.026	0.871
阶段授权×调节定向	6.388	1	6.388	2.861	0.096
应用类型×调节定向	0.208	1	0.208	0.093	0.762
阶段授权×应用类型×调节定向	13.002	1	13.002	5.822	0.019

进一步对阶段授权、应用类型和调节定向的交互效应做成对结果比较，结果如表9－14所示，在实用型应用场景中，相较于预防定向型个体（$M_{预防} = 2.610$，$SD = 2.622$），促进定向型个体（$M_{促进} = 4.490$，$SD = 1.754$）在场景前授权情境下诱发更大的LPP波幅（$F = 6.330$，$p = 0.015 < 0.050$）。其他条件下的LPP没有显著差异，由此，假设H11不成立。LPP成分波幅对比如图9－10所示。

表9－14　　　　　　LPP波幅的成分对比较分析

应用类型	阶段授权	调节定向	平均值	标准差	F	p
享乐型应用	场景前授权	促进定向	2.878	0.788	0.041	0.841
		预防定向	3.029	1.077		
	场景中授权	促进定向	2.776	1.898	0.270	0.605
		预防定向	2.387	1.138		
实用型应用	场景前授权	促进定向	4.490	1.754	6.330	0.015
		预防定向	2.610	2.622		
	场景中授权	促进定向	2.706	0.859	2.523	0.118
		预防定向	3.892	0.701		

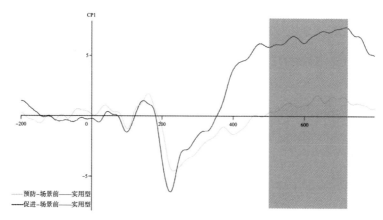

图 9 - 10　实验二 LPP 成分波幅对比

综上所述，行为假设和脑电成分假设成立情况如表 9 - 15 所示。

表 9 - 15　　　　　　　　　行为假设和脑电假设成立情况

假设	假设内容	是否成立
H9 - 1	对于享乐型应用，相较于场景中授权，场景前授权下用户更愿意披露隐私	是
H9 - 2	对于实用型应用，相较于场景前授权，场景中授权下用户更愿意披露隐私	是
H9 - 3	对于实用型应用，无论是促进定向型个体还是预防定向型个体，用户在场景中授权下更愿意披露隐私	是
H9 - 4	对于享乐型应用，相较于场景中授权，促进定向型个体在场景前授权下更愿意披露隐私	是
H9 - 5	对于享乐型应用，相较于场景前授权，预防定向型个体在场景中授权下更愿意披露隐私	是
H9 - 6	相较于场景中授权，场景前授权下用户隐私披露决策诱发更大的 P2 波幅	是
H9 - 7	对于实用型应用，相较于场景中授权，场景前授权下用户隐私决策诱发更大的 P2 波幅	是
H9 - 8	相较于实用型应用，享乐型应用场景下用户隐私披露决策诱发更大的 LPP 波幅	是
H9 - 9	对于享乐型应用，相较于场景中授权，场景前授权下用户隐私决策诱发更大的 LPP 波幅	是
H9 - 10	预防定向型个体在实用型应用中使用场景前授权诱发更大的 P2 波幅	是
H9 - 11	促进定向型个体在享乐型应用中使用场景前授权诱发更大的 LPP 波幅	否

9.3.3　实验结果讨论

9.3.3.1　行为数据讨论

实验一的行为数据结果证实了阶段授权和应用类型在隐私披露决策中的匹配效应：表明阶段授权和应用类型的交互作用对用户隐私披露意愿显著，即在享乐型应用场景下，场景前授权会比场景中授权更能让用户披露隐私，提出假设 H9 – 1；而在实用型应用场景中，相比于场景前授权，用户更愿意在场景中授权下披露隐私，推出假设 H9 – 2。根据解释水平理论，用户在场景前授权情境下心理距离较远，表征为高解释水平，在场景中授权情境下则表征为低解释水平；享乐型应用提供给用户的是情感、感官体验、情绪等抽象价值，激发用户的高解释水平，实用型应用旨在满足用户的基本需求、解决实际问题，用户能够具象感受其价值所在，更符合用户低解释水平表征特征。相同程度的解释水平信息形成解释水平匹配效应，使得用户在无意识的情况下作出积极决策。

实验二的行为数据结果检验了调节定向在隐私披露决策情景中的作用。调节定向的调节作用在享乐型应用场景中存在，在实用型应用场景中则并不显著。行为数据结果显示，在享乐型应用中，促进定向型个体在场景前授权下更愿意披露隐私；预防定向型个体在场景中授权下披露意愿更高。这一结果符合调节定向类型对不确定性决策的趋利或避害特征，促进定向型个体有着更高的积极结果倾向，预防定向型个体有着更高的模糊规避倾向。实用型应用注重功能和效率，相较于享乐型应用带给用户强烈的即时感受和情绪反应，用户的收益感知可能较弱。另外，实用型应用通常是长期使用的，涉及许多日常活动产生的数据，隐私敏感度较高。在这种情境下，不管是促进定向型个体还是预防定向型个体，都更加关注安全性和隐私保护，会倾向于在更加安全的场景中授权。

9.3.3.2　脑电数据讨论

（1）P2 成分分析。

P2 主要分布在枕叶区，与风险感知和注意力资源分配有关。两种授权情景在 P2 波幅上存在明显差异，场景前授权组产生的 P2 波幅要显著大于场景中授权组，表明场景前授权方式会让用户感受较大的风险感知。在实用型应用场景中，场景前授权组诱发较大的 P2 波幅，而在享乐型应用中，场景前授权组与场景中授权组没有显著差异。享乐型应用可能带给用户更多的积极情绪，积极情绪状态下的个体会为了保持这种状态，出现风险规避现象，更具冒险倾向。因此，在享乐型应用中，用户会为了追求情感效益忽视潜在的风险，继而 P2 波幅没有显著差异。调节效应检验结果表明，调节定向只在实用型应用中表现出调节效应，相较于促进定向型个体，预防定向型个体在实用型应用中使用场景前授权诱发更大的 P2 波幅，这是因为预防定向型个体对风险更敏感。而在享乐型应用中调节效应不显著，与实验一的结果一致。

（2）LPP 成分分析。

LPP 主要分布在顶枕联合区，与情绪效价有关。两种应用类型在 LPP 波幅上存在显著差异，相较于实用型应用，享乐型应用诱发更大的 LPP 波幅。进一步分析得到，在享乐型应用中，场景前授权组比场景中授权组诱发更大的 LPP 成分。根据调节定向理论，促进定向型个体比预防定向型个体更加关注收益和积极结果，在场景前授权诱发较大的 LPP 波幅，但是实验二的脑电 LPP 成分结果分析却没有证实这一点，反而是在实用型应用中发现更大的 LPP 波幅，促进定向型个体在场景前授权组激发明显的 LPP 成分。可能是因为促进定向型个体是乐观主义者和风险偏好者，在场景前授权时，更容易被激发出一种积极的预期和期待，从而诱发更大的 LPP 波幅。

9.4　研究结论与贡献

9.4.1　研究结论

在大数据技术的迅猛发展下，企业为了向用户提供更加个性化、精准的服务逐渐加强对用户信息的收集。然而，在遵循合理合法收集信息原则的基础上，企业面临着一个亟待解决的问题：即如何有效地收集用户信息。本研究基于该背景，深入探究这一问题，并得出以下研究结论。

（1）本研究从解释水平理论视角出发，验证了阶段授权和应用类型对用户隐私披露意愿的影响。

具体而言，在场景前授权发生时，授权请求时间要早于数据使用时间，并且请求的权限数量较多，用户感知风险较大，心理距离较远，处于高解释水平下，与同处于高解释水平的享乐型应用形成解释匹配效应，此情境下用户更愿意披露隐私。而在场景中授权时，用户的解释水平较低，与同为低解释水平表征的实用型应用形成匹配效应。即对于享乐型应用，场景前授权下用户更愿意披露隐私；对于实用型应用，场景中授权下用户更愿意披露隐私。从神经检验结果来看，被试们面对不同阶段授权方式表现出不同的 P2 波幅，相较于场景中授权，场景前授权情境下诱发更大的 P2 波幅，风险感知更高；面对不同的应用类型表现出不同的 LPP 波幅，被试在享乐型应用中诱发的 LPP 振幅大于在实用型应用中，享乐型应用能够激起被试的积极情绪效价。实用型应用场景中采取场景中授权方式可以减轻被试的风险感知，表现为 P2 波幅较小，与行为数据结果相符；积极情绪在一定程度上可以减弱被试的风险感知，享乐型应用中场景前授权和场景中授权的风险感知相似，场景前授权赋予用户更流畅的情感体验，LPP 波幅更大。

（2）本研究验证了调节定向的调节作用。调节定向只在享乐型应用中起到调节作用，而在实用型应用中，调节作用不显著。

不同调节定向特质的个体面对场景前授权和场景中授权时的表现不同。行为数据结果表明，在享乐—场景前条件下，促进定向型个体更愿意披露隐私；在享乐—场景中条件下，预防定向型个体更愿意披露隐私。但在实用型应用中，不管是促进定向型个体还是预防定向型个体都偏好场景中授权。从神经检验结果来看，预防定向型个体在实用型应用中使用场景前授权诱发更大的 P2 波幅；促进定向型个体在实用型应用中使用场景前授权诱发更大的 LPP 波幅。

9.4.2　研究贡献和管理启示

9.4.2.1　理论贡献

第一，本研究丰富并完善了隐私授权的相关研究。先前的研究主要集中于信息授权如何影响消费者对隐私的担忧。研究发现，授权行为能够增强消费者对平台的信任感，降低他们对隐私泄露的担忧，既保护了消费者的隐私权益，也提升了平台的品牌信誉。然而，随着授权方式的多样化，不同的授权策略在影响消费者隐私授权行为上呈现出差异化。本研究根据授权阶段将授权方式划分为场景前授权和场景中授权，探讨两种方式如何影响用户隐私披露意愿。通过行为实验和神经实验研究揭示了场景前授权和场景中授权与应用类型的交互作用对用户隐私披露意愿的影响机制。

第二，用神经科学实验与问卷测量相结合的方法，为今后用户隐私决策的认知机制研究提供新思路。由于以往研究设计中问卷测量的局限性，往往仅能测量出用户的外显态度，无法揭示出用户内隐信息加工过程，无法解释用户面对隐私"矛盾"时的认知冲突过程。通过事件相关电位方法，揭示出不同应用场景下不同阶段授权方式对用户隐私决策影响的神经机制。采用神经科学的方法，弥补了前人研究的不足。从更为基础、微观的层面观察，更好地分析不同用户在不同感知控制的情况下的认知、信息加工过程。通过结合行为科学和认知神经科学两种途径对授权情境和应用类型对用户隐私决策的影响进行解释，使研究结论更加科学、可靠。

9.4.2.2　管理启示

第一，企业应重视优化隐私授权设计，针对不同类型的应用采取差异化的隐私授权策略。本研究表明，在不同类型的应用场景中，用户对不同授权方式的反应有所不同。在享乐型应用场景中，场景前授权情境下用户更愿意披露自己的隐私换取情感服务；而在实用型应用场景中，场景中授权方式更容易使用户披露自己的隐私信息。对数字经济时代的企业来讲，数据就是核心竞争力，谁掌握的数据多谁就能站在竞争制高点。因此，合理、透明、符合用户心理期待的隐私授权设计不仅可以提升用户体验、增强用户信任，还可以维护企业声誉。日常生活和工作中常见的实用型应用通常与用户的长期目标有关，用户更倾向于对个人信息和隐私进行精细化的控制，以确保数据的安全性和应用的可靠性，采用场景化的授权请求可以增强用户对隐私信息的感知控制，降低风险感知，用户更愿意披露隐私。而在体验享乐型应用的个性化服务时，用户可能更注重体验的流畅性和便利性，对于隐私的敏感性相对较低，简洁明了的隐私授权设计便于用户快速理解并接受必要的数据收集和使用。企业可以在场景前请求授权时提供清晰的隐私政策说明，使用户明确数据收集的目的和范围，消除疑虑。

第二，调节定向理论在隐私保护领域的应用为企业获得用户信任和满意提供了更为深入的视角。一方面，企业可以通过分析用户在App中的行为模式、偏好设置及与其他用户的互动等方式深入挖掘用户的特质调节定向特征，为其量身定制更加精准的隐私策略。例如，具有促进定向特质的用户通常更加注重成长、发展和进步，倾向于开放一些数据以换取更好的使用体验或服务，企业可以通过提供更加透明和激励性的隐私策略鼓励他们积极参与数据共享；而对于更加注重安全、稳定和避免风险的预防定向特质用户，企业则需要更加注重隐私保护的宣传和说明。另一方面，特定的刺激或情境可以激发个体某种特质调节定向，从而引导个体的行为和决策。企业可以利用特定的刺激或情境来激发用户的特质调节定向，引导用户进行隐私设置，提升用户对应用的黏性和满意度。

第 4 篇

新型消费业态创新典型案例

本部分以典型案例方式研究新型消费业态创新，包括三章内容。第 10 章从价值共创视角研究共享自习室健康发展之路。新业态共享经济在数字时代蓬勃发展，共享自习室是其中之一。共享自习室的模式和价值共创的理念有很大的契合点，共享自习室通过建立学习交流平台，引入多元化内容与社交活动，为学员提供多维度的学习与交流效益，通过让消费者参与服务创作，进而输出更具商业价值化的增值服务，带动其与参与学员一起完善自身经营模式和商业模式。通过分析 CC 共享自习室价值共创的内部和外部原因，进一步提出 CC 共享自习室价值共创的途径和保障措施及价值共创的具体实现策略。第 11 章以京东健康为例研究互联网医疗的新型消费业态创新。本章首先对京东健康的盈利模式进行了剖析，然后以京东健康的整体财政情况为切入点，选择了京东健康最近五年的业绩报告，来具体地分析京东集团当前的营利性和成长性，并对京东健康的盈利模式优化提出针对性建议。第 12 章研究数字藏品及其营销策略创新。分析了数字藏品的发展及其在数字经济背景下营销中存在的问题，利用诞生于互联网 3.0 时代的 SICAS 模型，结合目前国内数字藏品营销现状，对数字藏品的营销策略进行探索。

共享自习室作为一个新兴的环境共享付费行业，深受广大学生和自学人群的欢迎，同时社会对其发展也越来越关注。本部分旨在探讨共享自习室如何实现价值共创，提高用户的满意度和企业的盈利能力。共享自习室的模式和价值共创的理念有很大的契合点，共享自习室通过建立学习交流平台，引入多元化内容与社交活动，使学员获得多维度的学习与交流效益，通过让消费者参与服务创作，进而输出更具商业价值化的增值服务，带动其与参与学员一起完善自身经营模式和商业模式的运营。本部分将 CC 共享自习室作为研究对象，在阅读了与共享自习室和价值共创有关的文献之后，与现实情况中得到的资料相结合，对 CC 共享自习室价值共创的困境进行了探讨。分析了 CC 共享自习室价值共创的内部和外部原因，进一步提出 CC 共享自习室价值共创的途径和保障措施及价值共创的具体实现策略。

10.1 共享自习室价值共创概览

10.1.1 共享自习室简况

近年来，以"分享经济"和"知识共享"为代表的共享经济正逐步走入大众的视野。南吉玛（2022）提出共享自习室作为一种新型的共享经济，它是根据使用时间对用户进行收费，以获取学习室座位的使用权。此商业模式始于日韩，从中国台湾流传到大陆，它的本质是"环境共享"。当下的经济、社会环境直接影响着国内共享自习室的兴起，其原因如下：

（1）国内的就业形势不容乐观，准备考试的人越来越多。宏观经济发展需要更高水平的人才，这导致了考研、考公和考证的人数激增。再加上三年新冠疫情，导致各大高校的春招都无法如期进行，对一些中小企业的运营造成了很大的影响。即便高校研究生、公务员招考扩招，就业环境仍然不乐观。艾媒咨询（iiMedia Research）数据显示，中国的大学毕业生数量每年都在增长，在 2022 年达到 1076 万名（见图 10 - 1），就业竞争压力不断加大。中国研究生 2023 年的报考人数再创历史新高，但录取率仅为 16%，很多离开校园的同学会选择第二次、第三次报考研究生，社会对自习室资源需求旺盛，刺激了共享自习室市场发展。

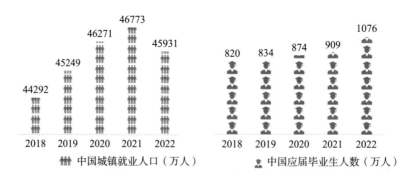

图 10 - 1　2018 ~ 2022 年中国就业需求情况

（2）公共资源的供应不足，自学的需求向外扩散。在 2019 年，我国有 3195 个公共图书馆，平均每 43.7 万人拥有一个，并且暂时没有 24 小时开放的。公共学习场地的匮乏为共享自习室的出现创造了条件，而在新冠疫情的中后期，全国的公共图书馆都采取了限制人流量的防控措施，使得本来就匮乏的公共资源更为紧缺。因此，南吉玛（2022）提出，共享自习室是目前人们最好的学习场所，共享自习室的存在既有积极的社会意义，也有公益性质。艾媒咨询（iiMedia Research）数据显示，教室和图书馆都是人们较为青睐的自学场所（见图 10 - 2）。但是，它们的公共设施资源十分有限。相对于教室和图书馆来说，共享自习室在运营过程中具有更高的灵活性和更高的可控性，现在它的渗透率相对较低，但是今后的发展前景也相对乐观。

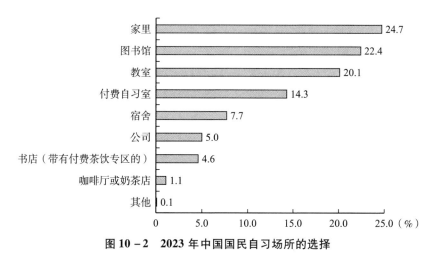

图 10 - 2　2023 年中国国民自习场所的选择

资料来源：艾媒数据中心。

（3）中国共享自习室业务恢复乐观。《中国共享经济发展报告（2023）》显示，2022 年中国共享经济规模为 38320 亿元。根据艾媒咨询的统计，到 2025 年共享自习室的使用者数量将会再次迅速增加，达到 1082 万人（见图 10 - 3）。未来共享自习室行业将根据消费者的需求更加细分，实现行业的持续发展。

CC 共享自习室位于大学城附近，它有自己的优势，但存在综合成本高、盈利模式单一、核心竞争力不足、产品同质化严重等问题，制约了它的进一步发展。在"体验经济"的背景下，消费者对商品的自主性有了更多的认识。利用消费者的创新，让消费者主动地加入共享自习室的价值创造之中，构建一条以体验为导向的共享自习室价值共创的实现途径，从而提高 CC 共享自习室的市场竞争能力和经济效益，以及消费者对 CC 共享自习室的满意程度和忠诚程度。

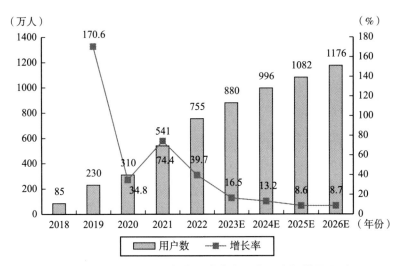

图 10 − 3　2018～2026 年中国共享自习室用户规模及预测

资料来源：艾媒数据中心。

10.1.2　相关概念

10.1.2.1　共享经济

共享经济的实质就是将个人持有的暂未使用的物品，通过一定的平台，对该物品进行临时使用，从而使该物品的拥有者和平台都可以获得收益。这一概念在 20 世纪末只是美国经济学家的一个想法，而现在，随着网络及分享经济的发展，它已经在人们的日常生活中得到了广泛的运用。丁诗瀚等（2022）认为共享经济的客体是多元化的，它可以是无形资产，也可以是知识，还可以是信息。分享者通过与有需要的人共享其未使用的资源，从而获取其价值。与此同时，需求者能够以较低的成本，得到自己所需要的东西，将闲置资源的供应者与用户联系起来，进而实现生产要素的社会化。张立平等（2021）则认为国家的有关政策在一定程度上对共享经济的发展进行了扶持，因此，共享经济的市场结构发展将会变得更加多元化。

通过梳理文献，本书将共享经济的特征概括如下：一是共享经济的实质是权利的暂时性转让。在共享经济中，商品所有权和使用权是分开的，这种商业模式可以实现可重复交易和有效利用，它强调了共享经济模式的可持续性，还可以让供需双方都节约成本。这种重使用权、轻所有权的思维方式，正是推动"共享经济"的核心理念。二是以公众参与为基础，构建"分享经济"。在共享经济模式中，任何拥有闲置资源并愿意将其使用权拿来交易的主体都可以作为资源的提供者，参与交易的产品和服务既可以是日常生活中基本的有形要素，例如交通、住宿；也可以是无形要素，比如医疗、知识等各个方面的无形要素。三是关注用户体验，是实现"共享经济"发展的核心。消费者的作用已经从一个被动的产品或服务的接受者，变成了一个积极的生产性消费的创造者。在一个由共享经济平台或者与之相关联的自习室建立起来的互联网社区平台上，有需要的消费者能够自由地对它展开讨论，并对它提出个性化和定制化的产品或服务的需求。产品或服务的提供者将重点放在满足消费者的需求上，这些都在很大程度上提升了消费者的体验。

10.1.2.2　共享自习室

共享自习室，也称付费自习室，是一种正在发展中的共享经济形式，这种商业模式主要是把办公大楼或公寓楼中的某一特定的空间分割成单独的分区，让用户支付费用后进入该分区进行学习。自习区配备了专业的护眼灯和储物柜等用品，消费者在此场所内可以不受干扰地学习、工作，通过沉浸式的氛围达到提高效率的目的。陈悦（2022）指出，共享自习室的主要客户群体是18~35岁的大学生和有各种备考需求的社会人士，如考研、参加职业资格证考试、考公务员等，在效率至上的当今社会，共享自习室所营造的高效沉浸式的学习氛围，满足了社会的需求。

国内学术界对共享自习室的存在需求可以概括为以下观点：一是空间支配理论。主要代表学者为玫丽娜（2019），她认为自习者可以通过获得空间的使用权，从而获得一个干净、安静的学习环境，其目的是要让自习者在沉浸式的学习环境和良好的学习氛围中进行自主学习。二是市场需求理论。桑胜高（2019）认为利用共享的方式进行自学，可以提高自学者的学习质量，提高获取知识的效率。三是政策扶持理论。夏熊飞（2019）指出，我国的目标是建设全民学习型社会，这在一定程度上增强了人们的自主学习意识，因此，我们必须优化分配学习资源，提高公共产品供给质量。四是规则嵌入理论。邹翔（2019）强调要强化对该行业规则的制定和控制，并引导社会公众参与管理，寻求在商业模式与公共文化供给之间达到一种平衡。五是职业适应性理论。随着我国经济转型的加速推进，数字技术对低端劳动力的替代作用日益凸显。求职者在产生职业危机感后，要进行自我提升。

对于共享自习室的存在，国外学者可归纳为三种看法：一是外在需要论。该学说认为，自学的人更注重学习场所中的光线、桌子、家具和台式电脑等学习设施的舒适度及学习空间的整体氛围，注重学习空间的质量。二是社区共同体论。通过嵌入到学校所提供的模式和结构中，可以让自学人员相互交流、相互影响，实现资源共享。三是加强学习的标准论。这一学说观点认为，共享的自习室为学生提供了一个特殊的学习空间，能够对学生产生环境刺激，从而提高他们的学习质量和效率。

10.1.2.3　价值共创

有关价值共创的内涵主要经历了以下发展阶段：首先，是以商品为主导逻辑。拉米雷斯（1999）第一次提出了价值共创的概念，他认为自习室不是价值的唯一生产者，消费者也不只是被动的接受者。张红琪（2013）等认为，消费者参与生产也是一种价值创造模型，也就是说，消费者通常会参与一些以自学为主要内容的活动或过程，此时，他们就会转变成一个生产者。姚凯（2021）则认为以商品主导逻辑为基础的价值共创理论，它的核心是商品本身，而共享自习室是产品的制造者，所以这里共享自习室在价值共创中占据着主导地位，消费者是一个辅助者，可以参与价值共创。

其次，以服务为主导逻辑。瓦尔格和卢什（2004）提出了服务主导逻辑，并将所有的经济看作一种服务经济，在这种情况下，所有的经济活动都是以消费者为中心的，消费者主动参与了交换与共创，消费者的价值是由消费者决定创造的。也有学者提出了让消费者参与产品研发，既要收集并利用消费者的行为偏好信息，又要以客户的需求为中心进行研发。从服务主导逻辑的角度来看，价值共创是建立在服务经济基础上的，而消费者参与的价值共创场景是在一个复杂的服务生态系统中，消费者可以通过共享自习室在服务系统中的任何一个节点上，实现消费者的价值共创。

最后，以消费者为主导逻辑。普拉哈拉德（2004）和拉马斯（2009）认为价值共创更注重对产品与服务体验价值的共创，这种体验是在消费者实际消费了产品与服务后产生的，而自习室可以为消费者提供一个体验情景。所谓的消费者主导逻辑，就是消费者将自学教室所提供的产品和服务，与自己的经验、知识、认知相结合，从而创造出自己独特的体验价值。在这个过程中，消费者起到了主导作用，自己就是一个价值创造者。

张翠娟等（2019）认为价值创造的主体是多样的，过程是动态的，平台是复杂的，结果是多元的。因此，许多学者在研究价值共创机理时，多数采用了"动机—过程—结果"这一路径节点。该路径节点的含义指的是，当消费者在对产品和服务进行体验的时候，由于某种原因，他们会与自习室进行积极的互动并进行交流。自习室将自己的服务经验、经营能力，与消费者进行有效的互动，从而产生消费者附加价值的过程。

10.2　CC 共享自习室价值共创现状分析[①]

10.2.1　CC 共享自习室概况

10.2.1.1　基本情况简介

为有学习需求的消费者营造一个舒适、良好的学习环境，陪伴有梦想的人不断接近自己的梦想是 CC 共享自习室的创办理念。CC 共享自习室以"世界读书日"为契机，在 2018 年 4 月 23 日成立，是郑州市高新区的首家。CC 共享自习室占地 200 多平方米，基本设备齐全，有 66 个各式各样的自习席，设有休闲区、储物柜、自费打印机等功能区域，并有免费 Wifi，可为自习者提供一个很好的学习环境。CC 共享自习室位于高新技术产业开发区万科 D 栋，其中有 300 个左右的公共停车位，可以更好地满足消费者的泊车需求，从红叶路到科学大道的汽车站步行 350 米，有很方便的交通工具；CC 共享自习室的目标客户群是在高新区工作的上班族和附近高校的大学生。

---

① 本案例资料主要来自作者团队访谈和调研。

10.2.1.2　经营模式

CC 共享自习室主要采用直营模式，在盈利方式上则采取会员制，并呈现出以零售产品会员制为代表的第二种分享方式，分别为会员身份共享和商品共享。从运营过程来看，CC 共享自习室首次入场消费需购买专属会员卡后，再把座位时间作为商品出售给消费者，获得营业收入。当前 CC 共享自习室所采取的会员制特点有：一是降低成本，通过会员制的方式增加部分消费群体的黏性，降低了企业营销推广的成本，订单量保持稳定还利于企业获得收入；二是拓展消费群体，通过会员用户拉新人来拓展商家消费，这样无形中就给商家做了营销推广；三是实现商家和用户之间互利互惠。采用会员制度可以使用户在享受较高质量服务的前提下，选择进行多次消费使商家获得利润增长。

10.2.2　CC 共享自习室价值共创途径

马静（2022）认为，通过 CC 共享自习室与消费者价值互动、消费者与消费者价值互动及多方成员价值互动这三种价值共创途径来实现 CC 共享自习室消费体验价值共创。

10.2.2.1　CC 共享自习室与消费者价值互动

商家通过建立一个高效的互动平台，让 CC 共享自习室与消费者共同创造价值。通过情景模拟和情景共创的方式，增加消费者和 CC 共享自习室的接触点，可以吸引更多的消费者参与学习体验产品设计。这种方法能够准确了解消费者的需求和意见，及时反馈并改进自习室的产品和服务，提高学习的体验价值。消费者积极参与会带来经济和体验的增加（见图 10 – 4）。

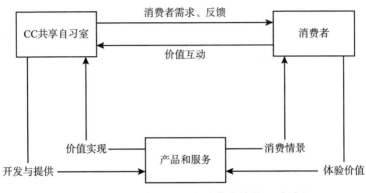

图 10 - 4　CC 共享自习室与消费者价值互动过程

10.2.2.2　消费者与消费者价值互动

消费者参与价值共创是一种主动性、主体性、多维度的行为。部分学员可以借助他人的协助，更好地认识到自身的学习方法。比如，顾客通过社会媒体活动参与和资源分享，与其他顾客形成持续性的互动。在这种交互的过程中，一方面学员可以得到真实、可靠、丰富和及时的CC 共享自习室的资讯，从而避免因消费预期过高而导致的低满意度的问题；另一方面，通过提供信息、交流平台、参加 CC 共享自习室活动等方式，消费者可以获得经济和情感上的回报，从而与 CC 共享自习室建立一种持久、稳定的联系，并产生一种强烈的认同（见图 10 - 5）。

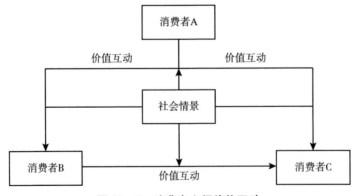

图 10 - 5　消费者之间价值互动

10.2.2.3　多方成员价值互动

价值共创是一种多层次、多因素的复杂社会结构。CC 共享自习室和消费者是学习体验价值创造的主体，学习体验价值的交互作用也是在他们之间进行的。在现实生活中，CC 共享自习室员工、地方政府、业主、社交媒体，以及其他个人和团体，都是"价值共创"网络的一员。在此过程中，各成员间的行为失当，将会影响 CC 共享自习室顾客的体验价值。例如，CC 共享自习室服务人员与消费者之间的冲突行为，会让消费者对自习室产品服务的体验产生不利印象。在政府方面，可以提供强有力的政策支持和税收优惠，也可以借助政府购买公共服务的方式，增加类似共享自习室的公共学习空间供给；社会媒体的宣传和专家的理论成果都能影响消费者对 CC 共享自习室了解、好感和信任。

10.3　CC 共享自习室价值共创面临的困境

10.3.1　商品高度同质化

第一，由于该行业具有投资和从业门槛低、运营模式单一、产品同质化程度高、缺乏核心竞争力等特点，在短期内可能会产生盲目扩张、同质化竞争的现象。第二，有可替代的风险，部分实体书店和咖啡馆也正向多功能方向转型，与共享自习室市场形成了竞争关系，这在很大程度上对共享自习室市场进行了分流和挤压。

10.3.2　客流稳定性差

统计表明，共享自习室在国内客群分布上表现出季节性和阶段性的时间性特征。寒暑假高中生比例为 80%，节假日过后核心客群变为大学生及社会人士。在各种考试密集进行的下半年特别是 11 月至 12 月自习室上座率显著高于考试淡季。因假期校园图书馆关闭，自习室上座率也较平常高。

10.3.3　收费定价较高

根据美团和大众点评 App 数据显示，共享自习室的日平均价格主要集中在 20 元。与传统自习室相比较，共享自习室在固定资本投入的基础上又增加了很多附加的业务，综合成本比较高，以小时为单位收费也将比较昂贵。而根据问卷调查，多数消费者对于价格接受范围主要集中于每小时 15 元以下。

10.3.4　盈利模式单一

共享自习室并不是一个暴利行业，一般都坚持"租赁座位"作为一种盈利形式和预收会员费作为一种收入来源，盈利模式比较单一，利润空间有限。尤其是当越来越多的竞争者加入行业竞争中来时，如果不能拓展和升级盈利模式，企业就难以保持收支平衡并在市场上站稳脚跟。

10.3.5　行业市场不健全

首先，共享自习室在我国处于发展初期，消费者还没有养成自习室共享消费的生活习惯。其次，开办共享自习室不需要营业执照等条件，准入门槛较低，而且还没有出台相应监管措施，有不法分子以共享自习室为噱头进行非法集资或者预收费用之后撤店。有的自习室存在室内违法改造造成安全隐患的问题，有的自习室所居住的居民楼走廊较窄造成消防隐患的问题，行业乱象频频出现，急需监管规范。

10.4　CC 共享自习室价值共创机理分析

10.4.1　CC 共享自习室消费体验价值共创内因分析

10.4.1.1　消费者结构

在问卷调查中，被调查者中男女性别比例 39∶61，以 20 ~ 25 岁的青年为主（占比为 78.61%），主要是大学生和有学习需求的社会人士，消费时间大多以考试周期为参考，大多数被调查者有在 CC 共享自习室学习的经历（见表 10 – 1）。

表 10 – 1　　　　　　　　　样本描述性统计分析

变量	类别	样本数	百分比（%）
性别	男	78	38.81
	女	122	61.19
年龄	16 ~ 19 岁	5	2.49
	20 ~ 25 岁	157	78.61
	26 ~ 30 岁	35	17.41
	31 ~ 35 岁	3	1.49
身份状态	大学生	115	57.71
	企业在职人员	48	23.88
	事业单位职工	20	9.95
	求职中	17	8.46

不同消费动机和体验需求来源于消费者的不同特征和群体结构。在 CC 共享自习室的消费者群体中，主要是大学生和有学习需求的社会人士。在备考期间，这些消费者倾向于选择方便高效的安静学习环境。这个年龄的消费者通常自信、善于交流、富有创造力，喜欢与其他消费者或同伴进行信息交流和学习互动。当 CC 共享自习室采纳消费者的观点时，这些消费者会产生成就感。所以 CC 共享自习室应不断地了解用户来源的层次和结构的特征，通过让消费者参与提高体验价值，最终的消费效果才能够符合实际期望。

10.4.1.2　消费者地位

在价值共创中，消费者从被动接受变成了与 CC 共享自习室合作，参与产品的生产和创造。CC 共享自习室在价值创造中起着和消费者同等的作用，并且在共创价值中起着主导作用，这就决定了消费者的独立性。一是由于消费者拥有较多的知识和消费经历，其所提的意见与建议对于共享自习室而言，具有较高的参考价值；二是消费者间的交互作用会对消费者的购买行为产生影响。所以 CC 共享自习室应当将消费者的主导地位充分发挥出来，运用各种方式对消费者的信息进行充分的了解，构建一个平等的共创平台，实现企业与消费者、消费者与消费者，消费者与其他利益相关者之间的互动、交流与沟通。

10.4.1.3　消费者信息交流意愿

通过问卷调查结果可见，CC 共享自习室主要通过微博、小红书等社区内容推荐，微信朋友圈、公众号推文，抖音等短视频平台推荐这几种途径为消费者所了解（见图 10 - 6）。

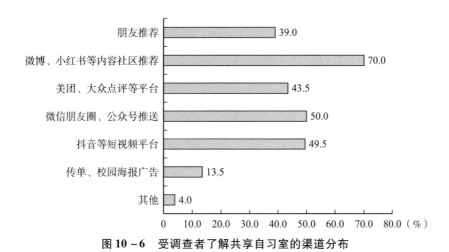

图 10 - 6　受调查者了解共享自习室的渠道分布

无论是在真实的沟通中还是在虚拟的沟通中，消费者都更倾向于和自己的社会圈子里的人进行信息交换。积极与消极的沟通意愿对价值共创的层级差异有较大影响。消极的意愿只会影响到浅表的价值创造，消费者仅仅是针对自习室存在的问题提供意见；而积极意愿则会对深层次的价值共创行为产生影响，消费者会利用自己的感知、经验、知识和体验来提出问题的解决方案，并影响他人来实现自己的价值，进而为企业带来创新的建议（见图 10 - 7）。

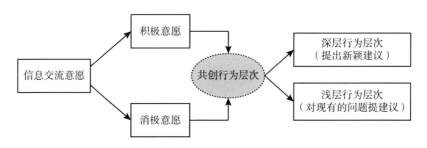

图 10 - 7　信息交流意愿影响价值共创行为层次

所以，CC 共享自习室可聚集具有共同兴趣的用户群体，形成一个主题的虚拟品牌社区，将这一群体中愿意进行信息交流的用户，引入自习室服务的开发、新产品的设计、信息的交流、知识的分享和经验的分享，或是进行富有挑战的价值共创，让具有较高资讯交换意愿的消费者加入，并激发他们的创意，给自习室带来新的生机。

10.4.2 CC 共享自习室消费体验价值共创外因分析

李丽娟（2012）认为，消费者选择和满意的核心是体验，自习室的供给是消费体验价值共创的外因。其中 CC 共享自习室的供给包含了两个方面：一个是无形的，一个是有形的。具体来说，无形的包括自习室创造的排他性、氛围感、情境性、服务优质度和投资收益；而有形的就是基础设施、学习环境。本研究以不同的身份，不同的需求，不同的经验，不同的消费者的消费感受，不同的效果，分析了 CC 共享自习室的产生机制。

10.4.2.1 自习室供给的无形元素

在自习室供给中，消费者的观感和行为意向受到排他性、氛围感、情境性、服务优质度和投资回报等无形因素的影响。马静（2022）认为这些看不见的因素可以帮助自习室认识到消费前、消费中、消费后的感知价值，这种感知价值会影响到消费者共创行为意图、消费者满意度和最终价值共创的实现。

（1）排他性。"去图书馆自习的人员构成是很复杂的，而共享自习室的人员构成比较简单，我们的目的都是为了考试，具有浓厚的学习氛围。"（受访者 A，农学专业考研在读学生）兰德尔·柯林斯（2009）提到，人们聚集到同一个地点，开始仪式过程，仪式在本质上是一个身体经历的过程。"互动仪式链"认为，一个人一旦进入了某种节奏，并形成了某种和谐的"光环"，那么他就会更容易地感知到别人的存在与肢体表达。代玉启（2022）则认为，作为提供学习空间的微观场域，共享自习室在实际运营中起到了"群体筛选"的作用，只有那些有长期安静学习空间消费需求的备考学生和社会人士，他们才会选择购买。这就从人员组成上消除了干扰，并保证了环境的隐私，因此，与咖啡厅、书店等文化空间和公共图书馆相比，共享自习室具有独特性。

（2）氛围感。"我希望找一个环境比较好的地方去调整一下状态，因为我已经很久没有学习过了。"（受访者 B，互联网企业在职人员）调查结果显示，相对于共享自习室而言，咖啡馆、书店等主要目的是销售商品，它们所提供的学习场所只是辅助作用，因此"星巴克氛围群"很难生存下去。尽管公共图书馆的学习氛围也不错，但它的座位却很少，而且距离较远，并且开放的时间也很短，因此，共享自习室的存在，是由于它具有沉浸式的学习氛围、人性化的学习服务和便利快速的交通条件。

（3）情境性。"来自习室学习的同学都很专注，自习室中随处可见励志的标语，促使我也能够很快进入学习状态。"（受访者 C，法学专业考研学生）。柯林斯（2009）把"情感能量"看作互动的中心构成元素，并把它看作互动仪式的结果，这一点与心理学中的"驱力"非常相似。从众、竞争等因素可以更好地刺激自学学习者的情绪能量，使其在学习过程中获得更长时间的持续。偷懒或者是破坏了学习气氛的自习者，就会用这样一种沉默的仪式所产生的道德感来进行自我反省，而在自习室中，到处都可以看到学习守则和口号，再加上对自习室经营者的监管，更是对自习者的行为进行了直接的约束。

（4）服务优质度。服务品质与消费者预期有着紧密的联系，而消费者对服务品质的评估则会对消费者的品质感受有着直接的影响。通过高水准的高品质服务，让消费者感受到自我导向的内在价值。在此基础上，针对 CC 共享自习室而言，服务人员的专业水准、整体服务品质与服务绩效的可信度，将会对消费者的消费后态度与行为产生影响。在日益激烈的市场竞争中，构建顾客—学习空间互动的质量评估体系，是实现顾客体验价值共创的重要途径。

（5）投资回报。投资回报与体验价值紧密相关，为了获得消费体验中的价值，消费者会付出时间、金钱和精力，并且期望从投资中获得高的功利价值。但是如果回报不合理，消费者会对自习室产生负面情绪，从而影响其信任和满意度。所以消费者的态度和自愿性会受到回报度的影响（见图 10 - 8）。

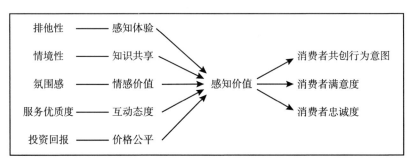

图 10 - 8　CC 共享自习室供给的无形元素

10.4.2.2　自习室供给的有形元素

消费的基础条件是地理位置优越、公共交通的便利性。实现消费者为主导的消费体验价值共创，需要自习室持续提升自身的服务。在提供基础设施的同时，提供打印机、自助茶水间等人性化的延伸服务。问卷调查结果表明，学习空间隐私、卫生环境好在共享自习室消费中占主要地位（见图 10 - 9）。此外，利用社交媒体参与对自习室服务和消费方式的评价，在线评论体现了消费者的真实主观想法，可以当作参考依据帮助产品和服务后续的改进优化，让消费者来参与价值共创。

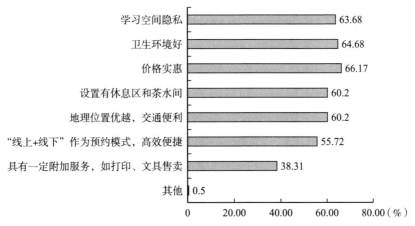

图 10 – 9　受调查者选择 CC 共享自习室的原因

10.5　CC 共享自习室价值共创实现路径

10.5.1　CC 共享自习室价值共创实现策略

10.5.1.1　产品多样化

为了提升会员和潜在消费者的自习体验，CC 共享自习室需要制定全面的自习产品策略。通过问卷调查数据，分析消费者对自习产品的需求重点，CC 共享自习室可以从以下几个方面制定价值共创实现策略。

（1）增加单人、多人自习室与团队研讨室。在划分自习空间时，考虑到用户对空间私密性的需求，单人自习室采用了磨砂质地的玻璃，符合对专注程度和隐私性需求较高的学习者；多人自习室和团队研讨室满足学生组织和企业团队进行项目商讨等需求，将计算机与位于自习室内部的多媒体设备连接在一起，方便用户观看 PPT、撰写稿件、交流商讨，为学习者创造更好的学习环境。设立具有开放性质的区域，满足非深度学习群体的需求。

（2）以学习需求为中心，增加衍生服务。目前共享自习室获取利益的渠道较为单调统一，主要是以提前收取会员费用为主。在满足基本自学服务的前提下，提供食宿服务，解决自习室中餐饮和休息等问题；可以有偿提供"胶囊房间"模式，解决中午休息问题，通过与餐饮品牌的合作，可为学员提供预定餐食服务，也可提供自习室的午餐和晚餐的团购活动，满足学员对更高层次生活方式和更舒适的学习环境的需求。

（3）与培训机构合作销售课程，拓宽盈利渠道。共享自习室的消费群体大多是准备参加考试的群体，与培训机构的客户有很大重叠度。因此，通过合作推广销售课程、培训咨询等方式吸引更多潜在客户；以俱乐部的形式融入社交需求，通过丰富的活动拉近消费者之间的距离，定期举办经验分享、读书会或主题沙龙等活动，向用户提供更多的高效率学习生活方法，引流更多潜在客户。

10.5.1.2　价格多样化

（1）对于学习需求比较强烈的人群，可以采用一对一营销模式，通过对其进行精准化的需求确认，帮助其快速确认学习需求，然后再为其提供相关的学习信息，方便其在众多备选方案中进行选择，从而加快客户的购买决策速度。针对不同的客户群体，可以推出日卡、次卡、小时卡及备考专属套餐等多种充值产品，以满足不同客户群体的不同需求。

（2）针对存在的隐性客户群体，可以采用推销俱乐部会员卡的方式。根据不同客户群体的特点，针对不同的充值产品设置相应的充值方案，在进行营销时要着重考虑他们的心理价格定位和附加价值。CC共享自习室可以提高俱乐部会员卡的价格，同时也要强调附加价值，比如参加、举行沙龙活动等。通过这种方式可以吸引更多消费者加入

CC 共享自习室的俱乐部，同样也能提升 CC 共享自习室的收益。

10.5.1.3　渠道扁平化

（1）强调人员销售。店员是直接面对消费者的人，也是最能体现产品价值和服务价值的人，让消费者感受到产品或服务能够满足其需求，才能让消费者产生信赖。以学习目标明确、学习需求强烈的群体为对象，通过与消费者面对面的交流，降低他们对购买决策的焦虑感，提高购买效率。

（2）构建分销渠道。在各个培训机构或者学校中招聘校园大使，针对特定的消费者群，向他们提供共享自习室的产品和服务，从而达到销售目的。利用美团、大众点评等促销平台，做好广告推广工作，以达到更好的效果，将更多的消费者吸引到自己的客户群中。与此同时，通过大众媒体、公众号及大学生社团等渠道，进行广告的投放与推荐，从而提高品牌的曝光率。

10.5.1.4　促销差异化

（1）通过公众号和社群的方式，实现品牌内容营销。为消费者提供更有价值的产品内容，如品牌故事、企业文化、企业精神等，提升品牌的深度和吸引力。建立与客户之间的对话和长期的交流，邀请客户进行互动参与，满足客户的情感和心理层面的需要，增加产品的关注度。

（2）通过互联网营销推广，将产品运营和销售与互联网结合起来，提高产品的曝光率和销售业绩。可采取以下方案：①App 开屏推广：联合学习类 App，对目标群体进行广告推广；②微博推广：创建官方账号，设立收集或管理投稿内容的板块，接收非实名投稿，与消费者的互动、共享、推广；③抖音短视频打卡：在抖音上发起主题的挑战，用户可以在一个共享的自习室中进行学习，也可以以上传视频的方式参与到挑战中；④B 站创作激励联动推广：在 B 站对达到一定粉丝量和影响力的内容创作者以共享自习室冠名推出主题双倍创作激励活动，提高创作者对共享自习室的关注，同时提升产品的曝光率。

10.5.1.5　展示特色化

（1）有形展示。针对会员活动，可以设置一面展示墙，将每次活动的图片全部集中在一起进行展示，提升社交属性。同时也可以将 CC 共享自习室的活动风采全部展示出来，让潜在消费者直观感受到 CC 共享自习室的服务和产品，为之后的合作打下良好基础。

（2）网络展示。由于互联网快速发展，消费者的日常生活都离不开网络，所以 CC 共享自习室需要整体升级并打造线上展示环境。CC 共享自习室官网可以将公司动态、企业愿景、品牌推广、活动介绍、线上预约、加盟方式等基本信息全部展示出来，让消费者能够更加直观地了解到 CC 共享自习室；官方微信公众号可以将与学习和活动相关的内容展示出来，比如自习室的课程和服务内容、相关活动等，还可以提供在线预约等重要功能，让消费者更好地了解 CC 共享自习室的产品和服务，为之后的合作打下良好基础。

10.5.1.6　人员专业化

人员专业化可以提高工作效率和质量。在专业化的工作环境下，员工可以专注于自己的领域和任务，也可以提高组织的竞争力和创新能力。员工的专业能力可以为组织带来更多的创新思维和商业机会，从而提高组织的竞争力和市场地位。当前 CC 共享自习室并未设立招聘专员岗位，面试涉及的问题和方法单一，促使员工大批量流失。为解决人员专业化问题，公司在微信公众号和求职网站发布招聘信息，严格简历筛查选择和面试流程，以便找到符合岗位要求、稳定的人选。同时也可选用综合素质较高的学生兼职，降低运营成本。

10.5.1.7　服务有形化

CC 共享自习室的服务流程就是消费者享受服务、实现消费的全过程，包括从预先约定、体验、付费介绍到成为会员四个阶段，其服务流程的质量与消费者对 CC 共享自习室的满意程度有直接关系。CC 共享自习室的服务流程应针对年轻人群进行简化，降低消费者的时间成本，并通过优化客户进入店内的消费体验，提升用户的价值收获。为此，CC 共享自习室应采取标准化要求，针对环境设施、服务基础设施等方面，确保客户享受到高质量的服务。

10.5.2　CC 共享自习室价值共创实施保障

10.5.2.1　提升消费者价值共创能力

用消费者主导价值共创的方式来实现自身的体验价值，这就要求消费者有参与和主导的意愿，更要求消费者具备一定的知识和技能，可以将自身的操作性资源转化为推动自学体验价值共创的具体行为。一方面，消费者要改变对自己的身份的认识，从原来被动的"产品接受者"变成了主动的"产品参与者"，更能主动地提出自己对于自学产品的需求和偏好，并积极地维护自身权益。另一方面，在自学的过程中，消费者将会对自学经历进行阶段性的总结，并持续进行新的学习，以增强其自学体验价值的主导力。

10.5.2.2　搭建体验价值共创平台

体验价值共创平台是 CC 共享自习室与消费者进行互动的载体，通过构建线上线下共创平台，能够让供需双方之间的信息互通，从而建立起信任关系，推动价值共创活动的顺利开展。在自我学习体验中，建立一个价值共创平台，在此基础上，可以采取"共同学习"的积极建构、"用户参与"的策略；亦可由用户自发性搭建，CC 共享学习室加盟。通过构建一个高效的互动平台，使学习中心与用户能够更好地了解对方的价值与需求。目前的系统可以利用手机小程序进行推广，用户可以在任何时候使用实名登录，享受自助预约、缴费、投诉和建议等服务。

10.5.2.3 加强资源保障

（1）CC 共享自习室发展的基础是充足的资金来源。加盟模式是为企业引进社会资本以促进企业发展的一种方式。除此之外，还必须建立一套更为严密和健全的财务体系，合理地分配资金，最大限度地发挥固定资金的作用。

（2）共享空间联营。为了减少在非备考期内出现的空位率，CC 共享自习室可以与共享办公品牌厂商进行联营空间的合作。与此同时，与书店进行合作，可以提高消费者的数量，让双方能够展现资源优势，从而提高吸引力。

（3）加强行业监管。中国的市场监管机构出台一系列的标准和政策，来规范中国共享自习室的发展，同时也要强化行业的内部监管，促进共享自习室的规范化。

10.5.2.4 提高共享自习室服务质量

（1）注重会员管理，增加客户黏性。消费者黏性指的是客户决定留下来和愿意多支付价值。以俱乐部模式为基础，通过提供优良的会员管理增值服务，提升消费者黏性，将社交作为纽带，举办活动，在档案中保存会员生日优惠和会员活动，提升会员稳定性。

（2）智能化发展。智能化实现了无人自助模式，提高了自习室资源的利用率和消费者满意度。24 小时无人值守的服务模式，既节省了人工费用，又可以提供个性化的服务，满足人们在夜间的消费需要。

（3）强调售后服务和增值服务。CC 共享自习室将 App 打造成学习资源整合平台，以无线互联网通信技术为依托，提供线上预先约定支付、学习资源下载、评价功能和投诉建议等服务。

综上所述，CC 共享自习室应以"人本"的经营思想为中心，对服务运营策略进行设计和改良，实现企业发展的战略目标。需要注意的是，市场环境变化多种多样，以上策略实施过程中应根据 CC 共享自习室的发展概况实时调整，以确保创建公司的核心竞争力。

第 11 章
互联网医疗背景下京东健康的盈利模式研究

本章以京东健康①为例研究互联网医疗的新型消费业态创新。近年来，我国卫生事业发展不均衡，并于 2015 年开始实施医药卫生体制改革。当前，国内互联网医疗公司快速发展，如平安好医生、京东健康、阿里健康、微医等，它们与传统医药公司相比，在缓解"看病难"方面有着明显的优越性，既能实现诊疗过程的规范化，又能实现资源的最优分配，并形成多种利润来源。本部分运用个案研究方法，对京东健康的盈利模式进行了剖析。然后以京东健康的整体财政情况为切入点，选择京东健康最近五年的业绩报告来具体地分析京东集团当前的盈利性和成长性。

11.1 互联网医疗盈利模式研究概要

11.1.1 盈利模式

迈克尔·波特在 1997 年出版的书籍《竞争优势》中首提"价值链"的概念。他认为，企业的所有活动构成了价值链，但并非所有活

---

① 本案例资料主要来自网上资料整理。

动都在进行真正的价值创造，企业的竞争优势就是创造了真正价值的活动环节。因此，企业间价值链的差异是其竞争优势差异的主要原因。由于学术界对其始终没有形成一致意见，对盈利模式的组成也存在不同意见。1998 年，保罗·蒂默斯就认为盈利模式是由运转系统的产品、服务、信息流，企业收入的来源和潜在盈利点组成。在 1999 年，安德里安·斯莱沃斯基提出，盈利模式是由四个基本元素和一个中心组成。即以价值创造活动为中心，利润杠杆、利润点、利润屏障、利润源则为四个基本元素。该研究结论成为我国大部分学者研究盈利模式结构的理论依据。

虽然国内专家和学者还没有对盈利模式的定义达成一致，但很多专家和学者都接连发表了自己关于盈利模式的见解，这在一定程度上表明了盈利模式是企业可持续发展的动力。李雪（2008）认为盈利模式由相互关联的要素构成，具有稳定性和结构性，能为企业带来长久盈利的模式，是一个企业赖以生存的关键所在。郑柏玲（2014）认为盈利模式是一个由不同部分有规律连接在一起，给企业提供价值的系统，也是与其他参与者共享利益的有机体，是形成企业竞争力的来源，并维持企业生存。胡毅（2018）通过研究认为盈利模式是通过企业经营管理过程中的市场竞争逐渐形成的，是企业的商务结构和业务结构确立起来的，是企业所采用的赚钱方式。余婷婷（2020）认为盈利模式是企业将资源转化为收入的体系，能源源不断提供现金流。

根据上文我们对国内外学者们对盈利模式的研究所得到的观点加以整理和归纳可以得出，盈利模式的主要内涵包括以下内容：盈利模式是通过市场竞争逐渐形成的，是企业的商务结构和业务结构确立起来的赚钱方式，是由不同部分有规律连接在一起，给企业提供价值的系统，也是企业不可或缺的一部分。好的盈利模式能为企业不断地提供现金流，为了保证企业可持续发展就必须拥有具备连续性的优秀的盈利模式。

11.1.2　互联网医疗

当前，由于互联网医疗产业尚属发展性产业，所以人们对互联网医疗产业的认识还不是很统一。互联网医疗是以网络为载体发展起来的各种新型医疗卫生服务的总称。网络医学的最大特征就是能够将医疗服务以不同的方式传递给那些不方便到医院就诊的人群，比如可佩戴的装置、移动电话、平板电脑等。互联网医疗的最大价值是可以用技术逐步解决目前我们所面临的医学问题，也可以帮助我们的政策更好地执行，比如，远程医疗技术能够有力地促进分级治疗；人工智能降低了医生的工作压力等。相对于传统的医疗行业，互联网医疗能够最大限度地发挥医疗的潜力，提高患者的就医体验，缓解医生的工作压力，进而推动我国的医疗生态建设。

11.1.3　互联网医疗盈利模式

我国有关于盈利模式的研究很少，关于互联网医疗盈利模式的研究也有所欠缺，王金凤，陆政林等（2022）认为我国互联网医疗打破传统医疗固有模式，以"科技＋运营"赋能生态圈，主要业务为问诊、电商、医保等领域，但不同互联网医疗企业有不同的盈利模式。李岱昀（2022）认为依照本国业态下的经典案例能够看出被广泛运用的三大盈利模式分别为：免费增值模式、平台佣金分成和销售收入差。钱圆圆（2022）认为互联网医疗优化了患者就医体验，以此延伸出来的商业模式分别体现在 4 个环节上：健康管理环节、自诊环节、医生环节和医院就诊环节。根据既有研究，本书认为互联网医疗盈利模式可以进行以下五种分类。

（1）利润点。企业向顾客提供有价值的服务和商品，它是一种能给公司带来利润的业务活动。优秀的利润点需要既具备可持续发展性，又具有强大的发展潜力，可以持续地、长久地为公司创造价值，为公司带来长远、持续的利润。盈利点的改变应随着市场环境的改变而改变，为满足顾客的要求而改变，这就是利润点的本质。

（2）利润对象。简单地说，给公司创造收益的那一部分人或者团体，就是公司盈利的目标。首先，在定义利润对象时，应着眼于广泛的市场范畴，以包容更多元化的消费群体，从而避免在无形中排斥部分潜在消费者，限制市场渗透力和盈利潜力。其次，在确定利润对象之前，企业一定要对其进行充分的调查，明确他们的消费喜好和需求，对他们的人群进行细分。最后，在企业开发利润对象时，要充分发挥自己的优势和能力，拉大与其他竞争公司之间的差距。利益客体分为潜在利益客体、主要利益客体和广义利益客体。企业应该按照利润对象所处的区域、所处的年龄、自身的消费水平、性别等的不同特点，分辨出不同的利润对象。为各种利益目标提供各种服务与产品，以达到经营管理的差别。

（3）利润来源。公司获得收入的途径和方式是利润点，也就是公司利用利润点吸引顾客购买某项服务或商品，再由公司获得利润，从而创造出价值，这是公司最重要的盈利模型。一家公司若长期缺乏稳定可靠的收入来源，就不可能长久地维持下去。盈利模型的核心是利润来源，它是企业实现长期发展和持续盈利的根本。

（4）利润杠杆。一家公司将通过一系列的运营活动来获得收益，这一行为被称为"利润杠杆"。根据利润对象来购买企业的产品和服务，选择合适的营销方式和措施，从而获得更多的企业注意力。公司可以用更少的钱来组织一次特殊的宣传活动，这样就可以为公司获得更大的利润，从而创造出更多的公司价值。因此，用利润杠杆来描述这一活动是非常形象的，也便于理解。比如，会员活动、节假日促销、广告投入、自建物流，等等，都是为了获得更大收益而进行活动资金的投入来吸引更多的利润对象。

（5）利润屏障。企业建立利润屏障，是为了保持自己的市场份额，避免被掠夺，避免被瓜分利润。通过建立有效的利润屏障，能够阻止公司在市场份额遭到掠夺之后，公司的地位不会发生变化，从而体现出公司的核心能力。为了保证公司在竞争中保持自己的有利地位，必须采取相应的对策来防范竞争者对公司的威胁。利润屏障要求公司和其他合作伙伴共同努力，共同构建起一道有效而坚实的壁垒，从而提高公司的"防御力"。利润杠杆与利润屏障既有不同，又有关联。这两种方法的不同之处在于，利润杠杆指的是通过使用更低的杠杆效用来获取更高的收益，而利润屏障指的是通过投资来给公司设置障碍，这样就可以保证公司的利益不会受到损害；两者的共同之处在于都是企业的投资行为。

11.2　京东健康盈利模式现状分析

11.2.1　京东健康的发展历程

京东健康（Jing – Hybrid）作为京东集团的下属子公司，以医疗保健为核心，是第一批获得了网络医药、网络医院等网络服务的平台公司，在医药产业数字化转型中起到了引领作用。企业为了打造一个以医药及健康产品供应链为核心，以医疗健康服务为重点的数字驱动的健康管理平台。从2014年2月开始，京东的医疗保健服务成为京东集团的一项独立经营的业务。京东健康于2017年12月发布了其线上诊疗业务，标志着京东健康已由传统的电商平台转型为互联网医疗。京东自2019年5月起，逐渐形成了"B2B + B2C + O2O"的发展模式，并已拥有"京东家医""药京通""家医守护"等品牌和产品。京东医疗于 2020 年 12 月 8 日在香港交易所挂牌,上市第一天就达到了三千三百亿港元的规模。

京东健康立足于人民群众的健康,将公司的资源进行了有效的整合,充分利用自身的优势,将用户和病人放在第一位,持续地促进医疗卫生行业的创新发展,为人民提供更便捷、更高质量、更实惠的医疗卫生产品和服务,让人民能够享受到更高质量的健康和美好的生活,努力成为"人民的第一健康管家"。

11.2.2 京东健康的主营业务

11.2.2.1 医药电商

在药物品种多达一千五百亿的市场上,医药保健电子商务蕴含着极大的商机。京东健康抓住了这个机会,公司将其业务定位在制药和保健产品的供应链上。京东医药电商的产品主要有两大类:一类是药物类,另一类是非药物类。京东医药保健电商业务的运营方式主要有三种:自营、网上交易平台和建立全方位的营销网络。

(1)自营。京东健康是由"京东大药房""药京采"和"京械通"组成的。其中,京东药局采取的是 B2C 商业模式,而京东健康则是通过京东药局的自营平台将相应的药品提供给消费者,具有可追溯性和自有物流等优势。京东健康还与医药企业进行了更深层次的合作,许多医药企业都选择了"京东大药房"进行药品线上上市。同时,为满足中老年群体的需求,"京东大药房"积极拓展线下门店,截至 2020 年上半年,京东大药房已在 13 座城市开设了 23 家门店。而"药京采"和"京械通"则采用了 B2B 的商业模式,京东健康的"药京采"是一种以医药批发为主的电商平台,是一种新型的电商平台。"药京采"可以将医药企业和医药企业之间的上下游联系起来，以更加合理的价格购买到更多的药物。京东健康的"京械通"是一个以一站式为核心的医疗设备服务平台。"京械通"是一款集多品种，高效，低价，售后完善，在线咨询等功能于一体的医疗器械产品。所以，京东健康在货物批发方面，主要是靠收费和平台费来获得收入。

（2）网上交易平台。京东健康利用第三方平台，为消费者提供了京东药店没有的或者是缺货的产品。借助线上平台，可以和线下互补，使两家药店的优势得到最大程度的发挥。在京东健康的网络平台上，截至 2021 年 6 月 30 日，已有约 14000 个第三方商户。在这种模式下，京东健康的盈利来源主要是从其支付的佣金和平台费用中获取。

（3）建立全方位的营销网络。该模式将不同形式的资源联系在一起，以实现药物的即时配送。其全渠道网络遍布中国 300 余座大城市，可实现"当日达""次日达""30 分钟""24/7"等快捷运输，满足用户的多种需要。在这种模式下，京东健康的盈利方式也是以收取佣金为主。

11.2.2.2　医疗保健服务

（1）互联网医疗服务。京东健康的"互联网医疗"能够覆盖前、中、后三个阶段的整个诊疗过程。京东健康的"互联网医疗"业务，已与多家医院签订了协议，力争在全国范围内，实现全面精准的医疗资源对接。京东健康 2021 年上半年财报显示，截至 2021 年 6 月 30 日，京东健康已实现内外合作，线上咨询达 16 万余人次，比 2019 年增长了近十倍。

（2）全科医师。京东家医生是由京东健康集团于 2020 年正式发布的一款居家医疗保健产品。京东家医涵盖了用户日常咨询、专业咨询、健康管理等多个领域，并针对特定服务类别，提供全天在线咨询服务、48 小时在线专家会诊服务，以及三甲医院的专家优先咨询服务。此外，京东健康的医生还会根据各种人群推出对应的服务套餐，比如京东家医为老人准备的"孝心"饭、为睡眠障碍患者准备的"睡眠套餐"、为孩子准备的"儿童身高套餐"，等等。

（3）消费性医疗服务。用户可在京东健康平台上与京东健康相关的线下消费医疗机构建立联系，并可在该平台上进行体检、美容、口腔、核酸检测及预防接种等服务。2021 年 6 月，京东健康集团与新氧集团达成紧密合作，新氧集团正式在京东健康集团成立了官方旗舰店。

（4）"智能医学"。在此层面，京东健康基于其供应链和技术，为地方政府、线下医院、线下药房等提供服务。为病人提供贯穿医疗全流程、线上线下一体化的智能解决方案，并以灵活高效的方式实现医疗机构之间的互联互通，协助医护人员提供更高效率、更高质量的诊疗服务，为病人提供更好的就医体验。

11.2.3　京东健康盈利模式构成要素

11.2.3.1　利润对象

京东健康服务的客户包括：消费者、医院、医生、医药公司、消费者医疗保健组织。京东健康的盈利最大来源就是它的客户，京东健康在 2021 年 6 月 30 日拥有 1.09 亿年活跃用户。按照京东健康的公开发布文件来看，京东健康的用户主要集中在中国的一线和二线城市，而这些用户大多是上班族。研究结果显示，对新鲜事物有较强接受能力的在岗员工是京东健康产品和服务的主要购买者，也是京东健康获取最大利益的目标群体，因此，京东健康应该把注意力放在这一群体上。与此同时，京东还可以根据不同年龄和职业的顾客，将其重新划分，从而为其提供有针对性的商品和服务。

11.2.3.2　利润点

根据京东健康 2021 年度中报，京东健康的营收主要来源于两个板块，即医药及健康商品销售收入及服务收入（包括在线医疗健康服务、平台佣金和广告收入等）。其中，医药及健康商品销售收入始终是京东健康营收的主要构成，自 2017 年以来，医疗保健类的销售额占到了总营收的 87%。因此，药品和保健品的销售，才是京东健康最大的收入来源。京东健康虽然也有自己的在线医疗和保健服务，但这并不能给他们带来多大的收益，所以京东健康的主要收入来源还是来自药品和保健品的销售。

11.2.3.3　利润来源

（1）用户。用户是京东健康的最大利润源泉。消费者在线上购买药品、在线咨询和购买消费医疗服务时，会对京东健康进行付费，而京东健康则是以"卖出差价"的形式对消费者进行收费，从而获得一定的收益。

（2）医院和药房的入驻。京东健康通过庞大的网络流量，吸引了大量的连锁店，这些连锁店在入驻后，都要支付一笔费用。

（3）医生加盟。目前，京东健康在线平台已经招募了 110000 多名注册医师、注册药师和营养师。京东健康会从签约医生那里获得会员费用。这些医生将在平台上对病人进行网上诊断和治疗，而京东将从他们获得的收益中抽取一部分作为佣金。京东也定期为医生们提供培训和交流，并由医院和医生们付费。而京东医疗的这一块收益，则主要是佣金的方式。

（4）医药制造商。京东健康通过采购、销售、展示和培训等方式，为医药制造商提供了一个更好的销售渠道。相应地，可能会对制药公司收费。而这一部分，则是来自京东集团的"回扣"模式。

11.2.3.4　利润杠杆

（1）产品质量好，价格低。京东健康依托京东集团提供的网络技术和资源，为上游的供货商和下游的顾客提供了直接的服务。这样就不需要多层的中间商，从而减少了采购的费用。京东健康的全链条供给系统能够让消费者以更优惠的价格购买到知名药企生产的药物和保健产品，这对消费者来说是非常有吸引力的。

（2）提供更多的便利。京东健康在全国范围内打造了超过 23 个药品零售仓库，并设立了四大批发主体，以强大的物流网络为支撑，确保在 337 个地级市中实现次日达的便捷服务，同时为 400 多个城市提供了最快仅需 28 分钟的送药上门服务，极大地提升了药品配送的效率和用户体验。

（3）免费的增值服务。京东健康不仅会为客户提供药品溯源，更会为客户提供日常的疾病知识、营养知识及日常的护理知识。通过这种方式，让消费者能够更好地辨别药品和疫苗的种类，并能更好地运用该平台所提供的资讯来提高自身的生活品质。

11.2.3.5　利润屏障

（1）顾客基数。以京东为核心，京东健康已形成了良好的顾客基数，随着新冠病毒的出现，京东健康在 2020 年的活跃顾客数量有了很大的增长。截至 2021 年 6 月 20 日，它的年度活跃用户数量达到了1.09 亿人。而且，因为全国 80% 以上的医药公司都已经进入了京东健康，所以现有的公司和用户数量庞大，对于潜在的巨大顾客群来说，有着很大的吸引力。

（2）供应链方面的优势。近年来，京东集团不断加大对供应链的研发力度，使京东健康从完善的供应链中获益良多，从而形成了京东健康的核心竞争能力。截至 2021 年 6 月 30 日，京东健康零售药店已拥有 4 千万种以上的品种，在全国的医药仓库达到 17 家，非医药仓库达到 350 家以上，并建立了自主的医药冷链网络，覆盖了 100 多个城市。

11.3　京东健康的财务分析

公司盈利模式的好坏，对公司的财务状况有直接的影响。因此，人们通常会选择以财务分析的方法来分析一个企业的盈利模式，并以此来判断这个企业的盈利模式是否与企业相适应。所以，在本小节中选择了从收入、成本两个方面来分析京东健康的盈利模式，并对京东健康的盈利模式进行了深入的探讨。本部分将从收入和成本这两个角度，来分析京东健康公司的收入和成本支出模式，以及它们是怎样在市场环境下进行操作的，从而促进了公司的利润模式的有效运行。在此基础上，将其与另外两家互联网医疗领域的龙头公司阿里健康、平安好医生作对比。

11.3.1　收入分析

11.3.1.1　收入状况

因为中国互联网医疗产业的总体发展趋势是好的，所以从图 11 - 1 可以看出，近年来，京东健康、阿里健康、平安好医生三家公司的营收都在不断增长，营收的总体水准也在不断提升。京东健康的营收一直都比阿里健康、平安好医生等同行要高，保持着绝对的优势。尤其是最近三年，在新冠疫情的冲击下，京东的营收更是突飞猛进，远远超过了阿里健康和平安好医生。并且如图 11 - 1 所示，京东健康的营收增长率也是优异的。阿里健康和平安好医生在 2019 ~ 2022 年的营收增速均呈下滑趋势，且受新冠疫情影响较小。但京东健康自 2020 年以来营收增速下降，是三家公司中营收增速降低最慢的。

这意味着京东健康不但在行业中处于领先地位,而且在营收增速上也有很大的优势,未来的营收还有很大的潜力。这也说明了当前京东健康的盈利模式在营收层面还是有一定竞争力的。

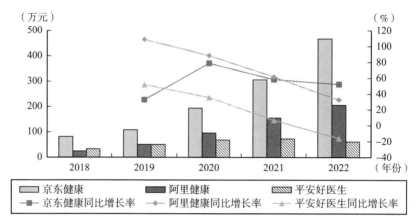

图 11-1 京东健康、阿里健康、平安好医生
2018~2022 年中期营业收入及其同比增长率

11.3.1.2 收入来源分析

京东健康的营收之所以能持续增长,并始终处于同行前列,主要是因为它的盈利模式具备了如下要素。

(1)利益客体的优越性。京东健康企业盈利模式的利益主体优势主要体现在用户规模。京东健康依托京东集团,在其创业初期就已有了很好的客户群。大量的用户群是京东医药销售和提供服务的重要依据,它可以为公司带来稳定的收益,从而促进公司的迅速发展。从图11-2可以看出,京东健康在2021年拥有超过1亿的年活跃用户。

这一时期,阿里健康活跃用户达到了3.9亿人,但比起平安好医生等没有电商和大平台支持的互联网制药公司,京东健康还是占据了一定的优势,因为它的目标用户更多。

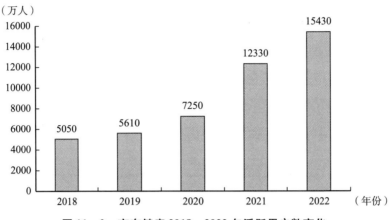

图 11 – 2 　京东健康 2018 ～ 2022 年活跃用户数变化

（2）经营范围更加宽泛。相比其他公司，京东健康的经营范围要广得多，比如中药饮片、冷链药品、家庭医生等，这些都是京东健康的独家经营业务，虽然这些经营范围并不大，但却可以为京东健康提供更大的发展空间，也可以为京东健康带来更多的营收。

11.3.1.3　营收构成分析

京东健康的营收主要有两个方面：一是商品营收，二是服务营收。从图 11 – 3 可以看出，京东健康的收入来源的占比自 2018 年以来就呈现出一种不平衡的状态，而且这一状态并没有发生太大的变化，基本上保持在 87∶13 的比例，所以它的营收结构有一些问题。京东健康的营收主要来自药品和保健品的销售，而服务的营收只占了 13%，这让京东健康的营收太过依靠商品的营收，这会影响公司的长期盈利，也会影响公司的长远发展。

这主要是因为京东健康还处于起步阶段，它的盈利模式是通过网络医疗领域的药品电商来实现的，这种盈利模式的核心就是产品的单一收益。受京东健康前期盈利模式的影响，尽管京东健康于 2017 年末启动了线上医疗保健业务，但由于线上医疗保健业务的发展速度较慢，且很难形成习惯，因此，近年来京东健康商品营收占比仅有小幅下滑，但仍处于严重失衡状态。

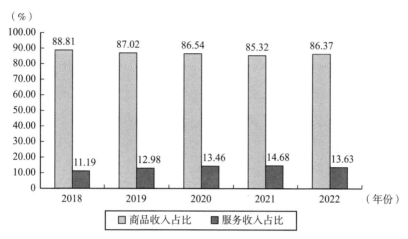

图 11 - 3　京东健康 2018~2022 年营业收入构成

　　从图 11 - 4 可以看出，京东健康、阿里健康在 2022 年的营收结构上是十分相似的，他们的核心营收都是以销售商品为主，而其他营收都是以在线服务为主。而平安好医生的商品销售额与"提供服务"的销售额相差不大，保持在相对平均值。这主要是因为，与京东健康、阿里健康等公司的盈利模式相比，平安好医生的盈利模式更偏向于线上医疗，而这家公司在线上医疗和健康服务上的投资更多，所以其营收结构也更趋合理。从收入结构的角度来看，京东健康应该在在线医疗健康服务上投入更大的精力，加大对该业务的投入，加大对该业务的宣传力度，从而推动该企业的发展。

　　企业的收入质量是以应收账款周转速度与经营活动现金净流量来确保的，主要从应收账款周转天数和现金流动指标来对该企业的盈利模式进行分析，以此来评价企业的收入质量和持续盈利的能力。

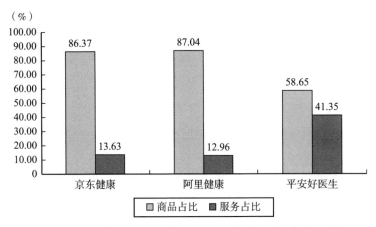

图 11 - 4　京东健康、阿里健康、平安好医生 2022 年收入结构

应收账款周转日指的是从一笔买卖到一笔货款回收的平均时间。它能够衡量企业资产管理效率的高低，是综合评价企业收入质量、收入利用效率的重要因素，以此来展现企业的持续盈利能力。当一个公司的应收账款周转日较短时，则表示该公司的回收率较高，且收入品质较好。从图 11 - 5 可以看出，京东健康的应收账款周转率是 5.19，阿里健康的周转率是 8.62，平安好医生的周转率是 25.91，说明京东健康的周转率是更高的。

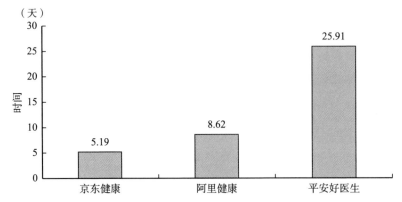

图 11 - 5　京东健康、阿里健康、平安好医生 2022 年应收账款周转天数对比

京东健康拥有一套完善而高效的供应链系统，它联通了上游制造商、中游经销商和下游药店，通过这种方式，它可以增强自己对各个分销渠道的掌控力，让公司在行业内的影响力越来越大，所以它的应收账款周转率越来越低。

从表 11-1 可以看出，京东健康在 2019~2022 年，经营活动产生的现金流净额始终为正值，所以京东健康的经营活动现金流占主营业务收入的比例始终为正值，这说明京东健康具有较为充裕和稳定的经营活动现金流。尽管在 2019 年，阿里健康的 EFR - 主营业务收入之比已经超过京东健康，但在 2020 年，京东健康的该比率却出现了大幅提升，并超过了曾经的领头羊阿里健康。这说明京东健康在 2020 年的盈利能力有了很大的提高，并且已经成为互联网医疗领域的领导者之一。这也从某种意义上说明，京东健康的收益质量更高，公司未来的利润走势更好。

表 11-1 京东健康、阿里健康、平安好医生
2019~2022 年经营活动现金净流量及相关数据

年份	经营活动产生的现金流量净额（亿元）			经营活动现金净流量/主营业务收入		
	京东健康	阿里健康	平安好医生	京东健康	阿里健康	平安好医生
2019 年	4.09	3.96	5.04	0.038	0.078	0.1
2020 年	36.99	5.84	11.02	0.191	0.061	0.16
2021 年	34.31	10.09	14.03	0.112	0.065	0.191
2022 年	59.05	4.24	8.11	0.126	0.021	0.131

京东健康公司的 EBITDA（息税折旧及摊销前利润）和 EBITDA 占营业收入的比例相对较高，与其盈利模式有关。在京东健康的利润屏障中，京东健康的供应链可以充分利用自身的核心能力，在上下游企业中拥有更大的话语权，并可以提高应收账款的周转率和库存的周转率；这将进一步加快京东健康的资金周转率，让它在运营活动中能获

得更多的现金流。

11.3.2 费用和支出分析

这一部分重点分析京东健康是如何在成本上取得优势，从而提高其利润率的。成本效益是企业在经营活动中，通过对成本支出进行有效的控制，从而获得的利润。成本支出对公司获利能力的影响有两个方面：其一，成本支出所带来的优势能够提升产品的价格优势，从而提高公司的利润；其二，成本支出中获得的收益，将会使公司的现金流变得更大，从而使公司的利润得到更大的提升。该小节分为三个部分：第一部分是京东健康的成本支出，主要与阿里健康、平安好医生作比较；第二部分，分析了企业经营成本和支出的组成；第三部分，讨论了京东健康企业成本和支出管理途径。

11.3.2.1 成本支出分析

京东健康是一家网络医药公司，它的运营成本主要由购买、运输费、库存损失等构成。关于运营费用，从表11-2可以看出，京东健康的整体运营费用是行业中较高的，而且近年来运营费用的增幅也很大。这主要是由于京东药店的销量和收入都在上升，导致了公司的运营成本也在上升。

表 11-2　京东健康、阿里健康、平安好医生 2019~2022 年运营成本 单位：亿元

营业成本	2019 年	2020 年	2021 年	2022 年
京东健康	80.3	144.65	234.85	368.45
阿里健康	37.65	73.65	119.01	164.7
平安好医生	38.94	50.02	56.27	44.75

11.3.2.2　企业经营成本和支出的组成

京东健康期间成本主要包括销售及市场推广成本、履约成本、研发成本、一般和行政成本。因为京东健康和阿里健康两家公司在年度报告中披露的期间成本构成有一定的相似性，所以本研究选取京东健康和阿里健康两家公司作为比较对象。

如表 11 - 3 所示，从 2019 年开始，随着京东保健业务的扩展和营业收入的提高，京东健康各期支出都出现了明显的增长。

表 11 - 3　　　　　京东健康与阿里健康 2019 ~ 2022 年费用

	成本	2019 年		2020 年		2021 年		2022 年	
		金额（元）	占收入比（％）	金额（元）	占收入比（％）	金额（元）	占收入比（％）	金额（元）	占收入比（％）
京东健康	履约成本	11.67	10.76	20	10.32	30	9.78	45	9.63
	销售及市场推广成本	7.46	7.04	14.35	7.40	21	6.84	22	4.71
	研发成本	3.38	3.12	6.09	3.14	8.93	2.91	10.67	2.28
	一般和行政成本	1.25	1.15	5.27	2.72	25.37	8.27	21.54	4.61
	成本	2019 年		2020 年		2021 年		2022 年	
		金额（元）	占收入比（％）	金额（元）	占收入比（％）	金额（元）	占收入比（％）	金额（元）	占收入比（％）
阿里健康	履约成本	5.72	11.22	10.98	11.44	16.19	9.78	20.97	10.19
	销售及市场推广成本	4.55	8.93	7.3	7.61	12.22	6.84	8.59	4.17
	研发成本	2.19	4.30	2.53	2.64	4.24	2.91	7.29	3.54
	一般和行政成本	1.81	3.55	2.2	2.29	2.94	8.27	3.95	1.92

在京东健康的年度成本中，履约成本是最大的一项，销售及市场推广成本紧随其后。这主要是因为京东健康以药品电商为主要盈利模式，因此它的物流、仓储等支出也会随之增加，因此它的履约成本在整个成本中所占的比重很大。所以，京东的财务成本主要集中在合同履约成本和销售及市场推广成本上。由于京东健康拥有多个层级的独立仓库，其物流运营效率要远高于合作伙伴。由此可见，京东集团的

供应链管理水平要比阿里集团高得多。

　　而在销售及市场推广成本上，京东健康的营销成本在公司的总成本中所占的比例，近年来一直在减少，这说明京东健康并不注重自身的宣传和推广。由于消费者对这个领域的认知程度较低，市场份额也存在较大的起伏。所以，京东健康应该在销售及市场推广上尽可能地提高自己的效率，用最小的销售及市场推广成本来达到最大的效果。

　　从研发成本来看，与阿里健康近年来不断增加的比例相比，京东健康近年来的比例则是不断降低。这表明，京东健康在发展自己的技术方面，并没有给予足够的关注，也没有加强对数据的分析，以及对新产品的研发，这对京东健康的发展是不利的。京东健康当前的研究重心是建立药物知识库，对药学服务和信息进行标准化，并构建药物知识的人工智能图谱。

　　在一般和行政成本中，京东健康在管理费用中所占的比例在 2021 年大幅增加。这很大程度上是因为 2020 年京东健康对其员工的股权激励，以及上市期间的公开募股支出，使得员工福利支出有所上升。因此，京东健康在一般和行政支出中所占的比例，在 2021 年出现了异常增长。在这段时间，京东健康的日常开销和行政开销都比阿里健康要多，而管理费用的比例也比阿里健康要高，但京东健康的总务和管理支出比阿里健康的控制更好，如图 11 -6、图 11 -7 所示。

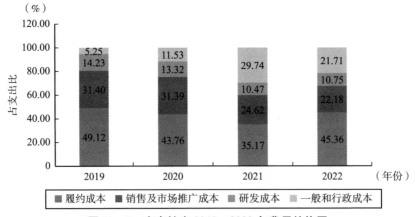

图 11 -6　京东健康 2019～2022 年费用结构图

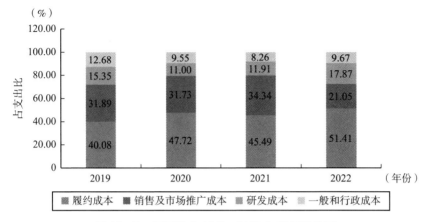

图 11-7 阿里健康 2019~2022 年费用结构图

总而言之，京东健康在今后也要发挥自己的物流和供应链的优势，以及它的规模效应来降低自己的经营成本。

11.3.2.3 对企业成本和支出的管理途径的探讨

以上对京东健康的成本和支出水平与结构进行了详细的分析，我们可以看出，京东健康在网络医药领域依然能够保持利润，其中一个重要的因素就是它对成本和支出的管理。京东健康的医疗机构在成本支出方面采取了如下措施。

（1）通过降低采购成本、履约成本和总务成本，达到降低成本的目的。京东良好而又稳定的顾客群为京东健康带来了庞大的顾客群，也为它的盈利水平带来了某种保障。这也是为什么京东健康能够持续成长，并最终成长为中国最大的网络医药服务平台，京东健康能够不断地整合各种资源、更新技术、拓展公司的经营范围，逐步产生了规模效应，从而提高了公司在资源整合过程中的讨价还价能力，降低了员工的采购费用。

（2）构建京东的"健康"供应链体系。京东健康在供应链领域已有多年积累，已形成了一个广阔的网络，并在供应链方面有着卓越的实力。京东健康通过全渠道的整合，让消费者可以享受到"人在，物在，任何时间，任何地点"的生活方式。相对于阿里健康、平安好医生等企业，京东健康在自身的物流、仓库等方面有着巨大的优势，从而降低了京东健康的成本。京东集团持续的供应链管理水平提升了企业运营的有效性，同时也降低了企业的支付成本，从而促进了企业利润水平的提高。

11.4　京东健康盈利模式的优势及存在的问题

11.4.1　京东健康盈利模式的优势

11.4.1.1　具有较大基础的平台

互联网医疗行业是一个新兴产业，其市场竞争非常激烈，当企业在行业内部没有形成市场份额优势的情况下，利润对象的数量基数是关键。京东健康利用京东的优势，建立了一个基于网络的医药电商平台，并在短短的时间里积累了一大批客户。截至 2022 年底，京东健康年度活跃用户数量超 1.54 亿。这显示了京东健康的盈利模式所具备的利益客体的优点，这将有助于提升京东健康的营收，并有助于京东健康在将来获得稳定的收益。

11.4.1.2　具有较大竞争性的盈利屏障

京东的利润屏障很大程度上来自它的顾客群和它的供应链优势。京东在物流和供应链领域已有多年的积累，是中国物流领域的佼佼者，其庞大的业务网络及优秀的仓储、配送团队，能够为客户带来高效率、高质量的配送，确保客户的货物能够被快速、准确地运送到客户手中。京东健康依托京东，因而在供应链方面也具有一定的实力。凭借着良好的仓储和供应链体系，京东健康的存货和物流效率得到了极大的提高，尽管京东健康产品的规模越来越大，但它的存货周转率却是一年比一年低。从图 11 – 8 可以看出，京东健康在 2022 年的存货周期中，其平均存货周期为 26.92 天。相对于阿里健康，其经营类型更为相似，但京东健康的整体库存周转率却较阿里健康更低。这样可以缩短京东健康库存所需的资金周期，减少库存所需的费用，从而减少了现金流压力，从而提高了公司的经营效率，进而增加了公司的利润。

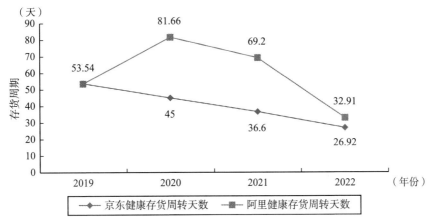

图 11 – 8　京东健康与阿里健康的 2019～2022 年存货周转天数

11.4.1.3　具有"看病 + 买药"的闭环服务

京东健康在行业内最先提出"看病 + 买药"闭环，即由京东健康的药品保健电子商务与互联网医疗保健构成的医学保健价值链，实现了京东健康电子商务和互联网医疗保健相互补充、相互促进。药品和保健的电子商务，一方面把产品卖给消费者，另一方面把消费者带到网上；而在线医疗服务利用高品质的慢病管理及在线诊治等服务，将使用者导向医药电商业务。除此之外，这一闭环服务还可以将线上与线下进行联系，当使用者在购物时，可以选择在线的药店，利用京东的物流进行配送，也可以选择线下的药店；同时，线下药店还可以引导使用者进行网络诊疗。京东健康在这种特殊的经营模式下，已经发展出了自己特有的盈利模式。该盈利模型的成功应用，将帮助京东健康持续提高用户黏性，激发用户的潜在购买力。

11.4.2　京东健康盈利模式存在的问题分析

11.4.2.1　利润点单一

京东健康的利润过分地依靠它的医药电子商务，并且非药物收入在公司的销售结构中所占比例更大。根据京东健康2022年上半年的业绩，该公司的产品营收约为86%，而服务营收只有14%。从以上分析可以看出，京东健康的各项服务的毛利比其产品毛利高出六倍以上，所以线上医疗保健可以给京东健康创造更大的收益。京东健康要在将来获得更高的利润，就必须进一步加强其网上医疗服务。

另外，专注于制药行业的京东健康，也很容易被政府的政策左右。如果政策放松，将会有更多的人、更多的资金进入药品电子商务领域，从而使药品电子商务领域的竞争更加激烈。这样，京东健康医疗电子商务的市场占有率将会遭受重创，进而对它的营收造成一定的影响，进而对它的利润和发展产生影响。从总体上来看，中国药品电子商务发展的总体形势是比较乐观的，但是，前景仍有许多不明朗之处。而京东集团也需要进一步发展自己的网络医疗服务，这样京东集团的各大产业之间，才能形成互补，才能保证公司的可持续发展。

11.4.2.2　对京东集团过分依赖

京东健康现在很大程度上是依靠京东商城来吸引流量的。利用京东集团为自己带来的流量，既可以提高京东健康的盈利能力，又可以推动京东健康的药店连锁经营，还可以为第三方平台带来更多的收益。这意味着京东健康的盈利目标在很大程度上取决于京东集团。

京东健康以京东集团为平台，所以在其发展的早期，依靠京东集团为其吸引流量，以获得更高的收益，但这样的方式并不适合京东健康今后的长远发展。京东健康是一家规模较大的网络医疗公司，但近年来其自身的用户规模增速较慢，始终比阿里巴巴要小，而京东的用户规模也将在不久的将来到达顶点。所以，过分依靠京东集团来吸引流量的京东健康将会减少其获利目标的规模。此外，与阿里巴巴旗下的阿里健康相比，京东健康在通过母公司提高自己盈利目标的能力上也处于劣势。

11.4.2.3　资金使用率低下

按照前文的分析，相对于阿里健康和平安好医生来说，京东健康的现金流相对较为充裕。这种情况既能保障企业的核心竞争能力，又反映出企业的资本利用率较差，甚至有可能出现资本闲置。所以，京东集团在保障了公司的研发和创新所需要的经费及相应的成本支出之后，必须提升公司的投资效益才能让公司获得更多的利润。

11.5　京东健康盈利模式优化建议

11.5.1　生产品质和服务的最佳化

京东健康最大的盈利目标就是顾客。京东健康要留住顾客，必须对顾客进行全面的了解，对自己的商品进行品质和服务上的改进。

首先，京东保健要根据顾客的需求、顾客的特征来区分顾客的类别。比如，我们可以把顾客划分成减肥人群、医美人群、母婴人群，以及有慢性病的人群。在慢病群体管理方面，随着中国日益严重的老龄化和慢性病年龄偏小的特点，中国的慢病群体规模也在持续增长。随着人们对医疗卫生资源的要求越来越高，京东健康的网上医疗服务能够根据慢性病病人每天的身体情况，给他们提供饮食、运动、用药、检查等方面的指导。而且，京东健康可以利用自己的"看病＋买药"的闭环，将药物送到病人的手中。越是细分的顾客，能够为顾客提供的服务就越是细致。这样的差别服务，可以增加顾客的满意度，从而可以增加顾客的忠诚度。在此期间，京东健康也能发挥它在盈利中的重要角色。第一，对于已购物或已享受网上就医的顾客，京东健康将会在下一次购物时给予现金优惠，同时还会提供免费的健康咨询，咨询常见疾病的诊疗方法，以及更多的免费附加功能。第二，还能为顾客提供一些优惠，比如返点、赠送礼物之类的优惠活动，这样才能让顾客二次购买。第三，最常用的就是会员制。京东健康能够给予他们更多的福利，比如每年一次的免费身体检查、与他们的健康交流、诊断后的回访、健康咨询等。这样可以增强他们的客户黏性。

其次，改善服务品质，也可以增加顾客的积极性和忠诚度。使用者在接受产品或线上就医后，可以对顾客的消费满意程度进行评分和评估，并向顾客提供自己的意见。这样，其他使用者就可以参考有关的评估结果，做出有目的的选取，达到了资源的共享。为京东健康的发展提出了一些相关的意见和建议，可以帮助京东健康进一步提高自己的服务质量，构建一个更加有效、方便的服务平台。

11.5.2　减少对京东集团的依赖

京东健康要想持续健康发展就需要减少对京东集团的依赖，主要有以下两种解决方案。

（1）促进以服务为基础的事业发展。鉴于目前京东健康盈利模式比较单一，以产品销售为主，京东健康必须加强线上医疗保健业务，以实现盈利模式上的均衡，在研发上下更多的工夫，注重自己的技术，提升自己的数据分析和新产品的开发能力，抓住互联网医疗产业的数字化转型机会，从而在一定程度上减少对京东集团的依赖。

（2）多元化业务模式和收入来源。京东健康可以积极寻求与第三方商家的深度合作，通过提供平台服务并收取佣金、平台使用费及广告费等方式，有效拓宽收入来源，从而减少对自营业务的过度依赖。在巩固药品销售的基础上，京东健康应进一步深耕医疗健康服务领域，推出在线诊疗、专业健康咨询、个性化健康管理等多元化服务产品，以满足不同用户群体的广泛需求。同时，加强与国内外优质医疗机构的战略合作，引入更多权威医疗资源和专业服务，提升平台的服务质量和专业度。此外，京东健康还应积极推广健康管理产品和服务，如定制化体检套餐、健康保险解决方案等，以增强用户黏性，构建全方位、全周期的健康管理生态体系，推动公司向更加独立、多元和可持续的方向发展。

11.5.3　开发新的使用者群体

京东健康一方面要强化自己的线下药房建设。因为京东健康的盈利目标是中国一线和二线城市的上班族，所以京东健康很有可能忽视了那些有潜力的中老年群体。但是，由于医疗保健产品的消费主体多为中老年，故应对其进行适当的关注。考虑到大多数的中老年群体都不太习惯网络，所以京东集团需要将网络和线下有机地融合在一起，并在京东药店的实体门店中推广开来。此外，在京东药店的基础上，还能为京东健康带来更多的顾客。

同时，京东健康也要积极地寻找更多的与外界公司的合作机遇。比如，京东可以通过与多家实体医院的合作，来获得更多的客户群。除此之外，还可以和其他的广告公司进行联合，做好品牌宣传工作，从而获得更多的顾客。京东健康也可以与搜索引擎、视频网站等建立联系，在他们的平台发布广告，持续扩大用户群。

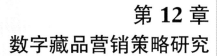

第 12 章
数字藏品营销策略研究

2021 年被称为元宇宙的开启之年，数字藏品就是诞生在这个背景下。数字藏品是基于区块链技术，将实体或者数字资产变成具有独立认证的代码和元数据，可供消费者收藏或在市场中交易和流通。数字经济时代，数字藏品的发展吸引着各行各业的目光，许多品牌纷纷加入数字藏品营销市场，企图获取一份红利。国内数字藏品市场目前处于早期快速发展阶段，由于我国相关政策管控，数字藏品市场不允许进行二级交易，如今各大平台玩家只能向其他方向进行转变。如何使数字藏品在品牌中获取最大的价值，这是各大品牌目前探索和亟待解决的问题，如何做好营销则是品牌首选的解决方法。本章利用诞生于互联网 3.0 时代的 SICAS 模型，结合目前国内数字藏品营销现状，对数字藏品的营销策略进行探索和研究。

12.1　数字藏品界定与理论概览

12.1.1　数字藏品概念界定

2021 年是大家公认的"元宇宙"开启年，与"元宇宙"相关的产业如雨后春笋般涌现，数字藏品是元宇宙相关产业中最典型的代表，它具备一定的货币属性，它作为货币令牌，代表着数字资产，在网络上可以进行交易。NFT 传入中国后，经过一定时间的发展，衍生成了现在的数字藏品。唐洁，丁丹（2022）指出，数字藏品是基于 NFT 的一种本土化产物，不完全等同于 NFT，它有着可溯源性、不可篡改的特征，是以区块链技术为基础生成的对特定图片、音频、艺术品的唯一数字凭证。

根据博物馆学定义，藏品具有一定的历史、科学和艺术价值，它可以反映自然界发展变化规律和人类科学文化进程。在对藏品进行数字化处理的早期阶段，尽管藏品被转化成了数字形式，但这些数字形式的内容数据并不能被称为数字藏品，因为其相关内容数据等可以被随意修改、拷贝和使用，不能确定它的所有权。数字藏品的崛起得益于数字技术的发展，在区块链技术出现后，数字藏品依赖于区块链技术的特性，使实体或数字资产与技术相结合生成唯一的数字凭证，赋予实体或者数字化资产的可信存证，让它们成为真正意义上的数字藏品。

因此，数字藏品就是使用相应的计算机加密技术，对特定的实体或者数字化资产生成唯一的数字凭证，可以保护它们的数字版权，真正实现在数字化发行、购买、收藏及使用时的可行性。数字藏品的本质仍然还是藏品，它有一定的收藏价值，只是与传统实物藏品相比，它变成了一种不能触碰的、存在于线上的虚拟产品，其主要保存方式也变成了在个人网络账号中保存。总而言之，所有的东西都可以是数字藏品，其中包括但不仅限于画作、古玩乃至门票、表情包、音乐唱片等均可成为数字藏品。数字藏品蕴藏着巨大的价值，它不仅是元宇宙落地的关键，还能够赋能实体经济，各行各业都应顺应时代的发展，抓住时机，合理运用数字藏品。

12.1.2　SICAS 模型理论基础

SICAS 模型（品牌与用户相互感知 – 产生兴趣并形成互动 – 建立

联系并交互沟通 – 产生购买 – 体验与分享模型）的发展经历了几个阶段，它是基于互联网 3.0 时代数字营销环境下提出的理论，主要用来研究用户消费行为心理变化，为企业提供新的营销思路，制定有效的营销和设计方案。随着时代的发展，相关研究方法也在不断演变。最初的 AIDMA 模型（注意 – 兴趣 – 渴望 – 留下记忆 – 购买行动模型）诞生于传统的媒体时代与互联网初期，在行业广泛盛行，强调以媒体为中心，向用户传递信息的方式主要是单向传递；随着互联网的发展，进入到互联网 2.0 阶段，这个时期行业所遵循的是 AISAS 模型（注意 – 兴趣 – 搜索 – 行动 – 分享模型），这时用户的关注焦点从传统媒体转移到网络媒体上，用户的行为也由一开始的被动转为主动，该模型在实现消费者之间信息的传递和渗透时，主要通过用户的主动搜索和分享这两种方式来实现。在互联网 3.0 时代，也就是现在，SICAS 模型能够为企业提供更加全面和精细化的消费者行为模式。

SICAS 模型是在 2011 年由 DCCI（中国互联网络信息中心）提出的可以进行多维互动的模型。王学旗（2022）认为 SICAS 模型包括相互感知、兴趣与互动、联系与沟通、行动、体验与分享 5 个阶段。感知是建立在品牌与消费者之间的，是品牌在消费者意识到自己对某个产品有需求时，主动通过令消费者感知的点来告知消费者产品相关的信息，品牌从被动者变成了主动者；兴趣与互动是指在消费者在对产品进行感知以后，觉得产品可以满足其自身需求，通过不同渠道来主动了解产品的过程，如果品牌可以提供给消费者更多的互动体验，提升消费者对产品的兴趣，可以大大提高营销效果；联系与沟通是消费者为了获取更多产品品牌相关的信息时，主动与商家建立深度的链接；行动就是消费者在经过了前期与品牌的互动沟通之后，最终决定购买的行为；体验与分享是指消费者在对产品功能及质量进行亲身体验以后，可以主动与身边或者社交平台上的别的潜在顾客进行扩散和分享经验的行为。SICAS 模型是适应移动互联网时代的数字化消费的模型，它不仅突出了以移动互联网科技为基础的全渠道感知网络，还实现了构建消费者行为可循环的框架，强化品牌与消费者之间的互动。

12.2　数字藏品营销现状及问题分析

12.2.1　国内外数字藏品发展现状

12.2.1.1　国内数字藏品发展现状

我国数字藏品市场目前处于快速增长的早期建设阶段。2021年数字藏品概念引入国内，受到元宇宙背景的影响，吸引了各行各业的目光，许多人纷纷加入进来。目前我国市场上发行的数字藏品大多数都是与文物、历史遗产相关的产品，是和各大历史博物馆和书画名家等进行的合作，但随着应用场景的不断拓展，现在也出现了各大品牌推出的相关数字藏品。吴进洋（2023）指出，目前国内数字藏品主要是在各大数字藏品平台上进行发售，为了保证数字藏品稀有性的特征，在发行时都是限量的。目前国内数字藏品发展的基本情况主要有以下几点。

（1）数字藏品市场已经具备一定规模。我国数字藏品市场的发展目前处于早期发展阶段，但发展速度很快，目前已经形成了一定规模的市场体系。根据《2021年中国数字藏品市场分析总结》，2021年国内数字藏品发行平台多达38个，发售的数字藏品数量多达456万个，市场总价值约1.5亿元。《2022数字藏品App研究报告》显示，2022年我国国内数字藏品平台的数量已经超过700家，涉及音乐、艺术等多个领域，市场覆盖范围逐渐扩大。其中比较有代表性的平台有鲸探、幻核、新华数藏、ibox、千寻数藏等，他们所涉及的数字藏品的类型也有所不同。

（2）数字藏品技术基本完善，应用场景不断拓展。国内数字藏品主要依赖于区块链技术，具有唯一性、稀缺性、不可分割性、不可篡改性和可验证。主要采取联盟链的形式，不可以进行二级市场交易，并且没有开放个人创作权，使得每一款数字藏品可以限量发行，确保了藏品本身的价值；但在监管方面仍存在诸多不确定性因素，有一定的风险。与此同时，各行各业纷纷加入数字藏品这个行业，应用场景随之增加。四川一家传媒公司发起区块链项目"数字藏书"；敦煌研究院等文博单位对文物进行二次创作，推出新类型数字藏品；各大品牌如奈雪的茶、周大福等都发布相关数字藏品，数字藏品不断拓展应用场景，赋能实体经济。

（3）数字藏品产业链基础基本完善。刘以敖（2022）表示，每个行业能够正常运转都依赖于多个环节，数字藏品也不例外。组成数字藏品的完整产业链的首先就是基础设施层，它主要负责前期数字藏品生成时所依赖的技术，也就是区块链技术，并为数字藏品提供存储相关的基础服务；其次就是项目创作层，主要包括互联网相关的主流企业、元宇宙社交应用公司和数字内容服务公司，国内目前不允许个人自行铸造发行数字藏品，只允许以上三类企业发行；最后是衍生应用层，它主要是指数字藏品的二级市场、数字藏品发行方和融资平台，但是目前我国还没有开放二级交易功能的平台，并且严厉打击二级交易市场。所以我国数字藏品产业链目前主要由基础设施层和项目创作层两部分组成，其中比较典型的平台有腾讯的幻核、阿里巴巴的鲸探等。

12.2.1.2　国外数字藏品发展现状

国外数字藏品市场发展早于国内，目前处于高速发展阶段。NFT是数字藏品的前身，它发展的时间要早于国内，国外数字藏品市场发展成熟，主要市场以美国为主，市场允许进行二次交易，这使得国外数字藏品市场发展迅速，但随之而来的风险也难以规避。

（1）国外数字藏品市场规模大。国外数字藏品市场在管理数字藏品时，通常将其看作证券来进行管理，他们觉得数字藏品本身就类似于证券，消费者可以将数字藏品作为知识产权进行使用，或者可以选择进行二次交易。这种特性让海外数字藏品市场规模迅速扩大，购买者获得数字藏品的主要途径就是通过直接购买、竞价或者空投。根据亿欧咨询的数据显示，2021 年全球数字藏品市场规模高达 176.95 亿美元，与上一年相比增长迅速。与此同时，数字藏品涉及的品类极广，数量更是庞大。

（2）国外数字藏品应用领域广。截至目前，国外数字藏品已经在艺术领域、游戏领域有所应用，还有公司和名人纷纷涉足数字藏品，它的本质就是代表数字世界的产权，将其换成数字资产进行流通。这一系列都表明了随着未来技术的更加成熟，其发展潜力巨大。

（3）国外数字藏品市场集中度高。国外数字藏品市场是以买方为核心，并且允许进行二次或多次交易。得益于二级交易市场的完全开放，国外数字藏品数量已经完全能够满足人们的需要，其铸造数量已经超过了市场的需求。此外，国外市场的基础设施和交易平台的流程都比较完善，并且允许个人发行数字藏品产品，不仅为消费者提供了良好的交易环境，同时还为创作者提供了相应的创作空间。

12.2.2 数字藏品营销环境现状

12.2.2.1 政策

数字藏品平台目前没有明确的合规和监督管理的要求。我国目前对区块链相关的监管由工信部、网信办和央行三方负责。工信部主要负责构建区块链的标准体系；网信办主要负责区块链信息服务备案和内容审查；央行的作用主要是为了维护金融市场的稳定发展，防止机构出现违法行为。吴进洋（2023）表示，目前国内数字藏品的合规和监管主要以企业的资质准许、发行的模式、日常技术和数据的处理及宣传营销等方面为重点。

国内数字藏品的相关政策尚不完善。当前的政策认可数字藏品未来的发展前景，我国有明确政策指出，加强有关数字藏品技术的研发，推动区块链技术的发展，探索数字藏品产业在各行各业的应用。目前，国内支持数字藏品龙头企业探索并建设数字藏品交易平台，以充分发挥数字经济时代数字藏品的潜在价值，推动相关行业经济的发展。但是数字藏品市场一直存在炒作现象，尽管国内不允许数字藏品进行二级市场交易，但还是有很多人铤而走险，所以我国正在逐步完善数字藏品的相关政策，相信在不久的将来，政策要求可以更好地规范数字藏品市场。

12.2.2.2　文化

传统文化是国家的瑰宝。在现代社会，文化受到了许多因素的冲击，甚至有些优秀的传统文化面临衰弱甚至是湮灭。就目前来说，有部分传统文化的传承方式为口耳相传，传播的效果存在一定的局限性。数字藏品进入我国以后快速发展，如果能将数字藏品与文化传承相结合，可以大大提高数字藏品的社会价值和商业价值。虽然数字藏品在国内发展的时间很短，但市场规模迅速扩张，是具有发展前景的文创产品。

传统的文化符号具有极大的吸引力，数字藏品可以推动文化艺术相关的消费。数字藏品发行平台可以迎合当代人的文化需求，促进消费者进行文化消费。比如 2022 年纷维发行的"天之舟"神州十三号成功返回的纪念款数字藏品，通过生动活泼的艺术创新来迎合当代年轻人的文化审美。周春发（2022）指出，数字藏品可以将文化和艺术深深地印刻在人们的脑海中，将文化和艺术融入生活。

12.2.2.3　经济

数字藏品经济存在巨大的泡沫风险。2022 年 8 月，作为国内头部数字藏品平台的"幻核"宣布停售，这一举措对国内数字藏品市场造成了很大的影响，但从另一个角度来反映出数字藏品市场存在较大的泡沫风险，当数字藏品经过市场的不断炒作以后，其价值在不断升高，当价格炒到一定的高度以后，面临的就是价格大幅度下降。同时，由于国内数字藏品市场不允许二级市场交易，这时候如果相关数字藏品交易市场关闭，那么对于消费者手中的数字藏品是否具有价值、价值多少就成了未知，这些数字藏品将如何处理也成为了消费者和社会急需面对和解决的问题。此外，中国数字规模经济发展良好，随着国内经济规模的不断扩大，数字藏品经济也会呈现上升的趋势。

数字藏品自 2019 年在国外爆发式增长以后，随着元宇宙的爆火，2021 年数字藏品概念引入国内后，国内数字藏品市场也在迅速扩张，数字藏品项目可以说是元宇宙中最值得投资的项目之一，各国对数字藏品市场的投资热情日益高涨，国内数字藏品市场的热度也在稳步上升，很多初创型的数字藏品平台纷纷加入其中。随着数字藏品应用场景的不断增加，未来如果可以开放二级市场交易的话，行业将会实现爆发式激增，数字藏品市场发展前景广阔。

《中国数字藏品行业研究报告》数据显示，我国的数字藏品市场规模已经在 2021 年达到了 2.8 亿元，预计五年后可以达到 100 倍的增长。数字藏品的用户群体大都锁定在 Z 世代群体，他们对新生的事物有着超于其他人的敏锐度，并且更容易接纳，他们将成为数字藏品市场消费的主力军。同时，随着越来越多的行业加入这一市场并探索出了数字藏品不同的应用场景，为数字藏品产品的开发提供了创作空间，也为数字藏品市场提供了新的机会。

12.2.2.4　技术

数字藏品主要依赖于区块链技术。它可以保证数字藏品的唯一性，保护数字藏品的数字版权，控制数字藏品的发行数量，使其不能无限复制，还可以保证产品的稀缺性和独特性。目前国内采取的技术路线是基于以太坊的公有链，国内数字藏品平台如支付宝、腾讯等都是采取联盟链的线路。但是数字藏品的技术安全性遭到了大众的质疑，很多人担心他的数据安全和投资方面的风险。虽然数字藏品是有加密性质的产品，但是仍然存在隐私泄露和被盗的风险。如果用户在交易过程中不小心点击了恶意的钓鱼链接，而平台本身或智能合约代码存在风险漏洞，这个时候并不能保证用户的经济利益和数据不会受到损害。

12.2.3　数字藏品营销现状

近年来，数字藏品得益于元宇宙的爆火，受到各行各业的关注，已经在很多领域发挥了巨大的价值，同时推动了经济的快速发展。数字藏品体现了元宇宙世界里虚拟事物的数字化和资产化，是元宇宙数字资产的技术底层，它作为数字经济时代的新产物，主要在数字赋能、文化传承、情感维系、对外传播等方面体现其发展价值。有数据显示，国内数字藏品总额和数量仍在大幅增长，随着越来越多的人加入到数字藏品行业，数字藏品更是出现了多种营销方式，同时涉及多个领域。本节主要从以下几个方面对数字藏品目前的营销现状进行分析。

12.2.3.1　数字藏品营销渠道单一

数字藏品的营销主要依赖官方渠道，缺乏对产品的精准营销。自2021 年开始，越来越多的用户开始关注数字藏品这个行业，国内各大平台逐渐开始布局数字藏品的赛道。迄今为止，国内数字藏品平台实现了爆发式的增长，但是绝大多数用户对数字藏品的认知都是通过平台官方渠道获取的。官方渠道是消费的主要渠道，也是平台进行营销的首要渠道。同时，数字藏品发行平台长期以来都缺乏对产品的精准营销，导致数字藏品不能为大众所熟知，在宣传推广方面存在明显不足。除了新华网在首页提供了数字藏品平台专有的入口外，其他数字藏品平台并没有相关链接入口。

12.2.3.2　数字藏品发行价值巨大

数字藏品本身的发行价值对营销活动有着促进作用。首先，就是数字藏品的数字赋能，推动着数字经济的消费升级。数字藏品基于区块链技术，结合图片、视频、音频等多种内容形式，丰富了数字藏品的形式，在多领域都有涉及，更好地满足消费者的不同需求。其次，数字藏品还有着对外传播的发行价值，比如在冬奥会期间推出具有中国特色的数字藏品，可以将数字藏品这一现代科技巧妙地与文化相结合，赋予产品更多的意义。最后，是数字藏品的文化传承和情感维系，国内各大媒体平台纷纷利用数字藏品来打造独有的文化 IP，2022 年 8 月，天工严选平台发行了两款数字藏品——《江西景德镇瓷刻〈富春山居图〉》和《上海绒绣〈浦东陆家嘴〉》，对国家著名非遗作品进行数字化呈现，使得价值不菲的作品以平易近人的面貌进入大多数人的生活，可以更好地为消费者所接受，通过数字化 IP 的输出和传播，让更多的消费者从中获取精神力量，激发受众人群的情感共鸣。

12.2.3.3　数字藏品平台种类丰富

数字藏品平台多，种类丰富，应用场景不断扩展。自 2021 年以来，国内数字藏品平台数量激增，越来越多的商家加入这一行业，其交易平台内容形态各有千秋，定期发行优质内容的数字藏品。目前国内数字藏品的应用主要可以分为收藏、展示、拍卖、文创和服务五种用途，国内多家文博机构结合数字化技术，推出了新的以数字文创为主的新型营销模式。数字藏品应用场景主要分为两大类：一类是包括数字艺术收藏品、数字音乐藏品和数字景区藏品等在内的典型应用场景，是目前数字藏品市场的核心应用场景；另一类是衍生场景，它是在数字藏品目前已有的应用场景基础上，衍生出许多相关的可以应用的场景。数字藏品结合不同应用场景，为不同产业带来新的发展方向，作为数字经济时代的产物，数字藏品能够为企业提供更高效率、能力更强的营销。

我国目前已经有多家景区引入数字藏品，用数字藏品线上发售的形式来引流线下消费，为数字藏品加文旅场景提供新思路。除此之外，数字藏品在教育、文旅、音乐、影视等方面均有涉及，应用场景不断扩展，随着数字技术的广泛应用，数字藏品将在未来与元宇宙的虚实共生的场景中交互连接产生新的场域，为数字藏品的营销提供新的方式。

12.2.3.4　数字藏品炒作现象严重

数字藏品是基于区块链技术对图片、音频等进行加密后的一种虚拟数字化凭证，它本身具有极高的符号价值，数字藏品在发行时采取限量的形式，不能够无限复制，这样可以保证数字财产的权益。所以消费者在面对数字藏品本身具有的价值时，都表现出很强烈的兴趣，同时也是各大平台争夺的目标。湖北省博物馆将其镇馆之宝制成数字藏品并限量在线上发售，吸引了 60 万人在线抢购，仅三秒就被抢空。

我国数字藏品市场是不允许对数字藏品进行二级售卖的，但是倒卖的乱象还是在市场中时常发生，由于国内相关政策的不足和市场监管的不力，相关数字藏品平台在对数字藏品二次交易或者是多次交易的价格并没有做到合理的管控。这种现象会导致消费者对数字藏品平台的信任度大大降低，不能保证市场的安全性和规范性。比如一些本来毫无价值的数字藏品，经过一系列的外表包装和虚高的价格来诱导消费者进行关注并购买。腾讯幻核发布了一款黑胶唱片数字藏品——《十三邀》，首发三百枚，一枚 18 元，但是发行不久这款数字藏品就出现在国内某二手交易平台上，价格已经被炒到了 20 万元，类似现象在国内外数字藏品市场非常普遍。

12.3　SICAS 模型在数字藏品营销方面的不足

目前我国数字藏品市场仍处于早期快速发展阶段，大部分数字藏品产品的主要目的和其本身的价值仍然停留在品牌营销层面，赵宏志（2022）表示这只能算作一种辅助手段来处理用户运营方面的问题，并没有找到真正与数字经济形成强力结合的切入点和模式。本研究基于对数字藏品行业发展现状、对已有相关资料和数据进行搜集和整理，得出以下几点目前数字藏品营销中存在的问题及原因。

12.3.1　用户品牌感知模糊

在用户感知方面，数字藏品早期依托平台炒作，在产品品牌感知方面并未形成一定的影响，对于消费者而言，对于品牌的感知并不强。这也使得人们在提起数字藏品时，多数人想到的只是炒作和收藏，而并不是藏品本身所蕴含的品牌精神。数字藏品种类琳琅满目，而售卖数字藏品的平台也更是数不胜数，很少有商家构建感知清晰的品牌标识，这就要求数字藏品的营销必须加强自身的品牌建设、输出核心价值，区别于同类型产品。

从学界来看，国内数字藏品平台一直以来缺乏的是对数字藏品的精准营销。元宇宙火热的情况下，相关平台在宣传推广方面存在许多不足。随着国内数字藏品热潮来临，故宫相应推出了《国朝故宫冰嬉图》数字藏品，与此同时，国内大大小小有 17 家博物馆也同时发行了相关的数字藏品，对用户来说，这些产品都是类似的，他们都是为了限量发售而抢购以获得自身的满足感，而对数字藏品平台并没有很强的品牌感知和忠诚度。

12.3.2　社交平台互动性低

目前，数字藏品平台的运营主要受到公司状况的影响，数字藏品具有虚拟性，在使用产品时只能在线上，这就导致数字藏品的使用场景受到极大的限制，同时用户在很多方面都受到平台的制约，在平台与用户进行互动时，也都是线上的虚拟形式。企业与用户形成互动的关键就在于与用户互动的形式多样化、话题的共鸣能力和内容对用户的吸引力，而不能局限于平台点击的次数和频率。在互联网社交时代，数字藏品平台数不胜数，但是消费者的精力有限，这个时候就需要商家主动在各大交流平台，例如，国内的微博、知乎等平台主动发起话题讨论，增加消费者互动，以提高品牌的知名度。

从业界来看，目前数字藏品的报道形式主要是以链接的形式呈现，相关的媒体在对数字藏品进行报道时，只进行了小规模的报道，主要发布在媒体的新闻客户端或微信公众号上，并没有进行最大程度的宣传，导致数字藏品的知名度不高，用户了解到数字藏品的途径少，也没有形成独立的数字藏品传播平台。目前，国内除了新华网在相关 App 首页开通了有关数字藏品的专有入口之外，其他数字藏品的发行平台并没有明显的平台链接提供给用户，使得用户在想要了解数字藏品信息时，很难有效及时地获取相关的信息，大大降低了用户对数字藏品的知晓度和关注度。

12.3.3　用户分享欲低

在 SICAS 模型中，分享环节至关重要。由于数字藏品其自身的特性，在传播方面受到很多限制，同时由于国内各大数字藏品平台的基础链之间并不互通，产品只在相对有限的市场中存在，在价值上也只是强调自身的特色和独立性，而不存在共性和互通性。且数字藏品本身的价值存在争议，用户在购买产品后，除去部分炒作，多数用户都选择了收藏起来，自然不会有太多的消费者选择在购买后主动地去进行产品使用体验的分享，同时平台也没有进行引导、鼓励用户分享。

国内数字藏品行业目前仍然延续着传统互联网的运作模式，用户受到平台的制约，在购买过程中并不掌握主动权。数字藏品平台应充分调动用户的积极性，在购买后积极地引导顾客进行藏品的分享。

12.4　基于 SICAS 模型的数字藏品营销策略优化

12.4.1　吸引消费者注意的感知策略

移动互联网时代，用户社交使得用户和品牌之间建立了某种联系，此时的移动社交互联网就成了一个可以相互感知的网络。企业或平台在开展营销活动时，要主动地建立以用户为中心的理念，主动了解客户需求，从而做出吸引用户主动地去感知品牌的营销活动。

首先，有创意和新颖独特的玩法更能吸引消费者注意。对数字藏品商家而言，如何抓住当下讨论的热点和引起消费者话题共鸣点，需要商家主动地去和用户进行实时感知。

奈雪的茶紧跟时代潮流，在官微发布元宇宙相关话题，抓住消费者眼球，紧接着推出品牌相关数字藏品的品牌大使，并以盲盒的形式发售数字艺术品，还推出了盲盒限量款，这一系列操作使得奈雪全国门店营业额直线上升。数字藏品作为近年来新崛起的行业，掀起了国内年轻人之间的热潮，数字藏品本身并不缺少话题度，如何抓住热度，利用本身优势来吸引更多消费者，这一点奈雪做得很成功。其次，要思考怎样能满足客户，提供稀缺性需求。品牌可以充分利用数字藏品唯一的特性，结合产品内容进行 IP 化设计。江小白在原有 IP 基础上，利用酒作为 IP 形象的武器来解决现代年轻人的情绪问题，车智斌（2022）表示江小白所提供的解决情绪问题的特殊消费体验和体现出的价值观受到了年轻一代人的追捧。

近年来，国内许多数字藏品平台推出了以中国文化为主题的数字藏品，随着年轻人对中华文化的认可度越来越高，数字藏品可以满足年轻一代消费者对文化和社交的需求，优秀传统文化也可以得到创新性传承。数字藏品发行平台更应该在产品设计上下功夫，以中华传统文化符号作为创作元素，以此来吸引消费者，使大众对产品的感知更加强烈。如 2022 年清明节发行的天年祈年殿数字藏品，在一周内藏品口碑榜中位列第七。

12. 4. 2　引起消费者兴趣的互动策略

数字藏品是具有价值的线上虚拟产品，其本身只是通过一定技术加密的一种特殊数字化产品，它的价值是创作者给予的。这时丰富的感知内容和广泛的交互感知渠道是商家进行营销的必要策略。当消费者意识到数字藏品可以满足其需要时，会产生一定兴趣进行初步互动，这个阶段是获得消费者对产品认同的重要阶段。数字藏品商家要抓住公众的消费心理，注重消费者的体验感，与其产生互动，吸引消费者兴趣。

数字藏品是元宇宙背景下诞生的产物，用户可以通过设备访问元宇宙，体验与现实世界不同的场景。元宇宙互动的所有这些方面都使用户感受到不同程度的乐趣，从而引发独特的消费者反应，增强消费者体验感，使其以一种新颖的方式来了解和探索数字藏品形式，让产品和消费者之间产生互动。此外，更生动、刺激和真实的体验互动对用户的参与度有积极影响，从而对用户的享受、满意度和购买意愿产生积极影响。张媛和周娴等（2023）认为，数字藏品平台可以充分利用数字技术、AR、VR 等技术为消费者打造沉浸式体验场景，让用户可以在元宇宙的世界中充分地感知数字藏品背后所蕴藏的价值和故事，更有利于催生用户的价值情感，提升消费者的参与感。数字藏品商家可以根据平台特性，提出新品互动体验的话题，跟随用户兴趣，刺激、吸引用户进行互动体验。同时，商家可根据品牌特色推出相关的虚拟形象，这样不仅可以塑造品牌在消费者心中的形象，还能够在一定程度上吸引消费者对品牌产生兴趣，同时还可以增加消费者与产品之间的联系。

阿里集团旗下的鲸探除了提供数字藏品的购买功能以外，还开发了社区功能。社区功能就是平台的用户可以创建自己的展馆，并且当展馆内的数字藏品数量达到一定的要求后，数字藏品的呈现方式也会发生转变，由原来的平面转为 3D 效果。该功能的运行机制也很特别，它类似于一个社交媒体平台，在这个平台上不仅官方账号甚至是用户的个人账号也可以发布数字藏品相关信息，以此达到平台宣传的目的。还能让用户积极地参与话题讨论。除此之外，用户的个人展馆可对外开放，用户可以通过 VR 或者 AR 等方式进行体验，提高了用户的体验感，增强用户与用户之间的交互性。

12.4.3　建立消费者连接的沟通策略

沟通是营销中的重要环节，沟通可以让企业与用户之间建立联系，企业能够及时了解用户需求，用户可以更加信任企业，从而使企业和用户之间实现相关利益的转化。在企业与用户动态沟通的过程中，企业更容易向用户传播有关信息，用户也更容易了解企业，从而实现企业与用户之间的有效沟通，提升企业的销售效果。

企业与用户之间的沟通需要平台。数字藏品出现以来，用户获取相关信息的途径主要是官方渠道，还有社交媒体或短视频平台等可以提供一些信息，但没有相关的专门渠道为用户提供信息。因此鲍娴等（2022）认为，数字藏品平台可以加强与其他相关类型或者不同类型平台的合作，打造一个有利于数字藏品平台进行传播的矩阵，比如微信、微博等社交平台或者抖音、快手一类的短视频平台，同时可以充分利用大数据技术，对用户进行细分，精准投放相关信息，这样可以大大地提高传播效率。同时还可以进行多平台联动，使传播渠道更加多样化，传播效果更加显著。同时消费者可互动的社交场景增加，更有利于促进消费者与消费者、消费者与商家的连接与沟通，增加消费者黏性。

2022 年，多家具有国字号背景的数字藏品平台纷纷上线试运行，如中国邮政文创数藏平台、央数藏、北京博物馆、敦煌博物院等国家队的加入，为数字藏品跨平台合作带来了契机。他们根据自身的特点和营销方式来选择合作方，积累一定的私域流量，打好平台建设和发展的基础，助力数字藏品营销。

12.4.4 促进消费者购买行为的多样化策略

数字环境为消费者的自我表达和自我认同提供了新的方式。由于元宇宙空间为营销人员提供了与消费者互动的新方式，与消费者相关的行为、反应和影响为进一步研究提供了机会。在品牌数字化转型的形势下，将营销数字化是至关重要的，这样能获取品牌私域流量，直接进行销售转化。消费者刺激—反应模式认为，营销活动和社会环境的刺激会对消费者购买行为产生不同的影响。消费者购买行为受到一系列因素的影响，为了提高消费者购买意愿，促进购买行为，数字藏品平台可以从以下两方面入手。

首先，是产品种类的多样化。近年来，消费者对产品的个性化程度要求增强，对于企业而言，在制定营销策略时，应当考虑消费者对产品个性化的要求。具有特色、新奇的产品更能吸引消费者眼球，种类的多样化则能够为消费者提供更多的选择，满足不同消费者的个性需求。

其次，是消费者购买行为场景的多样化。数字藏品企业在选择交易场景时，不应局限于自身的平台上，比如社交平台、娱乐平台和各大 App 上都可以成为消费者进行购买的场景，同时数字藏品平台可以抓住当下话题讨论热点，为消费者提供多样化的购买场景，数字藏品平台可以借力元宇宙，打造相关消费场景，吸引消费者并为他们提供便利的购买方式，从而实现消费者从感知兴趣到购买行为的转化。

12.4.5　提高消费者分享欲望的品牌策略

SICAS 模型指出，体验与分享正在成为消费行为产生的动力源头。互联网时代，用户可以主动选择企业或社会向他们传播的某些信息，也可以主动选择创作和分享信息内容，分享者和接受者之间是双向互动的关系，而不是单向传递。

随着分享渠道的多样化，钱溢阳（2023）表示，分享的需求也在逐渐增强。分享对口碑和营销具有良好的促进作用，所以数字藏品平台更加需要形成自己的品牌特色，以增强消费者分享欲望，提高产品分享频率。数字藏品商家可以建立自己鲜明的品牌特色，在消费者心中留下深刻的印象，首先，打造个性化的数字藏品玩法可以加强用户对品牌的好感度。其次，数字藏品品牌的塑造，对其营销有着极其重要的作用，不仅大大地提高了品牌的形象，更有利于用户对企业形成品牌忠诚度。同时在产品的独特性、创造性、安全性等方面为消费者提供更高、更好的服务，从而使消费者主动分享平台及品牌。当产品形成自己独特的品牌特色时，会吸引消费者形成对品牌的认可和维护。随着消费者对品牌的不断了解，其分享的意愿也会随之增强，从而更加愿意与身边人进行品牌推荐。而正面积极的品牌形象，也会大大提高消费者的分享欲望。

继人民日报、新华社推出自家数字藏品平台以来，央视网于 2022年 9 月 16 日正式上线了数字藏品平台——央数藏（YSC），并同步首发创世"YSC 系列藏品"。国家队品牌的数字藏品一上线就受到了消费者的追捧，甚至有的藏品在上线几十秒内就被抢购一空，由此可见产品的火爆程度，这得益于品牌下的用户忠诚度。其他没有国家队光环的数字藏品平台，更要塑造自身的品牌形象，增强平台与用户之间的黏性。

附录 关于"共享自习室"的问卷调查

　　您好！这是一份关于共享自习室消费者价值提升路径的调查问卷，您的回答将对本研究分析结论有重要影响，恳请您根据自己的观点或认识如实填答，由衷感谢您的参与！请在符合您情况的选项前打"√"。

　　1. 您的性别为：［单选题］*

○ 男

○ 女

　　2. 您的年龄段为：［单选题］*

○ 16～19 岁　　　　　　　○ 31～35 岁

○ 20～25 岁　　　　　　　○ 35 岁以上

○ 26～30 岁

　　3. 请问您现在的身份状态是：［单选题］*

○ 高中生　　　　　　　　○ 求职中

○ 大学生　　　　　　　　○ 创业者

○ 企业在职人员　　　　　○ 待业中

　　4. 您目前或未来有没有学习计划？［多选题］*

□ 求学备考（研究生等）　　□ 资格证备考

□ 求职备考（考公等）　　　□ 期中（期末）备考

□ 打算撰写论文　　　　　　□ 日常学习/工作

　　5. 备考期间您一般选择去哪种场所？［多选题］*

□ 公共图书馆　　　　　　　□ 宿舍/家里

☐ 付费自习室　　　　　　　☐ 其他＿＿＿＿＿＿＿＿ *

☐ 书店/咖啡厅

6. 在免费的公共场所中学习，您遇到的麻烦与问题有 [多选题] *

☐ 环境吵闹，难以专心　　　☐ 没有空调及供暖设备

☐ 人太多，找不到座位　　　☐ 没有吃饭的地方

☐ 找到过座位，但位置已被占 ☐ 基本没有麻烦

☐ 自控能力差，总想刷手机　☐ 其他＿＿＿＿＿＿＿＿ *

7. 您是否听说过 CC 共享自习室呢 [多选题] *

☐ 知道并且去过　　　　　　☐ 不知道

☐ 知道没去过　　　　　　　☐ 非常了解

8. 您对于到共享自习室享受独立的学习、阅读、办公空间，有什么想法 [多选题] *

☐ 迫切需要，不喜欢在家/宿舍/咖啡馆，容易被影响

☐ 有可能需要，体验安静的学习/办公环境

☐ 完全不需要，可以自我屏蔽外界干扰

9. 您是通过哪种渠道知道 CC 共享自习室的 [多选题] *

☐ 朋友推荐

☐ 微博、小红书等内容社区推荐

☐ 美团、大众点评等平台

☐ 微信朋友圈、公众号推送

☐ 抖音等短视频平台

☐ 传单、校园海报广告

☐ 其他＿＿＿＿＿＿＿＿

10. 您最希望"CC 共享自习室"可以提供哪种服务：[多选题] *

☐ 可以通宵

☐ 打印、寄存、充电、WiFi 等基本服务

☐ 提供简单的茶水零食等

□ 提供咖啡、甜点等

□ 提供餐食或餐食预订服务

□ 提供文具售卖等周边服务

□ 提供书籍借阅、购买等

□ 提供课程推荐、考试咨询和交流、职业规划咨询等服务

11. 以下哪些"CC 共享自习室"的优点是您比较喜欢和关注的？
［多选题］*

□ 学习空间隐私

□ 卫生环境好

□ 价格实惠

□ 设置有休息区和茶水间

□ 地理位置优越，交通便利

□ "线上 + 线下"作为预约模式，高效便捷

□ 具有一定附加服务，如打印、文具售卖

□ 其他＿＿＿＿＿＿＿＿ *

12. 如果您使用自习室，你更愿意选择以下哪种价格策略？［单选
题］*

○ 按小时计费　　　　　○ 按月计费

○ 按日计费　　　　　　○ 其他＿＿＿＿＿＿＿＿ *

13. 如长期使用自习室服务多少钱一小时您能接受？（含单独付费
和月卡、年卡付费）

○ 8 元以下/小时　　　　○ 15 元以下/小时

○ 12 元以下/小时　　　○ 20 元以下/小时

14. 请问，您对 CC 共享自习室的哪些方面更在意？［多选题］*

□ 配套硬件设施和环境

□ 交通是否便利

□ 工作人员的服务态度

　□ 自习室的服务价格

　□ 自习室的规模（连锁店等）

　□ 学习、考证的辅导服务

　□ 其他＿＿＿＿＿＿＿＿＿＿ *

15. 您希望自习室设置哪些座位类型 [多选题] *

　□ 独立包间

　□ 半开放书桌

　□ 公共学习区域

　□ 讨论区

　□ 休息区

　□ 背书区

　□ 其他＿＿＿＿＿＿＿＿＿＿

16. 如果在您所居住的城市将开设一家 CC 共享自习室，您更希望设置在哪个区域？

　□ 市中心商圈

　□ 居民区附近

　□ 办公写字楼附近

　□ 学校附近

　□ 其他＿＿＿＿＿＿＿＿＿＿ *

17. 您认为您在享受自习室服务的过程中更看重哪一点？ [多选题] *

　□ 购买业务流程

　□ 预定座位流程

　□ 自习室配套服务

　□ 会员服务

18. 你认为消费者有哪些渠道向自习室反馈意见？ [简答题]

参 考 文 献

［1］毕继东．网络口碑对消费者购买意愿影响实证研究［J］．情报杂志，2009，28（11）：46－51.

［2］蔡学媛，李建斌，戴宾，等．基于在线评论的多个竞争制造商和零售商的产品定价策略［J］．运筹与管理，2020，29（04）：187－194.

［3］曹世阳．感知风险及面子视角下消费者对次优食品的购买意愿研究［D］．长春：吉林大学，2022.

［4］陈晗．"互联网＋医疗"平台盈利模式研究［D］．成都：电子科技大学，2022.

［5］陈建，邹红，张俊英．数字经济对中国居民消费升级时空格局的影响［J］．经济地理，2022，42（09）：129－137.

［6］陈洁，王方华．感知价值对不同商品类别消费者购买意愿影响的差异［J］．系统管理学报，2012，21（06）：802－810.

［7］陈洁．后疫情时代产业和消费"双升级"的动力机制［J］．上海交通大学学报（哲学社会科学版），2020，28（05）：100－111.

［8］陈晓红．基于价值共创的 A 公司客户服务研究［D］．北京：北京交通大学，2019.

［9］陈艳，陈邑早，王圣媛．管理学与神经科学交叉研究的态势、基础与热点［J］．财经问题研究，2020，（11）：32－41.

［10］陈燕方．基于 DDAG－SVM 的在线商品评论可信度分类模型［J］．情报理论与实践，2017，40（07）：132－137.

[11] 陈洋，周绿林，杜建国．C2C 卖家差异化定价策略对网店收益和信誉的影响 [J]．软科学，2014，28（09）：114－118．

[12] 陈悦．郑州 ZZ 自习室营销策略研究 [D]．郑州：河南财经政法大学，2022．

[13] 崔耕瑞．消费升级、产业升级与经济高质量发展 [J]．统计与决策，2021，37（15）：114－118．

[14] 代玉启，王昕，姚乃文．青年付费自习室消费现象分析 [J]．中国青年社会科学，2022，41（02）：64－69．

[15] 丁诗瀚，王清翼，刘鸣鹤．基于共享经济的"空间型"商业共享模式策略分析 [J]．现代营销（下旬刊），2022（06）：80－82．

[16] 董苗苗，董思佳．新型付费自习室创立可行性研究与分析 [J]．经济师，2020（07）：199－200．

[17] 杜学美，丁璟妤，谢志鸿，等．在线评论对消费者购买意愿的影响研究 [J]．管理评论，2016，28（03）：173－183．

[18] 端利涛，吕本富．在线购物是否存在"反戴蒙德悖论"现象？ [J]．管理评论，2022，34（09）：134－146．

[19] 樊继达．新时代居民扩大消费的梗阻及疏解 [J]．人民论坛·学术前沿，2019，162（02）：20－27．

[20] 范定祥，李重莲．基于产品性价比差异和双渠道商双向公平关切的供应链定价与效用研究 [J]．工业工程与管理，2020，25（04）：150－158．

[21] 范文芳，王千．个性化智能推荐对消费者在线冲动购买意愿的影响研究 [J]．管理评论，2022，34（12）：146－156＋194．

[22] 冯希亚．在线产品评论对消费者购买意愿的影响 [D]．南昌：江西师范大学，2017．

[23] 高汉祥，汪子昊．数字化与数据化：新技术大潮下会计变革的形与实 [J]．财会月刊，2023，44（11）：47－52．

[24] 高林鑫. 网红特质对消费者购买意愿的影响 [D]. 重庆：西南大学，2022.

[25] 高山川，王心怡. 网络平台和收益的类型对信息隐私决策的影响 [J]. 应用心理学，2019，25（04）：364-371.

[26] 郭飞鹏，琚春华. 隐私关注对移动个性化服务采纳的影响——基于用户主观认知视角的实证研究 [J]. 浙江工商大学学报，2018，（01）：85-96.

[27] 郭恺强，王洪伟，郑晗. 基于在线评论的网络零售定价模型研究 [J]. 商业经济与管理，2014，（04）：59-66.

[28] 郭晓鸣. 乡村振兴战略的若干维度观察 [J]. 改革，2018（03）：54-61.

[29] 韩睿，田志龙. 促销类型对消费者感知及行为意向影响的研究 [J]. 管理科学，2005，（02）：85-91.

[30] 韩英，陈婧，李晨溪，等. 在线负面评论回应对潜在顾客信任的影响——基于分配公平与人际公平视角 [J]. 信息资源管理学报，2022，12（05）：63-76.

[31] 何军红，杜尚蓉，仲香. 在线评论对冲动性移动购物意愿的影响研究 [J]. 当代经济管理，2019，41（05）：25-31.

[32] 何凌云，张元梦. 新型消费如何促进产业结构升级——基于信息消费试点的准自然实验 [J]. 广东财经大学学报，2022，37（05）：4-17.

[33] 何苗，任保平. 数字经济时代我国新业态的形成机理与发展路径 [J]. 经济体制改革，2022（5）：14-20.

[34] 贺京同，张斌. 有效供给、消费升级与扩大内需 [J]. 南开学报（哲学社会科学版），2023，291（01）：74-86.

[35] 胡毅. 移动互联网医疗盈利模式的探讨 [D]. 南昌：江西财经大学，2018.

[36] 黄华，毛海帆．负面在线评论对消费者购买意愿的影响研究 [J]．经济问题，2019，(11)：71－80＋88．

[37] 黄静，郭昱琅，王诚，等．"你摸过，我放心！"在线评论中触觉线索对消费者购买意愿的影响研究 [J]．营销科学学报（辑刊），2015，11 (01)：133－151．

[38] 黄凯南，郝祥如．数字金融是否促进了居民消费升级？[J]．山东社会科学，2021 (01)：117－125．

[39] 黄群慧．"双循环"新发展格局：深刻内涵、时代背景与形成建议 [J]．北京工业大学学报（社会科学版），2021，21 (01)：9－16．

[40] 黄文宾．我国体育服务消费转型升级的机遇、挑战与路径 [J]．湘潭大学学报（哲学社会科学版），2021 (04)：69－73＋145．

[41] 贾康，苏京春．论供给侧改革 [J]．管理世界，2016 (03)：1－24．

[42] 江亿平，张婷，夏争鸣，等．基于在线评论情感分析模型的鲜果动态定价研究 [J]．管理学报，2022，19 (12)：1837－1846．

[43] 姜英杰．元认知研究的历史源流与发展趋势 [J]．东北师大学报（哲学社会科学版），2007，(02)：156－160，F0003．

[44] 荆文君，孙宝文．数字经济促进经济高质量发展：一个理论分析框架 [J]．经济学家，2019 (02)：66－73．

[45] 兰德尔·柯林斯．互动仪式链 [M]．林聚任，等译，北京：商务印书馆，2009：2－93．

[46] 李宝库，郭婷婷．基于感知价值和隐私关注的用户移动个性化推荐采纳 [J]．中国流通经济，2018，32 (04)：120－126．

[47] 李岱昀．"互联网＋医疗服务"企业盈利模式研究 [D]．武汉：武汉纺织大学，2022．

[48] 李锋盈，陈颖，欧阳林，等．重量对元认知监控的无意识影响 [J]．心理科学，2017，40 (05)：1026－1032．

[49] 李健生，赵星宇，杨宜苗 . 外部线索对自有品牌购买意愿的影响：感知风险和信任的中介作用 [J]. 经济问题探索，2015，（08）：44 - 51.

[50] 李雪 . 中国视频网站盈利模式优化研究 [D]. 长沙：湖南大学，2008.

[51] 李勇坚 . 数字化推动服务消费：理论逻辑、实践方式与政策建议 [J]. 人民论坛·学术前沿，2023（22）：96 - 107.

[52] 李中梅，张向先，郭顺利 . 移动商务环境下O2O用户在线评论有用性影响因素研究 [J]. 情报科学，2017，35（02）：130 - 137.

[53] 李宗伟，张艳辉，夏伟伟 . 卖家反馈能否引发高质量的在线评论信息？——基于淘宝网的实证分析 [J]. 中国管理科学，2021，29（05）：221 - 230.

[54] 梁妮，李琪，乔志林，等 . 朋友推荐产品来源对于消费者感知及其购买意愿影响的实证研究——以微信平台为例 [J]. 管理评论，2020，32（04）：183 - 193.

[55] 廖红伟，张莉 . 新消费促进产业结构转型升级 [J]. 人民论坛，2019，644（26）：86 - 87.

[56] 林挺 . 培育信息产业新业态对数字经济空间格局的影响研究 [J]. 当代财经，2023（5）：119 - 130.

[57] 林晓珊 . 新型消费与数字化生活：消费革命的视角 [J]. 社会科学辑刊，2022（01）：36 - 45，F0003.

[58] 刘华，李敬强 . 体验型产品在线评论与消费意愿及销量的关系——以价格为调节变量 [J]. 中国流通经济，2020，34（02）：83 - 91.

[59] 刘鲁川，孙怡璐 . 不同情感强度的负面在线评论对消费者态度的影响——基于调节定向理论的实验研究 [J]. 情报理论与实践，2020，43（05）：163 - 169.

[60] 刘敏 . 建党百年来中国居民消费升级路径及未来新消费趋势

[J]．经济体制改革，2021，227（02）：5－12.

[61] 刘婷，邓胜利．国外隐私悖论研究综述［J］．信息资源管理学报，2018，8（02）：104－112.

[62] 刘亚冰，俞洪良，毛义华．商品住宅购买决策涉入对购买意愿的影响：顾客参与和顾客感知价值的链式中介作用［J］．浙江大学学报（理学版），2019，46（05）：631－640.

[63] 刘亚冰．基于顾客感知价值的商品住宅购买意愿影响机制研究［D］．杭州：浙江大学，2019.

[64] 刘洋．数字经济、消费结构优化与产业结构升级［J］．经济与管理，2023，37（02）：68－75.

[65] 刘玉婷．互联网医疗企业盈利模式研究［D］．哈尔滨：哈尔滨商业大学，2022.

[66] 龙少波，张梦雪，田浩．产业与消费"双升级"畅通经济双循环的影响机制研究［J］．改革，2021，324（02）：90－105.

[67] 逯慧芳．"互联网＋医疗服务"背景下阿里健康的盈利模式研究［D］．哈尔滨：东北林业大学，2022.

[68] 罗利，萧柏春．收入管理理论的研究现状及发展前景［J］．管理科学学报，2004，（05）：75－83.

[69] 罗映宇，韦志颖，孙锐．隐私悖论研究述评及未来展望［J］．信息资源管理学报，2020，10（05）：66－75.

[70] 马静．禾泉农庄旅游体验价值共创实现路径研究［D］．蚌埠：安徽财经大学，2022.

[71] 马庆国，舒良超，王小毅．创新营销思维 神经营销发现"购买按钮"［J］．企业管理，2007，（04）：10－13.

[72] 马庆国，王小毅．从神经经济学和神经营销学到神经管理学［J］．管理工程学报，2006，（03）：129－132.

[73] 马庆国，王小毅．认知神经科学、神经经济学与神经管理学

[J]. 管理世界，2006，（10）：139 - 149.

[74] 马香品. 数字经济时代的居民消费变革：趋势、特征、机理与模式 [J]. 财经科学，2020，382（01）：120 - 132.

[75] 毛中根，谢迟，叶胥. 新时代中国新消费：理论内涵、发展特点与政策取向 [J]. 经济学家，2020（09）：64 - 74.

[76] 毛中根，叶胥. 全面建成小康社会与中国居民消费发展 [J]. 南京大学学报（哲学·人文科学·社会科学），2016，53（03）：53 - 61 + 158.

[77] 毛中根. 服务消费发展：现状、比较及建议 [J]. 人民论坛，2023（18）：40 - 45.

[78] 玫丽娜. 共享自习室是另一道风景 [N]. 兵团日报，2019 - 10 - 16（03）.

[79] 孟添. 在线评论对零食消费者购买意愿的影响研究 [D]. 长春：吉林大学，2018.

[80] 莫赞，李燕飞. 在线评论对消费者购买行为的影响研究——消费者学习视角 [J]. 现代情报，2015，35（09）：3 - 7.

[81] 莫赞，赵琦智，罗敏瑶. 在线评论对消费者购买决策的影响研究 [J]. 南宁师范大学学报（哲学社会科学版），2021，42（03）：36 - 44.

[82] 南吉玛. 基于文本挖掘的我国共享自习室用户评论分析 [D]. 银川：北方民族大学，2022.

[83] 倪娟. 电子商务的盈利模式研究 [D]. 南京：南京理工大学，2005.

[84] 牛更枫，李根强，耿协鑫，等. 在线评论数量和质量对网络购物意愿的影响：认知需要的调节作用 [J]. 心理科学，2016，39（06）：1454 - 1459.

[85] 牛犁. 加强供给侧结构改革 坚决打好五大歼灭战——2016

年经济形势展望［J］. 宏观经济管理，2016（02）：16 – 21.

［86］彭骞. 江西堆花酒业有限公司盈利模式探讨［D］. 南昌：江西财经大学，2022.

［87］钱圆圆. "互联网＋"医疗的盈利模式探究［J］. 无线互联科技，2016（13）：121 – 122.

［88］任保平，杜宇翔，裴昂. 数字经济背景下中国消费新变化：态势、特征及路径［J］. 消费经济，2022，38（01）：3 – 10.

［89］任保平，苗新宇. 新经济背景下扩大新消费需求的路径与政策取向［J］. 改革，2021（03）：14 – 25.

［90］桑胜高. 为共享自习室创造发展空间［N］. 经济日报，2019 – 10 – 24（09）.

［91］邵洪波，王诗桤. 共享经济与价值创造——共享经济的经济学分析［J］. 中国流通经济，2017（10）：100 – 109.

［92］沈薇. 网络直播带货中弹幕对消费者购买意愿的影响研究［D］. 昆明：云南财经大学，2022.

［93］施卓敏，张珊. 神经营销 ERP 研究综述与展望［J］. 管理世界，2022，38（04）：226 – 239.

［94］石文华，王璐，绳娜，等. 在线初次评论与在线追加评论对商品销量影响的比较研究［J］. 管理评论，2018，30（01）：144 – 153.

［95］史达，王乐乐，衣博文. 在线评论有用性的深度数据挖掘——基于 TripAdvisor 的酒店评论数据［J］. 南开管理评论，2020，23（05）：64 – 75.

［96］宋科，虞思燕，杨雅鑫. 消费升级再审视及历史回顾——一个新的理论分析框架［J］. 经济纵横，2022（12）：97 – 103.

［97］孙丹丹，徐晓燕. 基于 agent 仿真的在线客户评论传播机制研究［J］. 运筹与管理，2013，22（03）：154 – 161.

[98] 孙瑾，郑雨，陈静. 感知在线评论可信度对消费者信任的影响研究——不确定性规避的调节作用 [J]. 管理评论，2020，32 (04)：146 - 159.

[99] 孙亮亮，蒋未文. 中国人口结构变动下的家庭户消费模式——基于狄利克雷模型的多时点分析 [J]. 人口与经济，2021 (05)：56 - 68.

[100] 孙锐，罗映宇. 自我知觉理论视角下消费者隐私悖论行为研究：ERPs 的证据 [J]. 南开管理评论，2021，24 (04)：153 - 160，I0028，I0029.

[101] 孙锐，朱秋华，王伟，等. 言行不一？态度元认知视角下在线用户"隐私悖论"研究：ERPs 证据 [J]. 南开管理评论，2022：235 - 246，I0044，I0045.

[102] 孙早，许薛璐. 产业创新与消费升级：基于供给侧结构性改革视角的经验研究 [J]. 中国工业经济，2018，364 (07)：98 - 116.

[103] 唐晓莉. 认知特质视角下在线评论影响消费者购买决策的机制研究 [D]. 秦皇岛：燕山大学，2020.

[104] 唐瑄，郑晓娜. 考虑参考价格效应和网络效应的新产品定价策略 [J]. 企业经济，2020，(04)：58 - 63.

[105] 田佳勉，沈蕾，陈叶. 网络共享情境下平台企业品牌价值共创及策略研究——基于消费者产消视角 [J]. 现代经济探讨，2018 (2)：127 - 132.

[106] 田俊峰，田劲松. 网络零售商产品与运费联合定价的优化决策研究 [J]. 工业工程，2021，24 (03)：26 - 33.

[107] 统计局关于印发《生活性服务业统计分类 (2019)》的通知 [J]. 中华人民共和国国务院公报，2019 (24)：60 - 73.

[108] 涂科. 共享经济模式下的价值共创机理研究 [D]. 北京：北京邮电大学，2019.

[109] 汪蕾, 杨一恺, 郑杰慧, 等. 基于消费者神经科学视角预测消费者行为: 现状、挑战与未来 [J]. 管理工程学报, 2020, 34 (06): 1 – 12.

[110] 汪玲, 郭德俊. 元认知的本质与要素 [J]. 心理学报, 2000, (04): 458 – 463.

[111] 王道平, 宋雨情. 考虑消费者行为转化的零售商两阶段动态定价研究 [J]. 运筹与管理, 2021, 30 (09): 152 – 157.

[112] 王德正, 郑凯思. 电商产品质量监管多方行为博弈及仿真——基于消费者反馈机制 [J]. 管理现代化, 2022, 42 (02): 140 – 147.

[113] 王菲瑶, 胡晓鹏. "同品不同价": 价值感知与定价差异——基于当当网自营与入驻商家的比较 [J]. 价格月刊, 2022, (03): 17 – 28.

[114] 王晗, 秦克飞. 网络用户个人信息的敏感度研究 [J]. 情报杂志, 2012, 31 (12): 171 – 175.

[115] 王金凤, 陆政林, 夏鑫. 协同共生视角下互联网医疗的运行逻辑与盈利模式 [J]. 财会月刊, 2022 (03): 116 – 122.

[116] 王娟娟. 以产业链促进"双循环"新发展格局的思考 [J]. 当代经济管理, 2021, 43 (05): 46 – 56.

[117] 王军. 在线评论内容及其对商品价格的影响研究 [D]. 西安: 西安电子科技大学, 2014.

[118] 王君萍, 刘莎, 张艺婷. 服务业业态创新与农村居民消费升级: 驱动机理与实证检验 [J]. 西安财经大学学报, 2022 (06): 90 – 102.

[119] 王强, 刘玉奇. 新型消费的理论认知、实践逻辑与发展研究 [J]. 河北学刊, 2022, 42 (05): 155 – 167.

[120] 王天宇, 南国芳, 陈林. 考虑消费者偏好的网络游戏产品动态定价策略 [J]. 系统工程学报, 2019, 34 (01): 1 – 11.

［121］王伟，王洪伟．特征观点对购买意愿的影响：在线评论的情感分析方法［J］．系统工程理论与实践，2016，36（01）：63－76．

［122］王小毅，马庆国．基于神经营销学的品牌延伸评估探索：对 A&K 模型的修正［J］．管理世界，2009，（11）：115－121＋155．

［123］王蕴．扩大内需战略下消费恢复和高质量增长的路径选择［J］．区域经济评论，2023（03）：46－52，F0002．

［124］王蕴．有效发挥新型消费拓展内需新空间的积极作用［J］．人民论坛·学术前沿，2022，252（20）：72－79．

［125］魏华，高劲松，万辉．电子商务平台消费者绿色产品评论信息采纳意愿研究［J］．情报科学，2020，38（05）：161－168．

［126］魏华，黄金红．在线评论对消费者购买决策的影响——产品卷入度和专业能力的调节作用［J］．中国流通经济，2017，31（11）：78－84．

［127］吴石英，马芒．人口变动、消费结构与居民消费潜力释放——基于省际动态面板数据的 GMM 分析［J］．当代经济管理，2018，40（04）：8－15．

［128］武瑞娟，李佩毓，李研．线上消费者负面评论中贴图数量对评论有用性影响效应研究——一项基于负面评论的研究［J］．管理评论，2022，34（12）：157－172．

［129］席玥．"状元 K 书馆"营销策略研究［D］．兰州：兰州大学，2021．

［130］夏熊飞．共享自习室成"打卡"地映照出哪些现实［N］．中国青年报，2019－10－10（2）．

［131］鲜冉．共享自习室用户满意度影响因素调查分析［J］．科学咨询（科技·管理），2020（09）：106－107．

［132］相蓉蓉，郭顺利，张向先．面向用户信息需求的移动商务在线评论效用评价研究［J］．情报科学，2018，36（02）：132－138＋158．

［133］谢莉莎."互联网＋医疗"新业态下平安好医生盈利模式研究［D］.南京：南京邮电大学，2021.

［134］谢卫红，常青青，李忠顺.国外网络隐私悖论研究进展——理论整合与述评［J］.现代情报，2018，38（11）：136－144.

［135］谢毅，高充彦，童泽林.消费者隐私关注研究述评与展望［J］.外国经济与管理，2020，42（06）：111－125.

［136］熊中楷，李根道，唐彦昌，等.网络环境下考虑动态定价的渠道协调问题研究［J］.管理工程学报，2007，（03）：49－55.

［137］徐敏.第三方在线购物平台中信誉对价格和销量的影响研究［D］.哈尔滨：哈尔滨工业大学，2016.

［138］严先溥.消费升级为经济增长提供强劲动力［J］.消费经济，2004（01）：46－49.

［139］杨道玲，任可，董泽扬.提质扩容促新型消费高质量发展［J］.中国发展观察，2023（01）：91－94＋90.

［140］杨姝，王渊，王刊良.互联网环境中适合中国消费者的隐私关注量表研究［J］.情报杂志，2008，（10）：3－7.

［141］杨学成，涂科.出行共享中的用户价值共创机理——基于优步的案例研究［J］.管理世界，2017（8）：154－169.

［142］杨学成，涂科.平台支持质量对用户价值共创公民行为的影响——基于共享经济背景的研究［J］.经济管理，2018，40（3）：128－144.

［143］姚凯.价值共创视角下民宿消费者满意度提升策略研究［D］.上海：华东师范大学，2021.

［144］依绍华.新消费崛起促进消费和产业双升级［J］.人民论坛，2020，676（21）：33－35.

［145］殷国鹏.消费者认为怎样的在线评论更有用？——社会性因素的影响效应［J］.管理世界，2012，（12）：115－124.

[146] 游浚，张晓瑜，杨丰瑞. 在线评论有用性的影响因素研究——基于商品类型的调节效应 [J]. 软科学，2019，33（05）：140 - 144.

[147] 余婷婷. 可持续视角下阿里健康盈利模式研究 [D]. 长沙：长沙理工大学，2020.

[148] 张翠娟，徐虹. 参展商和专业观众参与展览会价值共创机理研究——基于结构方程模型的量化分析 [J]. 旅游学刊，2019，34（03）：57 - 70.

[149] 张德勇，依绍华. 数字经济条件下消费扩容提质的特征与方向 [J]. 人民论坛，2022，746（19）：75 - 78.

[150] 张红凤，黄璐. 产业结构升级与家庭消费升级——基于CHIP微观数据的经验分析 [J]. 当代经济科学，2022，44（06）：127 - 142.

[151] 张立平，刘孝武. 基于O2O共享经济视野下的商业模式研究——以共享书屋为例 [J]. 经营与管理，2021（01）：6 - 9.

[152] 张伟，吴晶琦. 数字文化产业新业态及发展趋势 [J]. 深圳大学学报（人文社会科学版），2022（01）：60 - 68.

[153] 张亚明，苏妍嫄，张圆圆. 负面在线评论对消费者感知风险影响研究 [J]. 河北经贸大学学报，2020，41（01）：100 - 108.

[154] 章政，郑天涯. 消费者自愿在线反馈行为的效用分析——基于马斯洛人类动机理论的考察 [J]. 经济理论与经济管理，2019，（10）：85 - 100.

[155] 赵青青. 考虑在线评论的不同品牌产品的动态定价 [D]. 西安：西安电子科技大学，2014.

[156] 郑柏玲. B2C 电子商务网站盈利模式研究 [D]. 北京：中国地质大学（北京），2014.

[157] 郑慧. 建立新消费升级体系 [J]. 中国金融，2016（14）：76 - 77.

［158］郑益杰．岸上共享自习室营销策略研究［D］．天津：河北工业大学，2022.

［159］郑英隆，李新家．新型消费的经济理论问题研究——基于消费互联网与产业互联网对接视角［J］．广东财经大学学报，2022，37（02）：4－14.

［160］钟凯．网络消费者感知价值对购买意愿影响的研究［D］．沈阳：辽宁大学，2013.

［161］钟粤俊，陆铭，奚锡灿．集聚与服务业发展——基于人口空间分布的视角［J］．管理世界，2020（11）：35－47.

［162］周宏春，史作廷．双碳导向下的绿色消费：内涵、传导机制和对策建议［J］．中国科学院院刊，2022，37（02）：188－196.

［163］周雄伟，蔡丹，李世刚，等．基于网络外部性和质量差异化的产品定价策略［J］．管理科学学报，2019，22（08）：1－16.

［164］周燕，商平平．B2C 网络平台在线评论对消费者购买决策的影响［J］．商业经济研究，2018，（22）：66－68.

［165］朱德位．优化金融结构：改善金融生态的另一个视角［J］．上海金融，2006（01）：19－23.

［166］朱慧，刘洪伟，陈丽，等．网络用户的信息隐私边界及其敏感度等级研究［J］．广东工业大学学报，2013，30（04）：26－32.

［167］朱立龙，孙淑慧．消费者反馈机制下食品质量安全监管三方演化博弈及仿真分析［J］．重庆大学学报（社会科学版），2019，25（03）：94－107.

［168］朱丽叶，袁登华，张静宜．在线用户评论质量与评论者等级对消费者购买意愿的影响——产品卷入度的调节作用［J］．管理评论，2017，29（02）：87－96.

［169］朱琴，韩小花．基于在线评论的制造商产品再制造与价格策略研究［J］．系统科学与数学，2022，42（08）：2040－2061.

［170］邹红，彭争呈，栾炳江．新时代我国新消费的发展与挑战［J］．消费经济，2018，34（05）：3-8.

［171］邹翔．搭建全民学习的广阔空间［N］．人民日报，2019-12-19（5）.

［172］Acquisti A，Brandimarte L，Loewenstein G. Secrets and Likes：The Drive for Privacy and the Difficulty of Achieving It in the Digital Age［J］. Journal of Consumer Psychology，2020，30（4）：736-758.

［173］Acquisti A，Grossklags J. Privacy and rationality in individual decision making［J］. IEEE Security & Privacy，2005，3（1）：26-33.

［174］Alter A L，Oppenheimer D M，Epley N，et al. Overcoming intuition：Metacognitive difficulty activates analytic reasoning［J］. J Exp Psychol Gen，2007，136（4）：569-76.

［175］Alter A L，Oppenheimer D M. Uniting the Tribes of Fluency to Form a Metacognitive Nation［J］. Personality and Social Psychology Review，2009，13（3）：219-235.

［176］Bauer R A. Consumer behavior as risk taking［J］. Marketing：Critical perspectives on business and management，1967，23（09）：13-21.

［177］Briceño-Arias L，Correa J R，Perlroth A. Optimal continuous pricing with strategic consumers［J］. Management Science，2017，63（8）：2741-2755.

［178］Briñol P，Petty R E. Elaboration and Validation Processes：Implications for Media Attitude Change［J］. Media Psychology，2015，18（3）：267-291.

［179］Chang T-Z，Wildt A R. Price，product information，and purchase intention：An empirical study［J］. Journal of the Academy of Marketing science，1994，22（1）：16-27.

［180］Chatterjee P. Online reviews：Do consumers use them?［J］.

Advances in Consumer Research, 2001, 30 (04): 129 – 133.

［181］ Chaudhuri A, Ligas M. Consequences of value in retail markets ［J］. Journal of retailing, 2009, 85 (3): 406 – 419.

［182］ Chen B, Marcus J. Students' self-presentation on Facebook: An examination of personality and self-construal factors ［J］. Computers in Human Behavior, 2012, 28 (6): 2091 – 2099.

［183］ Christin D, Sánchez López P, Reinhardt A, et al. Share with strangers: Privacy bubbles as user-centered privacy control for mobile content sharing applications ［J］. Information Security Technical Report, 2013, 17 (3): 105 – 116.

［184］ Crowley K E, Colrain I M. A review of the evidence for P2 being an independent component process: Age, sleep and modality ［J］. Clinical Neurophysiology, 2004, 115 (4): 732 – 744.

［185］ Cui G, Lui H – K, Guo X. The effect of online consumer reviews on new product sales ［J］. International journal of electronic commerce, 2012, 17 (1): 39 – 58.

［186］ Dellarocas C. The digitization of word of mouth: Promise and challenges of online feedback mechanisms ［J］. Management Science, 2003, 49 (10): 1407 – 1424.

［187］ Dhar R, Wertenbroch K. Consumer Choice Between Hedonic and Utilitarian Goods ［J］. Journal of Marketing Research, 2000, 37 (1): 60 – 71.

［188］ Dodds W B, Monroe K B, Grewal D. Effects of price, brand, and store information on buyers' product evaluations ［J］. Journal of marketing research, 1991, 28 (3): 307 – 319.

［189］ Duan W, Gu B, Whinston A B. Do online reviews matter? — An empirical investigation of panel data ［J］. Decision support systems,

2008, 45 (4): 1007 – 1016.

[190] Flavell J H. Metacognition and Cognitive Monitoring: A New Area of Cognitive – Developmental Inquiry [J]. American Psychologist, 1979, 34: 906 – 911.

[191] Fleur D S, Bredeweg B, Van denbos W. Metacognition: Ideas and insights from neuro-and educational sciences [J]. npj Science of Learning, 2021, 6 (1): 13.

[192] Gibbs C, Guttentag D, Gretzel U, et al. Pricing in the sharing economy: A hedonic pricing model applied to Airbnb listings [J]. Journal of Travel & Tourism Marketing, 2017 (15): 1 – 11.

[193] Hennig – Thurau T, Gwinner K P, Walsh G, et al. Electronic word-of-mouth via consumer-opinion platforms: what motivates consumers to articulate themselves on the internet? [J]. Journal of interactive marketing, 2004, 18 (1): 38 – 52.

[194] Hennig – Thurau T, Walsh G, Walsh G. Electronic word-of-mouth: Motives for and consequences of reading customer articulations on the Internet [J]. International journal of electronic commerce, 2003, 8 (2): 51 – 74.

[195] Hernández – Ortega B. Don't believe strangers: Online consumer reviews and the role of social psychological distance [J]. Information & Management, 2018, 55 (1): 31 – 50.

[196] Hoehle H, Aloysius J A, Goodarzi S, et al. A nomological network of customers' privacy perceptions: linking artifact design to shopping efficiency [J]. European Journal of Information Systems, 2019, 28 (1): 91 – 113.

[197] Hong H, Xu D, Wang G A, et al. Understanding the determinants of online review helpfulness: A meta-analytic investigation [J]. Deci-

sion support systems, 2017, 102: 1 – 11.

[198] Hong W, Chan FKY, Thong JYL. Drivers and Inhibitors of Internet Privacy Concern: A Multidimensional Development Theory Perspective [J]. Journal of Business Ethics, 2021, 168 (3): 539 – 564.

[199] Hong W, Thong JYL. Internet Privacy Concerns: An Integrated Conceptualization and Four Empirical Studies [J]. MIS Q, 2013, 37: 275 – 298.

[200] Huang Y, Li C, Wu J, et al. Online customer reviews and consumer evaluation: The role of review font [J]. Information & Management, 2018, 55 (4): 430 – 440.

[201] Hung C. Word of mouth quality classification based on contextual sentiment lexicons [J]. Information Processing & Management, 2017, 53 (4): 751 – 763.

[202] Inman JJ, Nikolova H. Shopper – Facing Retail Technology: A Retailer Adoption Decision Framework Incorporating Shopper Attitudes and Privacy Concerns [J]. Journal of Retailing, 2017, 93 (1): 7 – 28.

[203] Janakiraman R, Lim J H, Rishika R. The Effect of a Data Breach Announcement on Customer Behavior: Evidence from a Multichannel Retailer [J]. Journal of Marketing, 2018, 82 (2): 85 – 105.

[204] Jiang Y, Guo H. Design of consumer review systems and product pricing [J]. Information Systems Research, 2015, 26 (4): 714 – 730.

[205] Jiménez F R, Mendoza N A. Too popular to ignore: The influence of online reviews on purchase intentions of search and experience products [J]. Journal of interactive marketing, 2013, 27 (3): 226 – 235.

[206] Karmarkar U R, Plassmann H. Consumer Neuroscience: Past, Present, and Future [J]. Organizational Research Methods, 2019, 22 (1): 174 – 195.

［207］ Katharine Hall, Dubravka Kapa. Silent and Independent: Student Use of Academic Library Study Space ［J］. The Canadian Journal of Library and Information Practice and Research, 2015 （01）: 1 – 27.

［208］ Krishen A S, Raschke R L, Close A G, et al. A power-responsibility equilibrium framework for fairness: Understanding consumers' implicit privacy concerns for location-based services ［J］. Journal of Business Research, 2017, 73: 20 – 29.

［209］ Krugman H E. Brain wave measures of media involvement ［J］. Journal of Advertising Research, 1971, 11: 3 – 9.

［210］ Lee J M, Rha J Y. Personalization-privacy paradox and consumer conflict with the use of location-based mobile commerce ［J］. Computers in Human Behavior, 2016, 63: 453 – 462.

［211］ Lee N, Brandes L, Chamberlain L, et al. This is your brain on neuromarketing: Reflections on a decade of research ［J］. Journal of Marketing Management, 2017, 33 （11 – 12）: 878 – 892.

［212］ Lee N, Chamberlain L, Brandes L. Welcome to the jungle! The neuromarketing literature through the eyes of a newcomer ［J］. European Journal of Marketing, 2018, 52 （1 – 2）: 4 – 38.

［213］ Lee Y H, Yuan C W. The Privacy Calculus of "Friending" Across Multiple Social Media Platforms ［J］. Social Media + Society, 2020, 6 （2）.

［214］ Li H, Luo X, Zhang J, et al. Resolving the privacy paradox: Toward a cognitive appraisal and emotion approach to online privacy behaviors ［J］. Information & Management, 2017, 54 （8）: 1012 – 1022.

［215］ Li X, Hitt L M. Price effects in online product reviews: An analytical model and empirical analysis ［J］. MIS quarterly, 2010, 34 （4）: 809 – 831.

［216］Lin M H, Cross S N, Jones W J, et al. Applying EEG in consumer neuroscience ［J］. European Journal of Marketing, 2018, 52 (1 – 2): 66 – 91.

［217］Liu Z, Park S. What makes a useful online review? Implication for travel product websites ［J］. Tourism management, 2015, 47: 140 – 151.

［218］Liyanaarachchi G. Managing privacy paradox through national culture: Reshaping online retailing strategy ［J］. Journal of Retailing and Consumer Services, 2021, 60.

［219］Luttrell A, Petty R E, Briñol P. Ambivalence and certainty can interact to predict attitude stability over time ［J］. Journal of Experimental Social Psychology, 2016, 63: 56 – 68.

［220］Luttrell A, Stillman P E, Hasinski A E, et al. Neural dissociations in attitude strength: Distinct regions of cingulate cortex track ambivalence and certainty ［J］. J Exp Psychol Gen, 2016, 145 (4): 419 – 433.

［221］Majumder M G, Gupta S D, Paul J. Perceived usefulness of online customer reviews: A review mining approach using machine learning & exploratory data analysis ［J］. Journal of Business Research, 2022, 150: 147 – 164.

［222］Markus M L. New Games, New Rules, New Scoreboards: The Potential Consequences of Big Data ［J］. Journal of Information Technology, 2015, 30 (1): 58 – 59.

［223］Marwick A, Hargittai E. Nothing to hide, nothing to lose? Incentives and disincentives to sharing information with institutions online ［J］. Information Communication & Society, 2019, 22 (12): 1697 – 1713.

［224］Massara F, Raggiotto F, Voss W G. Unpacking the privacy paradox of consumers: A psychological perspective ［J］. Psychology & Marketing, 2021, 38 (10): 1814 – 1827.

［225］Miltgen C L, Henseler J, Gelhard C, et al. Introducing new products that affect consumer privacy: A mediation model ［J］. Journal of Business Research, 2016, 69 (10): 4659 – 4666.

［226］Miltgen C L, Peyrat-guillard D. Cultural and generational influences on privacy concerns: A qualitative study in seven European countries ［J］. European Journal of Information Systems, 2014, 23 (2): 103 – 125.

［227］Mosteller J, Poddar A. To Share and Protect: Using Regulatory Focus Theory to Examine the Privacy Paradox of Consumers' Social Media Engagement and Online Privacy Protection Behaviors ［J］. Journal of Interactive Marketing, 2017, 39: 27 – 38.

［228］Mothersbaugh D L, Foxx W K, Beatty S E, et al. Disclosure Antecedents in an Online ServiceContext: The Role of Sensitivity of Information ［J］. Journal of Service Research, 2012, 15 (1): 76 – 98.

［229］Mudambi S M & Schuff D. What Makes a Helpful Online Review? A Study of Customer Reviews on Amazon. com ［J］. MIS Q. , 2010, 34: 185 – 200.

［230］Norberg P A, Horne D R, Horne D A. The Privacy Paradox: Personal Information Disclosure Intentions versus Behaviors ［J］. Journal of Consumer Affairs, 2007, 41 (1): 100 – 126.

［231］Overton W F, Lerner R M. Relational developmental systems: A paradigm for developmental science in the postgenomic era ［J］. Behavioral and brain Sciences, 2012, 35 (5): 375.

［232］Papanastasiou Y, Savva N. Dynamic pricing in the presence of social learning and strategic consumers ［J］. Management Science, 2017, 63 (4): 919 – 939.

［233］Park C, Lee T M. Information direction, website reputation andeWOM effect: A moderating role of product type ［J］. Journal of Business

Research, 2009, 62 (1): 61 –67.

[234] Park D H, Kim S. The effects of consumer knowledge on message processing of electronic word-of-mouth via online consumer reviews [J]. Electronic commerce research and applications, 2008, 7 (4): 399 –410.

[235] Petty R E, Briñol P, Demarree K G. The Meta – Cognitive Model (MCM) of Attitudes: Implications for Attitude Measurement, Change, and Strength [J]. Social Cognition, 2007, 25: 657 –686.

[236] Romani S, Grappi S, Dalli D. Emotions that drive consumers away from brands: Measuring negative emotions toward brands and their behavioral effects [J]. International Journal of Research in marketing, 2012, 29 (1): 55 –67.

[237] Schuff D, Mudambi S. What makes a helpful online review? A study of customer reviews on Amazon. com [J]. Social Science Electronic Publishing, 2012, 34 (1): 185 –200.

[238] Sheehan K B, Hoy M G. Dimensions of Privacy Concern among Online Consumers [J]. Journal of Public Policy & Marketing, 2000, 19 (1): 62 –73.

[239] Smith S M, Fabrigar L R, Macdougall B L, et al. The role of amount, cognitive elaboration, and structural consistency of attitude-relevant knowledge in the formation of attitude certainty [J]. European Journal of Social Psychology, 2008, 38 (2): 280 –295.

[240] Song J H, Kim H Y, Kim S, et al. Effects of personalized e-mail messages on privacy risk: Moderating roles of control and intimacy [J]. Marketing Letters, 2016, 27 (1): 89 –101.

[241] Tam J L. Customer satisfaction, service quality and perceived value: An integrative model [J]. Journal of marketing management, 2004, 20 (7 –8): 897 –917.

［242］Vellido A, Lisboa P J, Meehan K. Quantitative characterization and prediction of on-line purchasing behavior: A latent variable approach ［J］. International journal of electronic commerce, 2000, 4 (4): 83 – 104.

［243］Veltri G A, Ivchenko A. The impact of different forms of cognitive scarcity on online privacy disclosure ［J］. Computers in Human Behavior, 2017, 73: 238 – 246.

［244］Vences N A, Diaz-campo J, Rosales D F G. Neuromarketing as an Emotional Connection Tool Between Organizations and Audiences in Social Networks. A Theoretical Review ［J］. Frontiers in Psychology, 2020, 11.

［245］Wang Q, Zhang W, Li J, et al. Effect of online review sentiment on product sales: The moderating role of review credibility perception ［J］. Computers in Human Behavior, 2022, 133: 107 – 272.

［246］Xu H, Luo X, Carroll J M, et al. The personalization privacy paradox: An exploratory study ofdecision making process for location-aware marketing ［J］. Decision Support Systems, 2011, 51 (1): 42 – 52.

［247］Yuan J, Zhang Q, Chen A, et al. Are we sensitive to valence differences in emotionally negative stimuli? Electrophysiological evidence from an ERP study ［J］. Neuropsychologia, 2007, 45 (12): 2764 – 2771.

［248］Zhen W, Chao W, Xiaoyi W, et al. Using support vector machine on EGG for advertisement impact assessment ［J］. Frontiers in Neuroscience, 2018, 12: 76.